WITHDRAWN

POESIA SURREALISTA EN ESPAÑA

Pablo Corbalán

POESIA SURREALISTA
EN ESPAÑA

Antología, reportaje y notas
de Pablo Corbalán

EDICIONES del CENTRO

© Pablo Corbalán, 1974.
Ediciones del Centro. Andrés de la Cuerda, 7. Madrid.
Portadista: José Ramón Sánchez.
I. S. B. N. 84-7227-010-6.
Depósito legal: M. 13.507-1974.
Printed in Spain - Impreso en España.
Talleres Gráficos Montaña. Avda. Pedro Díez, 3. Madrid.

ITINERARIO DEL SURREALISMO EN ESPAÑA

LA GUERRA, EL DADAISMO

El carácter de la sensibilidad y del arte de nuestro tiempo se debe, en gran medida, al surrealismo. La mayor parte de sus conquistas han sido asimiladas por el desarrollo histórico de las artes.

El surrealismo, desde el primer manifiesto de André Breton (1924), apareció como una vasta llamada de libertad y de imaginación. Después de haber alcanzado su apogeo entre los últimos años veinte y los primeros de la década del treinta, siguió propagándose aunque siguiera debilitado, y no se asentase ya sobre las mismas fórmulas de sus comienzos. La pintura, la escultura, el teatro, el cine, la música y, especialmente, la poesía si son hoy como son, es debido al influjo directo y general de aquel resplandor. Y hasta ciertas tendencias políticas revolucionarias se dejan hoy impregnar, debido a las radiaciones surrealistas, de la valoración que del mundo subconsciente hizo Freud, una de las bases fundamentales del movimiento impulsado por Breton, abriéndose así a realidades no objetivas.

Como movimiento, el surrealismo ha consumido ya todos sus cartuchos, pero perduran sus conquistas, su herencia. De él se ha dicho apasionadamente (Octavio Paz) que respondía a una «actitud del espíritu humano». Lo que sí es cierto es que puede considerarse como la última manifestación de una corriente que viene desde muy lejos y que, con Rousseau y, poco más tarde, con Rimbaud, se concreta en una actitud de rebeldía ante el mundo y por la transformación del hombre. En este contexto romántico, la subversión surrealista —como ha señalado H. Peyre— se muestra inigualada en violencia verbal y en amargura y, desde luego, es la más profunda por su contenido moral entre las que los «ismos» anteriores supusieron, todas las cuales, con excepción del futurismo y el dadaismo, nacieron limitadas al plano estético.

El surrealismo, en su enclave histórico, significa la última manifestación de la crisis que se inicia en Europa como consecuencia de la expansión alcanzada por la sociedad capitalista a partir de 1890 y que culmina en la primera guerra mundial. Más tarde vendrían otras, pero aquel desarrollo sin precedentes produjo profundos cambios en todos los aspectos. Muchos de los valores que habían sido considerados hasta entonces como inmutables cambiaron de pronto, dando lugar a nuevas ideas sobre la riqueza y el poder, sobre lo posible y lo imposible. De pronto, se abrieron nuevas perspectivas para la vida y el arte y las gentes comprendieron que existían posibilidades inéditas de renovación y de transformación, y se sintieron sacudidas en la apatía en que habían vivido. Sin embargo, este impulso se vio impedido por la inercia conservadora del sistema dominante, impuesto con fuerza y robustecido como tal. Naturalmente, esta actitud del poder no podía por menos que provocar una reacción idealista que se manifestó de diversos modos (Trotsky).

En el terreno del arte, el primer reflejo de aquel gran florecimiento de novedades y de idealidad romántica corrió a cargo del futurismo. Seguiría inmediatamente, aunque absolutamente ceñido a la estética, donde produjo una auténtica revolución, el cubismo. El primero, hace suya la revelación de la velocidad y del maquinismo, a los que convierte en temas de su épica explosiva. Pero el futurismo, de raíz, se encuentra incapacitado para llevar a cabo cualquier liberación del espíritu por su psicología de «necesidad física de victoria», su decidida propensión por lo elemental y lo mecánico y su exaltación del racionalismo intransigente que llegó a ser el mismo de los burgueses a los que deseaba empatar. Como consecuencia, terminó facilitándole al fascismo su arsenal de retórica y su poética y escribiéndole su tratado de liturgia. En Rusia, donde, como en Italia, alcanzó cierta importancia, este movimiento acabó disolviéndose en pequeños cenáculos oscuros e indecisos, en medio de la revolución bolchevique. Su única figura —y a despecho de la escuela marinettiana— fue Maiakovski.

La guerra mundial de 1914 puso de manifiesto lo que hasta entonces muy pocos habían anticipado. Y el armisticio del 18 reveló no sólo aquello que ya era evidente —la incompatibilidad del sistema dominante con las esperanzas y las necesidades generales de cambio—, sino el fracaso mismo de la matanza que acababa de terminar. La guerra había sido inútil por cuanto que no había solucionado las rivalidades que la habían originado y, en cambio, había reducido a la miseria a vencedores y vencidos. De nada habían servido la sangre, las ruinas, la rapiña de unos y el expolio de los otros. La conflagración sólo había puesto en claro la quiebra del sistema inaugurado hacia 1890 con el que habían fracasado —como escribe Maurice Nadeau— las élites de los países comprometidos, que habían decidido, apoyado o aplaudido la guerra. De pronto, toda la moral se encontró en cueros vivos, desvergonzadamente. Con la traición a las ingenuas esperanzas que hizo albergar la expansión de treinta años atrás, se hundieron la ciencia —puesta al servicio de los armamentos— y el arte —puesto al servicio de la propaganda—. La conciencia más viva y alertada no podía ver en todo aquello más que el fracaso de una civilización saturnal.

En estas condiciones surgió el dadaísmo en Suiza, en 1916, fundado por tres jóvenes airados: un rumano (Tristan Tzára), un alemán (R. Huelsenbeck) y un alsaciano (Hans Arp). El dadaísmo brotó de unas raíces absolutamente negativas —el derrotismo por el derrotismo— y por lo tanto lo negaba todo, desde el arte a la moral, desde las instituciones a la inteligencia, desde el trabajo al hombre. Su divisa fue una suma convertida en resta: «Más todas las imbecilidades, más nada, más nada, nada, nada, NADA, NADA, NADA». Aquello significaba la proclamación

11

del terrorismo cultural y el gran corte de mangas del nihilismo.

Paradójicamente, Dada puso unos cimientos: los cimientos del surrealismo. Los puso —y esto sí que con toda lógica— creando el vacío. Ese vacío fue cubierto inmediatamente por un pelotón de combate compuesto por Breton, Paul Eluard, Louis Aragon, Benjamin Péret, Philippe Soupault y otros jóvenes artistas. Un nuevo período del arte contemporáneo iba a comenzar.

EL SURREALISMO ENTRE EL DOGMA Y LA DIVERSIDAD

Como heredero del dadaísmo —«El surrealismo nació de una costilla de Dada», según la frase de Ribemond-Dessaignes—, el surrealismo comienza enfrentándose a todo lo que hasta entonces había parecido inmutable en el seno de la sociedad burguesa, y lo hace con actitud desesperada. Pero su propósito no sólo consistía en llegar a derribar todo cuanto social, política y estéticamente consideraba alienante y opresor, sino en encontrar una solución que restituyera al hombre a sí mismo y alcanzar una fusión totalizadora de la vida y del arte. Si el dadaísmo no pasó de ser una convulsión más negativa que otra cosa, llegando incluso a rechazar la posibilidad de programación de sus objetivos, los surrealistas mostraron desde el comienzo de su aventura una cierta coherencia teórica y práctica que duró algunos años. Esta coherencia se presentaba a través de tres aspectos: el que se refiere a su teoría ideológico-cultural; el que se inscribe dentro de las experimentaciones freudianas (un medio de conocimiento de lo inconsciente, los sueños, la locura, los estados de alucinación, etc.) en el reverso de la lógica para su explotación literaria y artística, y unos principios morales y políticos. Pero la dogmatización de todo esto, implantada por la intransigencia del Gran Sacerdote, dio lugar poco más tarde a las consabidas heterodoxias y herejías, con lo que estalló la coherencia y se vino abajo la estructura de secta que deseaba mantener Breton. La secta, pues, fue pronto liquidada como tal, como lo demuestran los casos de Soupault, Artaud, Naville y Aragon, entre otros. Los dos primeros fueron excomulgados por *trop littéraires,* por demasiado puristas; los últimos, por *trop engáges,* por comunistoides o comunistizados. Las disidencias indicaban que era imposible mantener una sola corriente dentro del movimiento y que, por lo tanto, había que aceptar el pluralismo dentro de sus filas.

En el aspecto político hay que recordar los intentos de Breton por aproximar al surrealismo al partido comunista francés, intentos que se realizaron no sin muchas aprensiones por una y otra parte. En aquella situación (1926), Naville planteó a sus compañeros un dilema fundamental: «la persistencia en la negativa anárquica o el empeño real en la acción marxista». A ello respondió Breton atacando «la intención comunista de monopolizar la voluntad revolucionaria». Los surrealistas, dijo, están con el proletariado y en contra de la burguesía, «pero no pueden aceptar el control del partido» y desean proseguir «sus experiencias de vida interior». No obstante, esta actitud, Aragon, Eluard y el mismo Breton ingresaron en el partido comunista; mas las fricciones y polémicas se agudizaron y todos ellos, excepto el primero, fueron expulsados (1933). A partir de este momento ya no se puede hablar de una posición política surrealista, sino sólo de actividades individuales. Eluard volvió al partido comunista, y Breton, buscando una apoyatura, enlazó con Trotsky, en su exilio mejicano, con el que llegaría a un compromiso sobre un «arte revolucionario independiente», cuyo manifiesto fue firmado en 1938 por el pintor Diego Rivera —en nombre de Trotsky— y por Breton. Así quedaron liquidados los intentos de participación surrealista en el movimiento político marxista. Esto no quiere decir que esta ideología no siguiera animando a muchos miembros del grupo, de manera más o menos ortodoxa, pero lo que debe ser subrayado es el hecho de que la aspiración bretoniana de colocar al surrealismo —con toda su carga irracionalista— en la praxis del materialismo histórico resultó imposible y que con ello su movimiento —totalmente disgregado— quedó limitado al campo del arte y de la poesía.

No es lícito, pues, por lo que llevamos dicho, plantearse la definición del surrealismo a partir de las declaraciones y manifestaciones de su máximo teórico. En la práctica, el surrealismo ha sido otra cosa para el mundo contemporáneo. Ha sido mucho más abierto y mucho más limitado. Abierto, en el sentido de que sus realizaciones y conquistas llegaron a superar incluso el irracionalismo doctrinario, alcanzando de este modo a caracterizar o influenciar a casi todo el arte actual, y limitado en cuanto que su influencia sólo se ha ejercido en la creación artística y literaria. Ya Paul Eluard, en los años primeros del movimiento, puso en duda la exigencia entonces considerada primordial del «automatismo psíquico puro», la famosa «escritura automática». A él se unieron otros poetas y pintores, sin que por ello dejaran de practicar las fórmulas alógicas y libérrimas de expresión que el surrealismo había descubierto. Fue la primera rebeldía, pero por ella el surrealismo amplió sus posibilidades de aplicación aun en contra del inicial y cerrado planteamiento bretoniano. Hoy, para definir este movimiento hay que volverse a sus conquistas, a sus logros, a sus realizaciones, y dejar a un lado, como referencias, las declaraciones oficiales.

La primera declaración de este tipo (*Manifiesto del surrealismo*, André Breton, 1924) decía así: «El surrealismo es un automatismo psíquico puro mediante el cual se nos propone expresar, sea verbalmente o por escrito, el funcionamiento real del pensamiento. Dictado por el pensamiento fuera de todo control ejercido por la razón, al margen de toda preocupación estética o moral..., el surrealismo se funda en la creencia, en la realidad superior de ciertas formas de asociación hasta ahora descuidadas, en la omnipotencia del sueño, en el juego desinteresado del pensamiento. Tiende a destruir definitivamente todos los demás mecanismos psíquicos y a sustituir a éstos en la resolución de los principales problemas de la vida...»

Pero en otro texto del año siguiente (en esta exposición, como en otros puntos de lo que va dicho, seguimos a Franco Fortini) se nos ofrecen ya correcciones apreciables: «No tenemos nada que ver con la literatura... —decía Breton—. Sin embargo, cuando sea necesario, somos capaces de servirnos de ella como cualquier otro. Es un medio de liberación total del espíritu y de aquello que se le parece... Nosotros no pretendemos cambiar nada en los errores de los hombres, pero pensamos demostrar cuán frágiles sean sus pensamientos y en qué estructuras movedizas, sobre qué cavidades, ellos hayan fundado sus vacilantes residencias... Somos especialistas de la Rebelión... El surrealismo no es una forma poética. Es un grito del espíritu que vuelve a retorcerse sobre sí mismo y está decidido a romper desesperadamente todo lo que le estorbe...»

La pureza psíquica entra en colisión con la literatura. Y en seguida surgen otras contradicciones. Lo que se salva es el espíritu romántico de la rebeldía. El surrealismo parece girar sobre sí mismo sin encontrar —desde lo que aparenta ser un dogma— su auténtica definición. Y es por eso por lo que hay que ir a descubrirlo a sus realizaciones artísticas.

Desde ellas cabe establecer una cierta aproximación definitoria que podría ser ésta: el surrealismo se muestra como un movimiento artístico-literario que aspira a expesar aquella parte del hombre que llamamos subconsciente, y que ha revelado el psicoanálisis, por medio del lenguaje y de la plástica, reteniendo su espontaneidad y sustrayéndolo en lo posible a la razón lógica o a la moral. Su aspiración sería la de llegar a expresar las zonas más oscuras de la psique en un comportamiento absolutamente directo. A través de él se establece un nuevo tipo de no-lógica en el que las formas tradicionales de significación son reemplazadas por la espontánea yuxtaposición de palabras, imágenes o símbolos (P. Ilie). El resultado de este «trance» sería, por ejemplo, un extraño poema de incongruente misterio, de inquietantes encuentros, de disociaciones absurdas y de sorprendentes ordenaciones irracionales. Muchos poemas surrealistas responden a este puro automatismo psíquico. Pero otros muchos —y seguramente la parte más valiosa de la poesía que clasificamos como surreal— fueron escritos aliando dicha técnica a un propósito racional deliberado. Es a través de esta alianza de técnicas cómo el surrealismo llega a alcanzar su máximo radio de acción y su máxima categoría estética. Un poema como «Unión libre», de André Breton —quizá su más bello poema—, nos ofrece un ejemplo muy luminoso de la ensambladura de lo onírico con lo consciente.

Resulta curioso observar cómo el «automatismo psíquico puro» sólo fue practicado en Francia por los artistas plásticos que se dedicaron también a escribir, como Picabia, Arp o Picasso, y cómo en los poetas la irracionalidad aparece siempre controlada. Si hay que hablar de poesía surrealista habremos de hacerlo teniendo en cuenta ese control que, en un poeta, resulta instintivo. «Alguna vez he escrito —son palabras de Vicente Aleixandre— que yo no soy ni he sido un poeta estrictamente superrealista, porque no he creído nunca en la base dogmática de ese movimiento: la escritura automática y la consiguiente abolición de la conciencia artística. ¿Pero hubo, en este sentido, alguna vez, en algún sitio, un verdadero poeta superrealista?». La duda de nuestro gran poeta viene a explicarlo todo. Y mucho más vale, como explicación de lo que estéticamente llamamos surrealismo, su propia obra. Lo que hay que tener en cuenta del surrealismo son los resultados y no los planteamientos teóricos, siempre excesivos en propósitos. Ilie —en su libro *Los surrealistas españoles*— abunda en esta misma tesis de la alianza entre el automatismo psíquico y la conciencia artística para iluminar la secuencia irracionalista poética española, afirmando que lo que importa en definitiva es el resultado dentro de la tendencia.

LA VANGUARDIA EN ESPAÑA

Las vanguardias estéticas empiezan a aparecer en España hacia 1918, en el momento en que se inicia la agonía del modernismo o éste se encuentra ya, en gran parte, agotado. Una nueva promoción poética ha surgido, conectando inmediatamente con las propuestas de Apollinaire y de Marinetti, con el cubismo y el futurismo, que se encontraba entonces en plena expansión y habían entrado también en la transformación enriquecedora. El primero en darse cuenta de que el rubendarionismo y el simbolismo se estaban convirtiendo en áureas cenizas fue Juan Ramón Jiménez, que ya en 1916 había escrito *Diario de un poeta recién casado,* con el que se inicia la gran renovación de su obra. Los movimientos innovadores tuvieron en Rafael Cansinos-Asséns un animador entusiasta y decidido, y en torno a él se formó el núcleo más fuerte y coherente de los vanguardistas. Otro nombre decisivo que hay que citar como trasmisor y animador de las nuevas estéticas es el de Ramón Gómez de la Serna, cuyo espíritu de ruptura y de inauguración creó la atmósfera propicia para los cambios en los que él contaba como iniciador y propulsor. Sus «greguerías» fueron creaciones cimeras de la nueva estética, en las que tanto se encontraba la influencia apolliniana como asomaba el surrealismo, que, más tarde, se enseñoreó de ellas, aunque filtrado por su poderosa personalidad poética.

En esta situación, llegó a Madrid Vicente Huidobro. Era justamente el verano de 1918. Llegaba con un espléndido cargamento de teorías y obras, recién captadas y capturadas en París, donde había pasado los dos últimos años de la guerra mundial. Inmediatamente estableció relaciones con un grupo de jóvenes propicios, a los que trasmitió su entusiasmo, sus ideas y sus logros, tanto propios como ajenos. Su libro *Horizon carré* hizo impacto en todos ellos, por su novedad y su audacia. Poco después editaba aquí, en Madrid, *Poemas árticos, Ecuatorial* —éstos en castellano— y *Hallali* y *Tour Eiffel* —en francés—. Su obra era nueva, pero no absolutamente original, al margen de la indudable valoración de ésta y de su señera personalidad como poeta. No vamos a entrar en la polémica sobre la originalidad de Huidobro y si le debía o no le debía tanto y cuanto a Pierre Reverdy —que sí le debía—; bástenos con subrayar su condición de promotor y sembrador de la nueva estética entre unos amigos absolutamente dispuestos a comprenderle, seguirle y aun superarle en la audacia. Y bástenos también con subrayar su condición de fundador del creacionismo y de impulsor del ultraísmo, los dos movimientos que entonces se alzaron en rebeldía y que terminaron por ser uno solo y por ser definido por una sola palabra: el nombre del último.

Ese nombre se lo dio Guillermo de Torre y fue acuñado por

17

Cansinos-Asséns, como personalidad dirigente y más respetada del grupo que animaba. Esta acuñación se produjo con la aparición del manifiesto de fines de 1918, manifiesto que llevaba la palabra *Ultra* como título. El documento iba firmado por el ya citado Guillermo de Torre, César A. Comet, Pedro Garfias, J. Rivas Panedas, Xavier Bóveda, Fernando Iglesias, Pedro Iglesias Caballero y J. de Aroca. El grupo ultraísta se extendió a otros nombres, como los de Gerardo Diego, Juan Larrea, Eugenio Montes, Rogelio Buendía, Isaac del Vandor Villar, José de Citía y Escalante, Adriano del Valle, Rafael Lasso de la Vega y algunos más. Sus revistas fueron *Los Quijotes* (1915-1918), *Grecia* (1919-1920), *Cervantes* (1917-1920), *Ultra* (1921-1922), *Tableros* (1921-1922), *Reflector* (1920, número único), *Horizonte* (1922-1923) y *Plural* (1925). Hay que citar también *Alfar* (1925-1929), en la que el ultraísmo siguió mostrándose hasta su liquidación.

En estas revistas, al mismo tiempo que poetas y escritores españoles de la vanguardia recién inaugurada, colaboraron o se ofrecieron textos de Apollinaire, Max Jacob, Reverdy, Tristán Tzára, Picabia, Marinetti, Soupault, Eluard, etc., textos que venían a inflamar más todavía los entusiasmos renovadores y que servían de documentación de las diversas tendencias de los «ismos» europeos. Hay que señalar en toda esta corriente ultraísta la presencia viva de Jorge Luis Borges, entonces residente en Madrid, impulsor ilustre de la guerrilla literaria.

El ultraísmo comenzó por definirse como una «voluntad» de un arte nuevo «que suple la última evolución literaria: el novecentismo». «Nuestra literatura debe renovarse —decía su manifiesto—, debe lograr su *ultra,* como hoy pretende lograrlo nuestro pensamiento científico y político.» A eso se limitaba la declaración, modestamente, abriendo sus filas a todas las tendencias que se consideran renovadoras. Su prudencia era tan evidente como su cautela. Para Guillermo de Torre, el movimiento debía ser un «vértice de fusión», en el que se sincronizaran la literatura española con las demás europeas, «corrigiendo así el retraso padecido desde años atrás». Las teorías poéticas del ultraísmo las sintetiza de la siguiente manera: «reintegración lírica e introducción a una nueva temática. Para conseguir lo primero, utilizó, sobrevalorándolas, la imagen y la metáfora, suprimiendo la anécdota, lo narrativo, la efusión retórica. Para lo segundo se prescribió lo sentimental, sólo aceptado en su envés, irónico, impura y deliberadamente mezclado al mundo moderno, visto éste, nunca de un modo directo, sino en un cruce de sensaciones. Se rompía así —añade— con continuidad del discurso lógico, dando relieve contrariamente a las percepciones fragmentarias, y entendiendo con ello mantener la pureza del flujo lírico».

El ultraísmo nació con tendencia al purismo, lejos de cualquier influjo irracional y ya no digamos político. Se trataba de crear una nueva estética —y no sólo una, sino tantas como fueran posibles— frente al derrumbe del modernismo que lo liquidara definitivamente y proveyera el futuro. Esta tendencia purista derivaría más tarde en el enfrentamiento con el surrealismo. Los puristas del ultraísmo se alinearían, en el correr del tiempo, en las filas juanramonianas, cuando de éstas hubieran desertado los nombres más representativos de la promoción poética siguiente, la generación de 1927.

Borges resumió así los propósitos ultraístas, según la referencia de Guillermo de Torre: «1. Reducción de la lírica a su elemento primordial: la metáfora.—2. Tachadura de las frases medianeras, los nexos y los adjetivos inútiles.—3. Abolición de los trebejos ornamentales, el confesionalismo, la circunstanciación, las prédicas y la nebulosidad rebuscada.—4. Síntesis de dos o más imágenes en una que ensanche de ese modo su facultad de sugerencia». Y añadía: «Los poemas ultraicos constan, pues, de una serie de metáforas, cada una de las cuales tiene sugestividad propia y compendia una visión inédita de algún fragmento de la vida. La semejanza raigal que media entre la poesía vigente y la nuestra es la que sigue: en la primera el hallazgo lírico se magnifica, se agiganta y se desarrolla; en la segunda se anota brevemente.»

De la aventura ultraísta sólo dos nombres se salvaron, los de Gerardo Diego y Juan Larrea. A ellos habría que añadir, por lo que se refiere a la vertiente americana, los de Borges y César Vallejo. *Trilce,* de este último, todavía sigue siendo una venero magistral. Recordemos que el encuentro en la capital francesa de Larrea y Vallejo hizo posible la revista *Favorables París Poema*

(1926), en la que el ultraísmo, y el vanguardismo poético en general, alcanzaron su mejor y más alto exponente. Pero, por entonces ya la brújula marcaba nuevos rumbos.

LA GENERACION DE 1927
Y EL SURREALISMO

En la célebre antología de Gerardo Diego de 1932 *(Poesía Española. Antología 1915-1931)* no se habla para nada del surrealismo. Tampoco se alude a este movimiento en la siguiente *(Poesía Española. Antología Contemporáneos. 1934).* El surrealismo es no solamente silenciado en la mayoría de los textos críticos o historiográficos de la poesía de la época, sino que llega a ser negado como corriente viva de la poesía contemporánea nuestra. Bien es cierto que el surrealismo no llegó a constituir entre nosotros movimiento orgánico alguno, como han señalado Vittorio Bodini *(Los poetas surrealistas españoles)* y Paul Ilie *(Los surrealistas españoles).* No hubo manifiestos ni actos públicos de grupo. Pero, desde hace algún tiempo a esta parte, ni aquel silencio es ya posible ni es posible tampoco seguir negando —con todas las distinciones y salvedades que se quieran— la presencia del surrealismo en España. Junto a los libros de Ilie y de Bodini, recordemos a este respecto el de Manuel Durán Gil *(El surrealismo en la poesía española contemporánea)* y la «Antología del surrealismo español», de José Albi y Joan Fuster, aparecida en la revista *Verbo,* de Alicante. El primero, publicado en México, data de 1950; la segunda, de 1954. A ambas publicaciones, así como a las aportaciones más recientes de Bodini e Ilie, rendimos aquí homenaje de gratitud porque sin ellas hubiera sido imposible nuestro trabajo. A todas ellas se debe que la poesía surrealista en España haya obtenido, como tal, la atención que merece.

El surrealismo comienza a influir la poesía española unos años después de su aparición en París. Llegó con el mismo retraso con que habían llegado los movimientos de vanguardia inspirados por Marinetti y Apollinaire y cuando éstos habían hecho ya crisis como producto novedoso liquidador de la retórica, la anécdota, la narración y el sentimentalismo modernistas. La vanguardia había conseguido —según la propuesta ultraísta— «sincronizar la literatura española con las demás europeas, corrigiendo así el retraso padecido desde años atrás». A esta conquista —que nunca pasó del estadio minoritario— siguió una reacción esteticista —con asimilación de las mejores aportaciones del ultraísmo que, por otra parte, se correspondían perfectamente con la «poesía pura»— debida a la presencia de una nueva promoción poética —la que se llamaría más tarde Generación de 1927—, que comienza por rechazar lo que de más fácil y superficial había tenido la primera vanguardia. Esto era la utilización de objetos nuevos, invenciones mecánicas y actividades higienizantes, como el cine, el telegrama, el arco voltaico, los deportes, etc. Tal lenguaje, entre nórdico europeo y norteamericano, fue poco a poco desapareciendo, aunque algunos lograron adecuarlo a contextos menos esterilizados. Y el ambiente poético comenzó a sedimentarse en una nueva y renovada atmósfera.

Esta nueva situación empieza a hacerse evidente con la aparición de una serie de revistas en distintos lugares de la Península, que vienen a sustituir a las animadas por el ultraísmo. Se llaman *Alfar* (La Coruña), *Verso y prosa* (Murcia), *Carmen* (Santander), *Mediodía* (Sevilla) y *Litoral* (Málaga), entre otras. En estas publicaciones van a ir perfilándose con toda rapidez las características de la generación que irrumpe, generación que tiene por mentor más alto a Juan Ramón Jiménez, en cuanto éste representa el enlace con la pureza becqueriana por encima del modernismo y la actitud elitista del poeta. Pero el magisterio juanramoniano no es seguido en cuanto a su romanticismo y en esto ya encontramos una ruptura significativa. Por el contrario, los jóvenes poetas prosiguen la corriente propuesta por el ultraísmo de rechazo del sentimentalismo y de búsqueda del «objeto exterior» y se miden por su «capacidad de prenderse a las cosas» (B. Jarnés, citado por Cano Ballesta en su extraordinario estudio *La poesía española entre pureza y revolución,* que en este apartado seguimos en sus coordenadas fundamentales). El ensueño romántico ha sido roto y con

21

él la confesión íntima. El descubrimiento del gongorismo —casi todas las revistas citadas más arriba aparecieron coincidiendo con el tercer centenario de Góngora— y el intelectualismo será consecuencia inmediata de esta actitud antirromántica. El gongorismo ayudaba al refinamiento artístico y a mostrar «la supremacía de lo complicado sobre lo sencillo» (Arconada, citado por C. B.). Se sobrevaloraba el ingenio y el artificio porque todo ello se oponía a la impureza y al mantenimiento de la individualidad marfileña. Y dentro del reducto de la pureza, los poetas pulían y pulían sus versos hasta lograr que la poesía se situara en los antípodas de la vida. Si, por otra parte (Lorca, Alberti), estaba produciéndose una aproximación a lo popular, no puede olvidarse que esta aproximación se hacía a niveles muy culturalizados, selectos y elaborados. Dámaso Alonso, al recordar los principios de su generación, escribiría años más tarde: «¡Curioso destino el de mi generación! Salió a la vida (1920-1927) como llena de pudores, con limitación de temas, como con miedo de expresar la pasión con un sacro horror a lo demasiado humano, con muchas preocupaciones técnicas, con mucho miedo a las impurezas, desdén a lo sentimental».

Pero esta actitud pudorosa iba a comenzar a quebrarse precisamente en la conmemoración del exquisito Góngora. La celebración del centenario, si por una parte fue la exaltación reivindicativa de un poeta extrañado por su significación perfeccionista, purista y alambicada, por otra constituyó un acto de rebeldía premonitorio de la ruptura que iba a producirse en los años inmediatos. El convocador fue Gerardo Diego, desde su revista *Carmen,* y el ejecutor más decidido fue Alberti. El acto conmemorativo consistió en un «auto de fe» que presidieron los dos poetas ya citados más José María Hinojosa, que sustituyó a Dámaso Alonso. Asistieron todos los amigos y compañeros de promoción. Los miembros del tribunal iban vestidos con negras hopalandas e insignias diseñadas por Salvador Dalí. Y fueron ellos los encargados de quemar en la hoguera tres monigotes de trapo, los tres enemigos de Góngora, símbolos de «el erudito topo, el catedrático marmota y el académico crustáceo». Seguidamente, quemaron también los libros de sus detractores. Finalmente, Dalí recitó su poema «Asno podrido» entre obscenidades y con un inmenso pan atado con correas a la cabeza. La ceremonia tuvo la incompostura y el propósito de provocación espectacular que caracterizaba a las reuniones de los surrealistas franceses. Es digna de ser destacada, en este acto, la presencia de Hinojosa, poeta malagueño (1904), que en sus constantes correrías por Europa había establecido contacto, en París, con el grupo de André Breton, y había sido portador de sus manifiestos y sus consignas. Precisamente ese mismo año de 1927 había publicado en su ciudad natal un libro ya influenciado por la retórica surreal, *La rosa de los vientos,* al que seguirían *Orillas de la luz* y *La flor de la California,* ya resueltamente surrealistas, sobre todo este último, cuyos poemas habían ido apareciendo con antelación en la revista *Mediodía,* de Sevilla. Hinojosa puso en contacto a Emilio Prados, su paisano y amigo, con los textos bretonianos. Otro poeta frecuentador de los medios surrealistas franceses fue Juan Larrea, establecido en París ya en el año del centenario de Góngora. Revistas y libros franceses de las últimas tendencias circularon entre los poetas españoles y hasta Dámaso Alonso, negador impenitente de la influencia surrealista en España, llegó a encontrar en su biblioteca un ejemplar de *La Révolution surréaliste.* Los vanguardistas del primer cuarto de siglo habían publicado textos y estudios sobre Lautréamont y Rimbaud, como señala Bodini, quien añade que el manifiesto dadaísta fue reproducido por la revista *Cervantes* en 1919. En 1922 Breton pronunció una conferencia en el Ateneo de Barcelona. La *Revista de Occidente* dio a la luz un artículo de Fernando Vela, en el mismo año del *Manifiesto surrealista* (1924), sobre las teorías bretonianas para un año después publicar ese mismo manifiesto. Bodini nos informa también de que un ensayo de Pierre Picon, titulado «La revolución superrealista» fue dado a conocer por la revista *Alfar* en 1925 y que Louis Aragón pronunció una conferencia en la Residencia de Estudiantes de Madrid, donde vivían Lorca, Dalí, Buñuel y Prados, ese mismo año. Más datos que Bodini facilita: 1926.—*Alfar* reproduce «El desconfiado prodigioso», de Breton, y «Entre peau d'autres» (en francés), de Eluard. 1928.—*La Gaceta Literaria* publica un artículo de Luis Montoyá sobre el surrealismo francés. 1929.—Luis Cernuda publica en *Litoral* un estudio sobre Eluard y una traducción de «L'Amour, La Poésie». Este mismo año, Buñuel y Dalí realizan la película *Le chien andalou.* José Luis Cano ha informado *(Arbor,* junio, 1950) que en la librería de la *Revista de Occidente* se proporcionaban suscripciones a las revistas del surrealismo y se facilitaban los libros de Aragón, Breton y Eluard. Estas suscripciones se hacían también a provincias.

Todos estos datos indican que el surrealismo nunca fue aquí ignorado, como se ha pretendido, y que nuestros poetas conocían sus textos fundamentales de última hora y los libros de sus precursores, como *Los cantos de Maldoror* y los poemas de Rimbaud. Existen también noticias de que Aleixandre, Prados y Cernuda tuvieron el propósito de publicar un manifiesto del surrealismo español que quedó en proyecto. A todo esto hay que sumar el conocimiento de la pintura francesa surreal, tan evidente en los dibujos de Lorca desde 1927.

Las negaciones del surrealismo en España vienen de Guillermo de Torre —aunque después llegó a contradecirse—, de Jorge Guillén y de Dámaso Alonso. Aleixandre ha negado el conocimiento del surrealismo y también Alberti. Lorca eludía la cuestión. Sólo Luis Cernuda, entre los componentes de la Generación de 1927, reconoce la influencia del surrealismo en la poesía española y valora este movimiento, en su proyección internacional, en toda su dimensión. La valoración de Cernuda subraya libros como *Poeta en Nueva York,* de Lorca, al que marca distingos no surreales e incluso opuestos a lo surreal; *Sobre los ángeles,* de Alberti, y *Espadas como labios, Pasión de la Tierra* y *La destrucción o el amor,* de Aleixandre, aclarando: «El superrealismo francés obtiene con Aleixandre en España lo que no obtuvo en su tierra de origen: un gran poeta». ¿Por qué esa insistencia en la negación del surrealismo? A parte de otras razones que hay que ir a buscar a la actitud elitista, clasicista y de pureza, a las que ya nos hemos referido anteriormente, esta negación se cifraba en que la poesía de tendencia surrealista en España no respondía al dogma bretoniano de la «escritura automática» ni al «automatismo psíquico puro». Hemos citado al principio de esta panorámica unas palabras de Aleixandre que pueden servir para todos los poetas que entre nosotros practicaron el surrealismo. Estas palabras —permítasenos repetirlas— decían así: «Alguna vez he escrito que yo no soy ni he sido un poeta estrictamente superrealista, por que no he creído nunca en la base dogmática de ese movimiento: la escritura automática y la consiguiente abolición de la conciencia artística. ¿Pero hubo, en este sentido, alguna vez, en algún sitio, un verdadero poeta superrealista?» A esta pregunta hay que responder, primero, con el ejemplo de Eluard y de otros poetas del grupo francés que negaron el automatismo de su escritura, y, segundo, con una frase del mismísimo André Breton extraída de su conferencia pronunciada en Praga en 1935, con el título de «Posición política del arte de nuestros días». La frase es ésta: «El automatismo psíquico —¿es verdaderamente indispensable volver sobre ello?— no ha constituido nunca para el surrealismo un fin en sí, y pretender lo contrario es cometer un acto de mala fe» (*Documentos políticos del surrealismo*, Editorial Fundamentos. Madrid, 1973). Esta frase aparta definitivamente de nosotros el alegato dogmatizante que prohibía la existencia de una poesía surrealista en España por no hallarse condicionada a la «escritura automática». Breton sigue reteniendo «esencialmente» (de la psicología contemporánea) lo que tiende a dar una base científica a las investigaciones sobre el origen y los cambios de las imágenes ideológicas», como declaró a la revista *Indice* (Santa Cruz de Tenerife, mayo 1935). Pero «no por ello —añadía— dejamos de rechazar la mayor parte de la filosofía de Freud como *metafísica*».

DE LA POESIA PURA A NERUDA

En *Estudios sobre poesía española contemporánea*, Cernuda destaca la «importancia poética e histórica» de Larrea en la coyuntura inicial del surrealismo español y señala que Lorca y Alberti —«(y hasta Aleixandre)», añade, le debieron a él «no sólo la noticia de una técnica literaria nueva para ellos, sino también un rumbo poético que sin la lectura de Larrea dudo que hubieran hallado». La valoración que hace Cernuda del poeta de *Versión celeste* es tan resuelta que no resultaría exagerado suponer que también a él mismo le hubiera ayudado a descubrir el nuevo rumbo poético a través de los poemas que Gerardo Diego publicaba, traducidos del francés, en su revista *Carmen*. Larrea, instalado en París, había entrado en contacto con Tzara, Desnos, Péret, Aragón, Eluard y otros y su poesía había evolucionado rápidamente del ultraísmo y el creacionismo al surrealismo. Indudablemente, su actitud debió de ejercer, si no una influencia decisiva en sus compañeros de generación, sí, por lo menos, cierto influjo. Por lo que se refiere a la rebeldía, «que caracteriza al surrealismo —añade Cernuda— y falta en el creacionismo, tanto Lorca como Alberti... pudieron hallarla en el ambiente de la época».

El centenario de Góngora marca para la Generación de 1927 la culminación de su madurez y la superación de la predilección por la metáfora y de la actitud clasicista. La influencia gongorina iba a congelar a los poetas menores del grupo, iba a deslindar campos entre los mayores —los casos de Guillén y Salinas— e iba a abrir para Lorca, Alberti, Aleixandre, Cernuda, Prados y algún otro el período de las experimentaciones más o menos surreales sobre la base de una originalidad creativa que no excluía —como señala Bodini— «una deuda de objetivos y estímulos» exteriores. Ya en 1928 Aleixandre daba a la luz *Ambito,* libro en el que se encuentran composiciones de franco surrealismo. Ese mismo año Cernuda marcha a Toulouse como lector de español y escribe los primeros poemas de *Un río, un amor.* Su propio testimonio escrito sobre este período de su vida resulta elocuentísimo acerca del espíritu de rebeldía que le animaba y de su afán por hallar una poesía que rompiera las ataduras entre las cuales se había mantenido hasta entonces. Escribe poemas inspirados en la música de jazz y en los títulos de ciertas películas en tanto devora revistas y libros del grupo surrealista, con el que se sentía profundamente identificado por su actitud de ruptura y de protesta. En aquellos años —finales de la dictadura de Primo de Rivera—, la situación en España se encontraba muy politizada y los jóvenes poetas a que aludimos habían tomado partido, más o menos decididamente, por la corriente republicana. El ambiente político y social invitaba hacia la izquierda. Y la izquierda era, en la poesía, contacto surrealista.

Ese mismo año Aleixandre comienza a escribir *Pasión de la tierra*. Alberti hace ya tiempo, desde 1927, que trabaja en *Sobre los ángeles*. En 1929 escribirá los poemas jarryanos de *Yo era un tonto y lo que he visto me ha hecho dos tontos*. Entre esta última fecha y 1930 compondrá *Sermones y moradas* y, el 1 de enero de este mismo año, *Con los zapatos puestos tengo que morir*, «elegía cívica» de tremenda violencia en la que el arranque rimbaudesco alumbra ya su posterior poesía social y política. En *Sobre los ángeles* percibimos el eco de Blake y de Maldoror; en *Con los zapatos puestos...*, el surrealismo se convierte en explosión terrorista. Mientras tanto, Lorca se encuentra en Norteamérica, donde escribe *Poeta en Nueva York;* Aleixandre termina, en 1931, *Espadas como labios* y Cernuda *Los placeres prohibidos*. Moreno Villa —un poeta de superior edad a todos los que aquí vamos nombrando, pero que sigue muy de cerca la evolución de los jóvenes y participa de sus inquietudes renovadoras y hasta de ruptura— da a la luz *Jacinta la pelirroja* (1929), *Carambas* (1931) y *Puentes que no acaban* (1933). A las puertas mismas de la guerra civil, publicará *Salón sin muros*. También el surrealismo influye en su obra. *Llanto subterráneo*, de Emilio Prados, aparecerá ese mismo año de 1936, aunque anteriormente había escrito numerosos poemas surrealistas que, reunidos en *La voz cautiva*, permanecen inéditos.

Todas las referencias hechas indican la ruptura que se estaba produciendo en la poesía española, a partir de 1927, frente al concepto de «pureza» que encabezaba Juan Ramón Jiménez y que tenía, entre los poetas posteriores, sus más significativos nombres en Guillén y Salinas. Esta poesía era la del «mundo está bien hecho», es decir, la que no se comprometía para nada en la corriente neorromántica y se encontraba conforme con la sociedad. El poeta es el creador y como tal se le mitifica. Ese creador queda absorto ante la contemplación del universo al cual expresa a través de la objetividad, lejos de sentimientos, ideas, pasiones o dramas, como llegó a escribir un joven admirador de Guillén, quien añadía: «En adelante (es decir, después de *Cántico)* de lo que se trata es de que la poesía no sea más que eso: poesía. Para ello se impone limpiarla de su paupérrimo caudal de tópicos». Detrás de

27

todo esto estaba la «deshumanización» del arte y estaba también Valéry. El esteticismo planeaba enseñoreándose del ámbito poético español. La poesía se hacía para la minoría. En un artículo ya citado, aparecido en *Revista de Occidente,* Fernando Vela resumiría así esta cuestión: «Poesía pura, escribe Antonio Espina, quiere decir depurada. Y depurar es "purificar", o sea aislar el cuerpo esencial del producto de los adheridos y materias ajenas. Y es también "apurar" la línea viva hasta lograr su expresión absoluta y única». Por su parte, Guillén se expresaba de este modo en una carta incluida en la *Antología,* de Gerardo Diego (1934): «Poesía pura es matemática y es química —y nada más— en el buen sentido de esa expresión lanzada por Valéry... El mismo Valéry me lo repetía, una vez más, cierta mañana en la rue de Villejust. Poesía pura es todo lo que permanece en el poema después de haber eliminado todo lo que no es poesía... "Pura" es igual a "simple", químicamente.»

Frente a eliminación, limpieza, depuración, purificación, apuración y destierro de adherencias, la reacción que se estaba produciendo aspiraba a la integración de todas las impurezas en el cuerpo humanizado de la poesía. Tal era lo que se pretendía en *Sobre los ángeles* o en *Espadas como labios,* en *Un río, un amor* o en *Poeta en Nueva York.* Con la llegada de la República el dominio de la poesía pura comenzó a resquebrajarse. La alarma fue general. Juan Ramón sentía la deserción en torno suyo y los grupos de aquí y de allá que seguían fieles al esteticismo y a lo «puro» se agitaron inquietos. Cano Ballesta ha estudiado con brillantez y datos de primera mano esta inquietud que tuvo a Juan José Domenchina como portavoz máximo. Pero la historia seguía su curso y otra poesía estaba ya en la calle y se imponía con todo su peso específico. La última batalla en la que tomarían parte los «puros» sería la entablada con motivo de la llegada de Pablo Neruda a Madrid y de la aparición de su revista *Caballo Verde para la Poesía* (1935). El surrealismo nerudiano halló aquí terreno abonado para su desarrollo en común con la nueva lírica española. La publicación de sus *Tres cantos materiales,* costeada como homenaje al poeta chileno, reveló la alta estima con que había sido acogido y la fervorosa adhesión que los más jóvenes le manifestaban. Entre éstos se encontraban Miguel Hernández, Leopoldo y Juan Panero, Luis Rosales, Luis Felipe Vicanco, Arturo Serrano Plaja y José A. Muñoz Rojas, la mayor parte de los cuales no dejaron de experimentar su influencia. Además de ellos, firmaron el texto de adhesión Alberti, Aleixandre, Altolaguirre, Cernuda, Diego, León Felipe, Lorca, Guillén y Salinas. Los nombres de estos dos últimos hay que considerarlos aquí en razón de la sola admiración poética. Poco después apareció la hermosa edición de *Residencia en la tierra,* en dos tomos, hecha por Cruz y Raya, edición que coincidió con la de *La destrucción o el amor,* de Aleixandre, y con la de *La realidad y el deseo,* de Cernuda. Una nueva realidad lírica quedaba de este modo constituida. A partir de entonces los esteticismos quedaron limitados a sus nombres e intocables y cimeros. Esta situación poética coincidía, como ruptura, con los hechos que se estaban desarrollando en el país y con la radicalización política del mismo. En el primer número de *Caballo Verde,* Neruda lanzó su manifiesto titulado «Sobre una poesía sin pureza», en el que expresaba la necesidad de una lírica abarcadora, integrada en la vida, atenta a todas las reacciones humanas. «...Así sea la poesía que buscamos —decía—, gastada como por un ácido por los deberes de la mano, penetrada por el sudor y el humo, oliente a orina y a azucena, salpicada por las diversas profesiones que se ejercen dentro y fuera de la ley. Una poesía impura como un traje, como un cuerpo, con manchas de nutrición y actitudes vergonzosas, con arrugas, observaciones, sueños, vigilias, profecías, declaraciones de amor y de odio, bestias, sacudidas, idilios, creencias políticas, negaciones, dudas, afirmaciones, impuestos... sin excluir deliberadamente nada, sin aceptar deliberadamente nada... Y no olvidemos nunca la melancolía, el gastado sentimentalismo, perfectos frutos impuros de maravillosa calidad olvidada... Quien huye del mal gusto cae en el hielo».

El manifiesto, en realidad, era ya un balance. Resumía cuanto podía encontrarse en los últimos libros de Aleixandre, de Cernuda, de Alberti, de Lorca. Cuando fue publicado, la realidad poética española había sido rota en favor de lo que en ese texto se proponía. En 1935, la poesía impura había dado sus mejores frutos. Las palabras de Neruda eran una constatación, pero no por eso dejaron de producir protestas entre los grupos diseminados por el ámbito peninsular. Hubo protestas interesadas —como la de Juan Ramón Jiménez— y las hubo también generosas, ingenuas e inocentes. Algunas publicaciones polemizaron, pero, digámoslo así, la batalla estaba ya dada.

La poesía surrealista tuvo una continuidad esporádica después de la guerra civil, en medio de la reacción neoclasicista que supuso el garcilasismo. El ambiente no le favorecía nada, pero el impulso de la corriente de preguerra hizo posibles libros como *Pisando la dudosa luz del día,* de Camilo José Cela (1945), de marcado tono nerudiano, y, poco después, *La soledad cerrada,* de Gabriel Celaya, aparecido en 1948, con el verdadero nombre de su autor, Rafael Múgica. Hay que recordar de este poeta otro libro de entonación surreal, *Marea del silencio,* publicado en 1935. Celaya dio posteriormente otros poemarios que entran de lleno en esta corriente porque, en realidad, él siempre se ha sentido vinculado a ella.

Un fenómeno que no debe pasarse por alto, dado el timbre de ruptura con que se presentó, es el postismo, movimiento fundado, en 1945, por Eduardo Chicharro, Carlos Edmundo de Ory y Silvano Sernesi, de características muy afines al irracionalismo y el onirismo surrealista y que contrastaba, por su radicalidad, con el garcilasismo, ya en decadencia y la inicial corriente poética social. El postismo dio dos nombres que cada día merecen más atención, los de Chicharro y Ory. A ellos hay que sumar —aunque sólo en su período primero— los de Angel Crespo y Gabino Alejandro Carriedo. El postismo tuvo tanto de eslabón tendido hacia la poesía de preguerra como hacia los movimientos europeos e hispanoamericanos de aquel momento. Otro nombre que de ninguna manera puede quedar silenciado es el de Manuel Alvarez Ortega, cuya vinculación con el surrealismo es patente desde su primer libro, aparecido en 1948. Alvarez Ortega es un profundo conocedor de la poesía francesa, que ha traducido ampliamente. Su poesía resulta un alto ejemplo de sensibilidad y de intensidad lírica. Con él finaliza nuestra siguiente antología de la poesía surrealista en castellano.

VANGUARDIA Y SURREALISMO
EN CATALUÑA

Como en Madrid, también en Cataluña el término vanguardia encontró la oposición casi general, incluso entre los poetas y escritores animados por «el espíritu de inquietud» que en Francia y otros países estaba revolucionando las artes desde los años inmediatamente anteriores a la primera guerra mundial. Sebastiá Gasch, uno de los primeros soldados de aquellos pelotones, se opuso reiteradamente a aceptar la etiqueta y recientemente ha vuelto a recordarlo. Consideraba la palabra vanguardismo confusionaria y pueril. Y el poeta J. V. Foix, otro de los de entonces, no sólo se opuso a aceptarla, sino que negaba y sigue negando su condición de vanguardista. En aquella oposición había todo un pudor; el mismo que se manifestaba en Madrid. Era el pudor a lo pueril, mucho menor que a lo confusionario, aunque también este término hay que considerarlo, puesto que entre tanto repentino innovador o revolucionario artístico se encontraban muchos aficionados del peor gusto. Los espíritus más auténticos y responsables se negaban, como es natural, a aparecer encasillados con los francotiradores de ocasión en el baluarte vanguardista, y preferían mostrarse al margen de la corriente para sostener su pureza y su honestidad. Por otra parte, vanguardismo sonaba demasiado a militar, a fácil terminología guerrera procedente de la reciente conflagración. Y preferían denominaciones más culturalizadas, más intelectuales y menos periodísticas. Hoy —como ha dicho Gasch y como también dijo Guillermo de Torre, otro crítico ilustre de la generación vanguardista— no hay más remedio que emplear la etiqueta si queremos entendernos al plantear la historia de aquel período en el que el concepto de las artes comenzó a cambiar liberándose de la tradición cultural inmediata y aportando nuevos fundamentos estéticos para nuevas corrientes o movimientos del arte. Siendo esto así, poco importan las protestas de antaño, las prevenciones y los remilgos. Se pueden cambiar los términos, claro está, pero para referirse a lo mismo. Y entonces podemos saltar por encima de la opinión de Foix sobre si Salvat-Papasseit —su compañero de aventura— fue un «falso vanguardista» o si él mismo no llegó a serlo. La obra de uno y de otro arranca de las inquietudes aquellas de 1919 y, por lo que se refiere a Foix, la suya debe bastante incluso a movimientos vanguardistas posteriores como es el surrealismo.

Como ha señalado Gasch, Cataluña en el primer período de los «ismos» —y como ha sucedido en otras muchas ocasiones—, representó un papel capital como ventanal de lo que estaba pasando en Europa; era la puerta obligada de las nuevas inquietudes y de las novedades estilísticas que se estaban produciendo. Cuando en Madrid los más jóvenes comenzaron a hacerse eco de las rebeldías de Marinetti y de Apollinaire, los catalanes tenían ya traducciones de este último, de Dermée, de Reverdy, de Max Jacob, etcétera, y la revista *Trossos,* aparecida en 1916 bajo la dirección de Josep M. Junoy, intentaba polarizar los nuevos movimientos. Esta revista pasó más tarde a manos de Foix. En ella aparecieron traducciones de Birot, de Soupault, del ya citado Reverdy y dibujos de Gleizes y de Miró. Otra revista de la vanguardia primera catalana fue la de Salvat-Papasseit *Un enemic del poble,* publicación de tendencia tolstoina y anarcoide, desde la que se bombardeaba el «conformismo» de cualquier tendencia. Salvat publicó un «Primer manifiesto catalán futurista» (1920) y escribió varias colecciones de caligramas, como la de *Poemes en ondes hertzianes* (1919) y la de *L'Irradiador del port i les gavines* (1921). Otros libros suyos son *Les conspiracions* (1922), *La rosa als llavis* (1923) y *Ossa Menor* (1925). Nacido en 1894, murió a los treinta años de edad, después de una existencia azarosa y sombría. Hoy es considerado como un precursor de la poesía social. Era un poeta de tiernísima humanidad y de palabra muy sincera y pura.

Otros escritores de este período son Joaquín Folguera y el ya citado Josep M. Junoy. El primero murió muy joven, en 1919. Junoy, que «se retiró de la polémica literaria», según el decir de Díaz-Plaja (véase el interesantísimo estudio de este *L'avantguardisme a Catalunya* (1932)—, es autor de una *Oda a Guynemer* (1915) y, como discípulo entusiasta de Apollinaire, llevó los caligramas, en *Poemes & Calligrammes,* a los más arrebatados extremos. Murió en 1955.

32

A pesar de los repliegues y desdecires posteriores, Barcelona fue —como han señalado Díaz-Plaja, Joan Fuster y Gasch— la ciudad española más porosa y propicia al vanguardismo no sólo poético, sino también plástico. Es importante considerar este dato porque ayuda a comprender la viva actividad que allí conquistaron los «ismos» y la preparación que éstos supusieron a la hora de la recepción del último de ellos que aquí tiene cabida: el surrealismo.

El gran animador de la plástica de vanguardia fue el marchante Josep Dalmau, quien ya en 1912 organizó una exposición de pintores cubistas, con lienzos de Duchamps, Juan Gris, Léger, Gleizes, Metzinger, etc., y otra de pintores polacos. Poco después, presentó a Dufy, Braque, Matisse, Marie Laurencin, Derain y Vlaminck. Las primeras exposiciones de Miró y de Salvador Dalí las patrocinó también él y a su esfuerzo y entusiasmo se debió la de Francis Picabia (1922) que fue presentada por André Breton con una conferencia. Picabia, que se encontraba en Barcelona como fugitivo de la guerra, editó allí la revista *391* (1917), en la que colaboraron, entre otros, Ribemont-Dessaignes, Max Jacob y Apollinaire. Otro dato más: el pintor uruguayo Rafael Barradas creó por entonces la tertulia del «Ateneíllo», a la que acudían Sebastiá Sánchez-Juan, Sebastiá Gasch, Lluis Montanyá y otros —también llegarían a frecuentarla Dalí y García Lorca—, y se convirtió en uno de los animadores de la vanguardia. En esa época, poco más o menos, pasan por Cataluña Paul Eluard, Gala, el pintor Magritte y el cineasta Luis Buñuel, que van a visitar a Dalí en Cadaqués, todos ellos militantes surrealistas. Esta visita tendría como consecuencia el enlace Dalí-Gala y, en definitiva, el enrolamiento de este pintor al movimiento bretoniano.

Pero, el verdadero fuego del vanguardismo catalán sería la revista *L'Amic de les Arts,* que tuvo su sede en Sitges. El primer número apareció en abril de 1926, bajo la dirección de José Carbonell y con un equipo de redactores que encabezaba J. V. Foix y del que formaban parte Dalí, Gasch, Montanyá y otros jóvenes de entonces. La revista fue tratada de surrealista y vanguardista y estas acusaciones fueron rechazadas enérgicamente por sus animadores. Si de surrealista no pecaba en nada la publicación, no es posible negarle su orientación inconformista y rebelde, por lo menos a escala nacional. La tendencia predominante era la de un cierto «purismo» estetizante, aséptico y —como diría años más tarde Juan Ramón Jiménez— «rolaquista», por los muebles acerados a lo Bauhaus. Sin embargo, en un acto organizado por el grupo, y en el que intervinieron Foix, Gasch, Montanyá y Dalí, entre otros, éste dio un verdadero mitin, según ha contado el propio Gasch, en el que abogó por la destrucción del barrio gótico de Barcelona, por el enterramiento del arte «putrefacto» —era la palabra-choque de la época— y por la supresión de todo lo regional y típico. El escándalo fue mayúsculo y se unió al provocado por la publicación del «Manifest groc» (1928), que firmaron Dalí, Montanyá y Gasch. Este documento es calificado por Fuster como *descarat, de pretensions ferotges, que va provocar un discret enrenou en els medis intellectuals de tots el Päisos Catalans.* Y añade: *Era el punt àlgid de l'Avantguardisme indigena. El Manifest ataca els tabús les rutines i les realitzacions del Neonoucentisme...* Se ve que el «purismo» de estos vanguardistas y su asco por la revuelta no eran tan profundos y sinceros como se ha pretendido hacer creer después. El contenido explosivo de aquella hoja amarilla fue reproducido por *La Gaceta Literaria,* de Giménez Caballero y Guillermo de Torre, y *El gallo,* de García Lorca, dos de los órganos de la vanguardia no catalana. La coincidencia de actitud les unía en la solidaridad. Hay que añadir a todo esto que los textos que publicaba Dalí en *L'Amic de les Arts* venían a ser auténticos manifiestos de ruptura y de negación frente a la literatura y las artes plásticas digamos instituidas, y que sus referencias a Chirico, al cine y la fotografía, como artes revolucionarias y antipictóricas, a Man Ray, a Le Corbusier, a Max Ernest, Tanguy y Picasso se suceden en ellos. Hasta hay una cita de Breton que viene a ser una premonición de su próxima adhesión al surrealismo.

Como dato curioso de la temprana filiación vanguardista de algunos españoles hay que recordar que en un boletín dadaísta, *Dada 5,* aparecido hacia 1920, figuraban ya los nombres de los catalanes Dalmau y Junoy, junto a los de Cansinos-Assens, Guillermo de Torre y Lasso de la Vega, además, naturalmente de los de Tristán Tzara, Picabia, Ernest, Aragon, Breton, Giacometti y otros muchos entre los más destacados del movimiento, como «presidentes» internacionales del mismo a fin de demostrar el carácter colectivo de éste y su multiplicidad. G. de la Torre —que es quien ofrece la información— dice que las firmas venían precedidas de un texto en el que se proclamaba: «¡Todo el mundo es presidente y presidenta! ¡Vivan las concubinas y los concubistas!» Como se sabe, Cansinos-Assens, de la Torre y Lasso de la Vega fueron en Madrid entusiastas animadores del ultraísmo a través de las revistas *Grecia, Cervantes y Ultra* (1918, 1919 y 1921, respectivamente). En *Grecia* aparecieron textos de Apollinaire, Jacob, Reverdy, Tzara, Picabia y Marinetti.

De Salvat-Papasseit a Foix

Con el *noucentisme* —período que se inicia en Cataluña en vísperas de la primera guerra mundial—, Eugenio d'Ors se convierte en el animador más destacado del renacimiento cultural. Y junto a él, Josep Carner asumirá el papel de reelaborador del idioma literario y de inaugurador de la nueva poesía vernácula. Es el momento en que la literatura catalana toma conciencia de sí misma y experimenta un repentino movimiento de alzada, de impulso y de expansión. Desde Europa llegan corrientes vitalizadoras —las mismas que animan en Madrid a hombres como Ortega y Gasset, Marañón, Madariaga, Pérez de Ayala, etc.— y el *noucentismo* se abre a ellas de par en par, institucionalizándose como corriente dominante, culta y esteticista. Si Carner hace la nueva poesía, Carles Riba será —en la segunda oleada, la de los *neonoucentistas*— el abanderado de la «poesía pura», de la que los grandes modelos son Mallarmé, Rilke y Valéry. Este aperturismo poético catalán se produce algunos años antes que el castellano, con lo que Riba, y sus compañeros de promoción, se adelantan a Guillén y Salinas, los «puristas» de la Generación del 27.

La rama vanguardista de la época, personificada por Salvat-Papasseit, se opone desde el principio a la tendencia estetizante e intelectualista y busca en las fórmulas de Apollinaire y de Marinetti su ideario rebelde y protestatario. En el caso de Salvat, este ideario es reforzado con ciertos contenidos bakuninistas, con lo

35

que el impulso de ruptura estética se amplía al campo político y social.

Salvat se adhiere al vanguardismo con decisión resuelta y fervorosa, pero en él pesan de manera decisiva la ética y el humanitarismo y muy pronto se ve que le importa más el contenido del poema que su formulación externa, caligramática y neotipográfica, contenido que le obliga a retornar a la estrofa para expresar esos estados de ánimo solidarios, tiernísimos y condolidos que, en realidad, constituían su personalidad verdadera. Es por esto por lo que Foix se ha referido a él como «un falso vanguardista». No obstante todo esto, la aportación de Salvat como poeta de sólida personalidad se encuentra íntimamente vinculada a la vanguardia de los años que median entre 1919 y 1925.

J. V. Foix (Sarriá, 1894) es, con Salvat-Papasseit, la otra mitad del rostro de la vanguardia catalana, aunque lleve más de cuarenta años negando esta filiación.

Ya hemos hablado de sus actividades en las revistas *Trossos* y *L'Amic de les Arts*. Habría que añadir —como hace Fuster— que no hubo actividad literaria de agitación en Cataluña en la que no tomara parte o de la que no fuese factor desencadenante. Siempre estuvo en primera línea. Y esa actitud suya —que no solamente aparece referida a las letras, sino a toda manifestación artística— le condujo hacia una poesía de anticipación surrealista, primero, y de utilización de la experiencia surrealista, después, que llegaría a cuajar en libros tan importantes como *Les irreals omegues*, aparecido en 1948, pero escrito entre los años finales de la década de los 20 y los primeros de la del 30.

Personalidad de inquietas antenas intelectuales y de alertada curiosidad, Foix se mantuvo siempre conectado con todos los fenómenos de la sensibilidad y del pensamiento de su tiempo. Y si su formación humanística y su carácter le frenaron cualquier toma de posición descompuesta, radicalizante e indiscriminada, no le coaccionaron el afán renovador. En este sentido, su surrealismo no podía ser de adhesión ciega a la ortodoxia exigida por el movimiento francés y por eso se situó al margen del «automatismo psíquico puro» —como, por otra parte, sucedió con casi todos los poetas surrealistas en Francia y fuera de ella—, para apropiarse, y sobre sus propias investigaciones, las conquistas más valiosas que en el plano de la expresividad lírica y de la captación poética le ofrecía aquél. El surrealismo es, pues, para Foix no un fin, sino un medio: el medio por el cual es posible alcanzar la relación profunda entre lo real y lo irreal y llegar hasta la revelación poética, hasta el misterio de los seres, de las cosas y de las sensaciones, haciéndolo transmisible y comunicante.

El propio Foix ha dicho de sí mismo que se considera un «investigador en poesía». Siendo así, el surrealismo aparece ante él como un instrumental de elaboración. El investigador se entrega a la manipulación de los vasos comunicantes para la obtención de sus destilaciones maravillosas. Lo maravilloso, dicho sea de paso, era para Breton el más perseguido ideal, un ideal que procedía de Blacke y de Lautréamont. Hay, pues, en la actividad de este mago racionalista que es Foix un propósito técnico aliado, claro está, a la gracia —de Dios o del Diablo, como decía Lorca— de ser poeta, lo que ya le excluye de la espontaneidad psíquica y aclara su situación en otro plano ajeno a la romántica inspiración. Pero si Foix se instala —es una observación de Fuster— más allá de los «preceptos» bretonianos también es cierto que de algún modo se sujeta a ellos, lo que implica unos resultados inequívocamente surreales. Este condicionamiento ha sido aclarado por Enrique Badosa —apasionado estudioso del gran poeta catalán— al señalar en su obra la coincidencia de tres dimensiones diferentes, el mundo real, el mundo superreal y el mundo sobrenatural, sin separaciones excluyentes. «De lo sobrerreal a lo sobrenatural —ha dicho Foix comentando un texto de Max Jacob—, para los espíritus de excepción, no hay más que un aletazo». Y también ha dicho: «Cuando yo duermo es cuando veo más claro». Lo que ve entonces son las claves, los símbolos de las cosas y de los seres, es decir, sus significados, su dimensión —digámoslo en el sentido aplicado a este término por Giorgio de Chirico, con cuya pintura de su mejor época han sido comparados los poemas de Foix— metafísica. Ahí está la otra realidad, la que produce o crea el «onirismo diurno» —expresión foixiana— de la experimentación lúcida contrariamente a los nocturnos magmas del psiquismo puro. El resultado es una nueva ordenación reveladora, una composición irreal, pero coherente y escalonada en rotundos y contrastados perfiles reales. Su plasticidad arranca de la más fuerte luz mediterránea.

Surrealismo último: Cirlot

Con la obra de Foix, y por lo que se refiere a la lengua catalana, el surrealismo aparece agotado por asimilación en la evolución consecuente de la poesía. Hay que iniciar aquí un largo salto —por encima de nombres tan importantes como Pére Quart, perteneciente a la misma generación de Foix, pero sin contacto alguno con la corriente que aquí nos ocupa— hasta llegar —y de pasada— a Sebastiá Sánchez-Juan (1904), que, entre 1927 y 1929, intenta esporádicamente el ensayo poético surreal sin estimaciones dignas de mención, y a Bartomeu Rosselló-Pórcel (1913), que, en algún momento —y bajo el influjo de Alberti—, apunta a la misma tendencia. Los procedimientos surrealistas asoman también en Agustí Bartra (1910), aunque no puede considerarse incluido en esta corriente, como igualmente apuntan en otros poetas de la generación del 36. Joan Brossa (1919) constituye un fenómeno de estupor por su obra contradictoria y desigual, cuyas características esenciales, si bien se aproximan a las del surrealismo, ya no están dentro de él y hay que relacionarlas con tendencias posteriores y experimentaciones más recientes que quedan fuera de nuestro trabajo. Y el salto concluye aquí con el nombre de Juan Eduardo Cirlot (Barcelona, 1916-1973) quien a partir de 1940 —y en lengua castellana— comienza a publicar una larga serie de libros, todos los cuales asumen de modo más o menos ortodoxo la herencia surreal. Digo más o menos ortodoxo porque también Cirlot ha proclamado la condición herética de su poesía respecto al surrealismo, debido a la no aceptación del dogma del automatismo, pero sobre esta protesta habría que repetir que el automatismo puro pocas veces ha sido el medio de escritura en los surrealistas si excluimos a los artistas plásticos —Arp, Picabia, Dalí, Picasso...— que lo practicaron en poemas esporádicos o circunstanciales. El surrealismo de Cirlot es reconocible a larga vista y como tal aparece brotando de la más cerrada realidad onírica. *Arbol agónico* (1945), *Cordero del abismo* (1946), *Lilith* (1949), *El palacio de plata* (1955), *Cuarto canto de la vida muerta* (1961), entres sus primeras producciones, y *Anahit* (1968), *La sola virgen la* (1969) y *Bronwyn, permutaciones* (1971) son constantes muestras de su evolución lírica surreal hasta la que él llama «poesía permutatoria», reciente desviación hacia nuevas experimentaciones.

El surrealismo de Cirlot se encuentra muy relacionado con la plástica de la misma escuela y con la simbología medieval y oriental, materia ampliamente estudiada por él en diversas publicaciones. Cirlot es, además, un destacado crítico de la pintura contemporánea y de sus más característicos movimientos. El surrealismo comenzó a estudiarlo con Alfonso Buñuel, recién concluida nuestra guerra; Marius Schneider lo inició en la simbología. A través de artículos y libros, fue quizá el más inquieto difusor en España, y en esa época, de la escuela bretoniana y de los movimientos subsidiarios o afines. En uno de sus primeros viajes a París conoció personalmente a André Breton y con él mantuvo asidua correspondencia. A su muerte, el Instituto Francés de Barcelona le encargó una conferencia sobre esta excepcional personalidad de nuestra época.

SURREALISMO EN CANARIAS: EL GRUPO DE «GACETA DE ARTE»

El nombre por el que es conocido el surrealismo canario en el mundo es el de Oscar Domínguez, un pintor; un pintor de la Escuelas de París. Pero el surrealismo de las islas fue algo más que ese nombre instruido y aleccionado en la capital francesa.

Como casi siempre, debemos empezar por atenernos al título de una revista. En 1930 aparece en Santa Cruz de Tenerife *Cartones*. En ella colaboran unos cuantos jóvenes escritores. La revista va a servir, sobre todo, para relacionarlos entre sí, agruparlos y ponerlos en contacto con otros que no figuraban en la lista inicial. Poco más tarde, aparecerá una revista hermana, *La rosa de los vientos,* y, en febrero de 1932, alumbrará una tercera, que es la que aquí nos interesa fundamentalmente: *Gaceta de Arte.*

El director de la nueva publicación se llama Eduardo Wester-dahl (1902). Por sus relaciones con la vanguardia plástica y lite-raria peninsular y europea, es ampliamente conocido entre los pe-queños grupos que en las islas se muestran preocupados por en-cauzar la poesía y el arte, en general, hacia las nuevas tendencias. Su padre nació en Suecia y su madre es isleña. Westerdahl ha via-jado mucho y se encuentra en contacto con casi todos los focos del arte nuevo en Europa. Escribe, además, en revistas de Barcelona y de Madrid y posee una curiosidad insaciable. Desde la dirección de *Gaceta de Arte* va a realizar una labor orientadora, revisora y coordinadora muy vasta e inteligente. Como secretario de la pu-blicación figura Pedro García Cabrera (1906), y como redactores Agustín Espinosa (1897), Emeterio Gutiérrez Albelo (1905), Do-mingo Pérez Minik (1905), Domingo López Torres (1910-1936) y J. de la Rosa (1908). La revista no desaparecerá hasta 1936 —después de haber alcanzado el número 39—, con el estallido de la guerra civil.

El ambiente cultural en Canarias, al aparecer *Gaceta de Arte* —y más allá de la minoría joven—, se nutría de las rentas de una tradición ya superada. Al margen de las glorias locales desapare-cidas, los nombres venerados eran los mismos, poco más o menos, que los que servían de pretexto en la Península a la burguesía ne-cesitada de adornar su siempre bostezante desinterés por las artes y las letras. Las tendencias renovadoras surgidas en los últimos años veinte en la Península eran ignoradas o, en el mejor de los casos, rechazadas, y la escasa curiosidad por las manifestaciones cultu-rales no pasaba de la repetición de una poesía seudomodernista y falsamente folklórica, una narrativa desproblematizada en todos los órdenes y un teatro que oscilaba entre los peores cotilleos be-naventinos, el hidalguismo de Marquina y la zarzuela. En este erial —que, en general, era el mismo que cubría las más extensas zo-nas peninsulares, a pesar de la culturalización que, en ciertos as-pectos, había significado la política republicana— los jóvenes de *Gaceta de Arte* se impusieron —ayudados por las relaciones in-ternacionales que la insularidad del territorio en que se desenvol-vían les proporcionaba: conexiones de todo orden, puente abierto a Europa y América, visitantes, etc.— la tarea, no sólo de crear un instrumento cultural, sino de que ese instrumento respondiera a las inquietudes más vivas y recientes que en el campo de la sensibilidad y del pensamiento se habían producido en la última década o estaban germinando de cara al futuro. Con estos propósitos —de ruptura con la atonía imperante y de inauguración de contactos con el presente artístico del mundo— se situaron, de súbito en la encrucijada de la vanguardia, lanzándose a una aventura consciente y premeditada a la que difícilmente puede hallársele parangón en ninguna otra parte del territorio nacional en aquellos entonces. En Madrid y Barcelona, el vanguardismo entrado en un período de transformación y de asimilación y las actitudes de avanzada empezaban, digámoslo así, a institucionalizarse a través del esteticismo «purista» y el intelectualismo neutro. A la virulencia primera había seguido una especie de acomodación. Y los antiguos vanguardistas de las primeras banderas —cubismo, creacionismo, ultraísmo— se disponían ahora a defenderse, en nombre de la «estética pura», de la amenaza que representaban las nuevas tendencias que en aquellos momentos pugnaban por abrirse brecha. Estas tendencias emanaban —cuando no eran su directa expresión— del surrealismo y suponían un ataque frontal al esteticismo y una propuesta de compromiso entre el arte y la política. El debate se encontraba en su punto álgido en el momento de la aparición de *Gaceta de Arte* y la revista se encontró desde el principio ante el agudizado dilema, un dilema que no llegó a ser resuelto de una manera decidida por sus redactores, pero cuya posición se fue deslizando cada vez más sobre los postulados éticos y estéticos del surrealismo militante y su *engagement*.

Los redactores de *Gaceta de Arte* empezaron proclamando su propósito de «información y crítica», su compromiso fundamental con el arte y su imparcialidad ante las diversas tendencias coexistentes. La conexión con la cultura occidental y la atención a sus problemas y manifestaciones que tuviesen «un carácter histórico formal» eran puntos indeclinables. Aprobaban el anticonformismo del surrealismo y hacían suyas las reivindicaciones morales de éste, así como la defensa del principio de expresión libre de las fuerzas inconscientes del individuo. Aceptaban también la voluntad de síntesis bretoniana y el racionalismo, y repudiaban cualquier actitud nihilista o anarquista. Como se ve, se habían colocado más allá de todo «purismo» estético y en el centro polémico mismo del debate. Los surrealistas no estimaban aceptable esta actitud, ya que no la consideraban lo suficientemente comprometida y radical, pero no la rechazaron. Y más adelante se aproximaron a la gran revista insular hasta anudar con ella lazos de colaboración y de acción conjunta. Por la otra parte, los redactores de *Gaceta de Arte* suscribieron el decálogo completo que aquéllos proponían en el campo político.

La revista se encontraba en conexión directa con los centros más importantes del movimiento artístico y literario de todo el mundo, desde París a Nueva York, desde Berlín a Roma. Sus relaciones con la Bauhaus fueron constantes, así como con la galería Fleichteim. En sus páginas se publicaron textos de Adlington, Arp, Baumeister, Breton, Cassou, Le Corbusier, Ehrenburg, Eisenstein, Eluard, Kandisnky, Gide, Picasso, Zervos, etc., además de Gerardo Diego, Angel Ferrant, Sebastiá Gasch, Gómez de la Serna, Guillermo de Torre y, claro está, de los propios redactores de la revista. Junto a la poesía y la literatura, en general, en sus páginas se escribía de pintura, arquitectura, cine, teatro y de cualquier otra manifestación de la sensibilidad o el pensamiento. Gropius y van der Eohe, Fritz Lang y G. W. Pabst, O'Cassey y Piscator, eran nombres amigos y frecuentes, con otros muchos, en las diversas secciones. Su prestigio tuvo un ascenso rápido y seguro y muy pronto rebasó las fronteras nacionales.

Las relaciones del surrealismo, como tal movimiento, con *Gaceta de Arte* comenzaron desde los primeros números de esta publicación, pero llegaron a convertirse en colaboración a partir de 1935, con motivo de la presencia en Tenerife de André Breton y de Benjamín Péret. Ese año, entre el 4 y el 27 de mayo, se celebró en el Ateneo de aquella ciudad una Exposición Internacional Surrealista, integrada por más de 70 piezas, entre óleos, dibujos, grabados, *collages* y fotografías firmadas por Chirico, Dalí, Picasso, Ernst, Domínguez, Magritte, Miró, Tanguy, Duchamp, Giacometti y Man Ray, entre otros. La muestra constituyó un éxito digamos escandaloso, tanto por las reacciones a que dio motivo como por la curiosidad que despertó. Se registraron adhesiones entusiastas y rechazos indignados. El surrealismo, en los medios oficiales y entre los «notables» de las Islas, no puede afirmarse que tuviera ninguna simpatía, pero sí entre los estudiantes y en los ambientes más culturalizados. Si éstos se anotaron como un tanto a su favor la exposición, aquéllos consiguieron la prohibición, después de una gigantesca polémica en la que tomaron parte todos los sectores de la Prensa, de la película de Buñuel-Dalí *Edad de Oro*. Otra victoria surrealista fue la conferencia de Breton sobre el tema «Arte y política». Estos acontecimientos, si no de una manera formal y explícita, situaron al grupo de *Gaceta de Arte* en la dinámica surrealista, convirtiéndolo en el único núcleo casi militante con que el movimiento contó en España.

A partir de aquellas manifestaciones, en Tenerife se publicaron varios números del *Boletín Internacional del Surrealismo*, en edición bilingüe, con varios textos fundamentales. En esa misma época, Westerdahl entra en contacto con los antiguos animadores de la revista catalana *L'Amic de les Arts* y con Guillermo de Torre y Angel Ferrant, en Madrid, fundadores todos —primero los catalanes— de *Amigos de las Artes Nuevas* (A.D.L.A.N.), una organización que desarrolló una importante labor como patrocinadora de conferencias y exposiciones. El grupo barcelonés tenía como dirigentes a J. Prats, J. V. Foix, Muntayá y Gasch; el de Madrid, además de los citados, a Moreno Villa, Norah Borges, Luis Blanco Soler y Gustavo Pittaluga. Colaboraba con ellos el grupo de arquitectos de G.A.T.E.P.A.C., que presidía José Luis Sert. A.D.L.A.N. organizó una exposición de Hans Arp y otra de Picasso, en Barcelona. La primera fue inaugurada con una conferencia de Paul Eluard; la segunda la presentó en Madrid, donde fue trasladada, Ramón Gómez de la Serna. Eran ya los tiempos visperales del estallido...

Los poetas: García Cabrera y otros nombres

Entre los redactores de *Gaceta de Arte*, sólo Pérez Minik no escribió poesía. Todos los demás —Espinosa, Gutiérrez Albelo, García Cabrera, Westerdahl, López Torres y J. de la Rosa— cuentan con abundante bibliografía poética, publicada o inédita. A esos nombres hay que añadir los de Julio Antonio de la Rosa (1905) y José Antonio Rojas (1906), ambos prematuramente desaparecidos víctimas de un mismo accidente marítimo. Amigos todos ellos, animados por comunes inquietudes estéticas, pertenecientes a la misma generación, de no haber sobrevenido aquel desgraciado suceso también De la Rosa y Rojas habrían figurado, sin duda, en el grupo de aquella importante publicación.

Julio Antonio de la Rosa —pintor, actor, escenógrafo y poeta— aparece en el panorama literario canario como el primer lírico de vanguardia, influido por los últimos aires ultraístas, primero, y por la «nueva poesía», después, emanada de Juan Ramón Jiménez y de Jorge Guillén. Más tarde, su evolución seguiría el neopopulismo de Lorca y Alberti. En general, la situación de la poesía isleña a partir de 1927, poco más o menos, discurre —si prescindimos del influjo ultraísta— por entre estos mismos nombres peninsulares, a los que habrá de añadirse, en algunos casos, el de Vicente Aleixandre cuando la tendencia surrealista comience a imponerse. Hemos de señalar también que, por lo que respecta a las huellas de Alberti, muy claras y persistentes en todo el grupo, las primeras en advertirse pertenecen a las canciones de *Marinero en tierra* o a la manera neogongoriana de *Cal y canto,* para centrarse seguidamente, como correspondía a la posterior actitud surrealista, en *Sobre los ángeles.*

Agustín Espinosa, el mayor por edad de los redactores de *Gaceta de Arte,* temperamento apasionado y radicalizante, dejó una obra dispersa en las páginas de la revista y en su libro *Crimen* (1934), de absoluta filiación surreal, en la que la impronta de Sade rebasa la recreación personal. Gutiérrez Albelo —autor de *Romanticismo y cuenta nueva* (1933) y *Enigma del invitado* (1936)— recorre una amplia parábola, en el período que nos ocupa, desde las propuestas líricas neojuanramonianas y de *Presagios,* de Salinas, hasta la asimilación de la imagen cinematográfica y sus relaciones con lo surreal. En José Antonio Rojas, el creacionismo deriva hacia el neopopulismo con acentos muy sinceros. Westerdahl, desde el cosmopolitismo más abierto, ofrece una poesía de calidades puras y esteticistas. López Torres recoge los aires marineros y serranos albertinos. J. I. González —pintor y ceramista— concreta lo onírico, al igual que José de la Rosa, en una simbología muy viva y recia.

Pero quizá, de todos ellos, quien alcanza la autenticidad más acendrada en cuanto a las conquistas surrealistas sea García Cabrera (Vallehermoso, Gomera) a partir de sus libros *Transparencias fugadas* (1934) y *Entre la guerra y tú* (1936-39), sobre todo de este último, en el que brota una arrebatada y arrebatadora vitalidad que nace de la más desnuda sinceridad. La voz del poeta se convierte en hilo conductor de lo telúrico, donde mantiene clavadas sus raíces. «Su lírica —ha escrito Pérez Minik— ha sido siempre entrega y desprendimiento, entrega de sí y una a manera de comunión permanente con el afuera, desde donde brota su incontenible alegría». La poesía de García Cabrera es una afirmación constante de humanidad y de integridad, y a través de los años ha ido ahondándose en esa afirmación, como lo demuestran sus últimos libros.

ANTOLOGIA POETICA

La siguiente antología ha sido ordenada en cuatro apartados, siguiendo un criterio cronológico en cuanto a la fecha de nacimiento de los autores que la componen se refiere. En el primero se incluyen poetas de escritura castellana peninsulares. Este orden se rompe al llegar a Eduardo Chicharro, cuya obra poética empezó a ser publicada después de nuestra guerra. En el segundo apartado se seleccionan a J. V. Foix y a J. E. Cirlot, ambos catalanes —el primero de ellos escribe en lengua vernácula—, situándolos según su mayoría de edad. Para el tercer apartado hemos escogido un representante de la poesía surreal canaria: Pedro García Cabrera. Por último, en el apartado cuarto se incluyen dos pintores que escribieron poesía: Pablo Picasso y Salvador Dalí, ateniéndonos igualmente a la fecha de su venida al mundo. Nos ha parecido el orden más fácil y menos confuso.

José Moreno Villa 1887-1955

JACINTA EMPIEZA A NO COMPRENDER

Jacinta no ve que siendo dulce es amarga,
no ve que su figura es de hueso y de carne,
de marfil y de cuerno,
de sangre, de piel, de cabellos, de agua,
de memoria, de voluntad, de inteligencia,
de amores y de odios,
de pasiones confusas y ensoñaciones claras.
No ve, Jacinta, sino el resultado.
No ve la divina tramoya.
No ve los dramas de la roca en la orilla,
del pensamiento caminando sobre sí mismo,
de la rosa en el fango.
¡Mundo resuelto,
vida resuelta,
final besucón de película!
Sí... Pero...
debajo de los muebles, detrás de las cortinas,
en el fondo del baño, sobre el lino nupcial,
kilómetros, millas de aburrimiento.

ASÍ SE COMPORTA LA LECHUZA

«Ahora está el viento sur entre los bárbaros
que se nutren de jazmines azules.»
Lo dice astutamente la lechuza
que veranea en negro junto al río.

Si tuvieras el lazo, aquel pampero,
cogerías al viento por las astas,
y, entonces, la lechuza te diría:
«El viento norte vive con los cafres
que se alimentan de amapolas y cenizas.»

(De *Jacinta la Pelirroja*. 1929.)

CARAMBAS

I

Como quiera que el destino es el destino,
voy a sembrar una voz, la mía, en el huerto.

Ya he dibujado en el aire
y he colgado mi sombrero en distintas estrellas.

Hay que sembrar la voz,
y ver si nace con hojas verdes o moradas,
y con olor de menta o de lavanda.

XVI

La noche no viene jamás a las doce del día;
por consiguiente, deja volar tus palomas un rato más:
y si de las veredas color barquillo
y de los senderos color de rata
se desprenden alegorías y sentencias,
bebe tu vaso de luna y misterio
con la seguridad de los guardias.

51

XVII

Habitaron las cuevas debajo del viento
que ronda siempre el número 13.

Vendían caramelos de tos y alondras huecas
que combaten la furia del número 13.

Dormían con la bata carmín del sueño erótico
que atenúa la sed de lo verde,
y bebían el ¡ay! de los circuncisos
que son los padres del número 13.

XX

No saber y no multiplicar,
y beberse todas las maravillas
para desembocar luego en el mapa limpio,
con cara de raro maniquí,
roja de zumo erótico
y asistido por la multitud ignorante.

No saber y no recordar,
y después de beber los posos,
descubrir que la sábana tiene la culpa
y que el objeto es evidente como yo.

Salir rebotado
hacia los confines de la demencia
con cara de raro maniquí troglodita,
para beber, no las historias,
sino el zumo de la verdad inalcanzada.

No saber, ni multiplicar,
ni permitir que las estrellas afinquen en la vida,
ni tolerar que rece la magnolia
donde el clavel divide las propiedades.

Ignorar la planimetría
por devoción al marchamo que nace.

No saber, ignorar; subir endiablado
a los intríngulis del alma fetal,
y con un extraño puro
humear los costillares de la cultura.

Resbalar después por la alfombra de lino,
hasta la mar,
y al paso decir que brinquen los muertos
porque ha llegado la hora del té.

O bien, salir descamisado
por los senderos de leche y malaquita,
en busca del toro que nadie lancea
y de la mocita sin jersey.

La cosa es no saber la tabla,
porque el número en crecimiento es pernicioso.

No saber, ni multiplicar.
Ni afeitarse.
Recoger es oficio astroso,
y beber es nuestro simpático baño.

Dirán los hombrecillos pedantes,
que no existe la simbiosis de la luz y el agua,
pero yo os digo que el veintitrés y la cómoda
comulgan con el zapato y la oropéndola
sin que noten anomalías en el discurso.

Esto es la vida, la vida de lo irreal,
de lo ilusorio, padre de lo positivo.

Es esto la vida y no dadle vueltas.
Porque sí, porque no,
y porque de la torre baja el mirlo
para proseguir sus quehaceres.

(De *Carambas*. 1931.)   53

¿QUÉ ES ESTO? ¿DÓNDE ESTAMOS?

¿Es un cuarto de cristal?
¿Es una manzana de tinta?
¿Estamos en el único y firme paraíso?
Esta puerta... ¿se puede saltar?
¿Es que bajo la sombra de los deseos
existe siempre una burla vestida de rojo?

¿Sirven los vocablos?
¿Nos conoce la gente?
¿Qué caballos se usan en este país?
¿Nadie sabe andar como tú, como yo?
¿Dónde estamos?

Adivino un pasadizo reptante,
y luego una sorda escalera de amianto,
y después un columpio de malaquita,
y nada... nada más.

¿Qué es esto?
Suenan tambores y balas,
frenos de locomotoras y volantes de avión.

¿Qué es esto que viene a nosotros
en un arrebatado vuelo?

Reconozco la melena rojiza
y la suave declinación de la cadera.
No sé por dónde vamos,
ni dónde estamos.
Suenan las tres.
¿Hay un motivo para todo el mudo?
¿Cuál es la vía de las estrellas errabundas?
Dime cómo se alcanzan las soluciones.
¡No cierres! No te cierres, puerta décimoquinta.
¿Quién te empuja?
¿Para qué venimos?

Toma mi pañuelo para tus ojos verdes
y dame el tuyo, apagador de ascuas.
Nada es nadie.
Hay lejanía en la proximidad.
¿Para qué rezan y lloran?
¿Por qué no vivir al modo de las piedras?

¿PARA QUÉ?

¿Para qué todo esto: sacar esquejes y plantarlos,
soltar globos al polo, engendrar infelices niños,
leer de crímenes —todo es crimen en novelas, teatros cines y
aventar los delirios y mecer confianzas?   [gacetas—,
¿Para qué? ¿Para qué la rubia que se dilapida,
el chófer que apuñala en el merendero
y el libro de investigación criminal descubierto en el Vaticano?

¿Para qué la ceja fruncida y el aspaviento del marido,
la horca y la caja de la funeraria locuela?
¿Para qué la metempsícosis, la mosca,
el canuto del recluta y la gota serena?
¿Para qué bendecir, maldecir, estrangular,
pavonearse sin sombrero y con junco,
decir a la joven mentiras sobre lo eterno
y sentarse con el «whisky» en los labios?
¿Para qué la ruta que termina en la selva,
el pájaro que no trae mensaje,
la novia que saca polvo de un pozo?
¿Para qué destrenzar y catalogar las ideas
si luego viene el huracán y te arrodillas?
Hay, entonces, toda una claudicación
y tu plumero se empapa de barro.
¿Para qué los cincuenta años de amor

si has de entregar a tu novia un pelele de humo?
¿Para qué vencer resistencias inútiles
cuando la lechuza bebe aceite y le va bien?
¿Para qué los pasaportes internacionales
si las escaleras no llegan a su debido tiempo?
¿Para qué las gárgolas en agosto
y los tirantes en la bendita melancolía del Sahara?
¿Para qué yo, tú, él?
¿Para qué la brisa que orea los cementerios?

DESPUÉS DE TODO, ERAS TÚ LO QUE YO BUSCABA

En las letras de un cantoral,
entre la retama y el jacinto serrano,
en el ancho mar, en la taberna inquieta,
en el fondo de la copa verde,
después de todo eras tú lo que yo buscaba.

Pregunté muchas veces a las guías turísticas
dónde suspira el lugarejo ignorado por la epopeya;
pregunté a los filósofos por la llave del secreto;
fui devorando pregunta a pregunta mi vida,
y después de todo resultas tú lo que yo buscaba.
Pude leerlo en mil detalles:
Verte y enmudecer,
verte y olvidarme del mundo,
verte y hablar luego por las calles solitarias,
verte y sentir el cuerpo,
verte y huir hacia los confines de mí mismo.

Desmadejado y alma en pena,
imaginé que lo mejor era llorar en los ocasos,
leer los libros místicos
y contribuir a la redención de los débiles.

58

Y, en todo, en todo, en absolutamente todo,
no había más que la busca de tu persona.

Sí, después de todo, eras tú la búsqueda.

Y aquí declino ya todo examen y toda crítica.
Tú, con tus faltas y tus sobras;
tú, con tu maravilloso complemento rubio a mi color de bronce.

(De *Puentes que no acaban*. 1933.)

Juan Larrea 1895

DIENTE POR DIENTE

En el país de la risa la ceniza precede al fuego
la nieve precede al pájaro
las lágrimas a sus tronos

Lo que es esperanza en un comienzo se hace huella en el camino

Lo que ocurre deja los colores desunidos
pero sujetos a una especie de impostura oscura
Para perder la vida no hay más que un motivo: el cielo
Las bocas huelen al deseo de descubrir un hermoso crimen

Un café nunca está lejos

Unidos por una misma tendencia
cuando el alba paga las nubes con su vida
unidos por el bajo relieve de una voz venida a menos
unidos como monedas en el precio de una mujer desnuda
los miembros de un hombre no dejan allí nada que desear
Como eclipses parciales
como solos de arpa
como tiros al aire
como cerillas

LA PLANICIE Y SU ESPEJO

Donde hay un muerto hay un remordimiento. No basta haber empañado los vidrios más amargos, haber libertado los ríos de sus cursos, haber concebido un robo de corderos en la niebla. Las pasiones permanecen siempre allí confusas y deshinchadas, reducidas a roer las uñas de la luz, vergonzosas y deshinchadas a la hora de abatir la frente, como las medias de las lágrimas en las orillas del corazón. Fácil es decir: mañana irás de nuevo a ver el lugar donde naciste. Pero un muerto sigue estando allí.

Un muerto, en verdad, no es más que un muerto, volumen aprisionado en la aureola de un postrer suspiro. Pero ¿qué hacer con los árboles que dejó a medio acabar, una rama en el rencor, otra en la borrasca? Si se las sacudiese se verían caer algunos rostros ya demasiado inmóviles. Mas ¿qué función viene a desempeñar en mi pecho, por qué me registra a esa velocidad que torna los caminos más pálidos, qué es lo que mide, qué es lo que espera como el alma de un pez separado de sus leguas marinas por un movimiento irreflexivo?

Un muerto, he aquí un muerto. Sus cabellos debieron haber sido dedicados a la conmiseración de los días. Su boca fue tan disputada por mañana y tarde que aun lograron arrancarle algunas sonrisas. Héle aquí rígido como una flauta ofrecida a la resistencia de los aires más fríos, tirante entre dos intemperies, creyendo poseer de punta a punta la longitud entera, mas sin llegar siquiera a ser tan largo como su silencio.

(De *Oscuro dominio*. 1926-27.)

LO QUE LE FALTA A UNA GUITARRA
PARA PUDRIRSE A GUSTO

El aire de saber cerrar los ojos
sin dañar a lo que se espera del aire
como tu voz
como mi voz

Los tigres de nuestras pieles están rayados de agua de vidrio
saltan sin deshacer las curvas de nuestras caderas
se apegan a los relámpagos de nuestra anatomía

Ahí están los lingotes inherentes a la ilusión
estimando largos los arroyos en que el oro del alba es más bien
[escaso
Ocho de la noche
hace frío de heridas cerradas precipitadamente
está osccuro
el corazón no es admitido
a degustar las lámparas hervidas en el agua de nuestra vida

Son las ocho de la noche; los castaños se duermen sobre una sola
como los tulipanes en las banderas de las semi-corcheas   [pata
el cielo no sabe de otra música que la que se nota con lágrimas
se bordan golondrinas sobre nuestros párpados

la sombra ha ocupado el sitio de nuestros dedos
como sólo pide sincerarse
confía sus secretos a la seguridad de nuestras voces

Pero la guitarra desgraciada sigue estando ahí
tiesa en su caja
calladita

VIENTRE A TIERRA

Los gigantes de la nieve los pesados lingotes ahitos de abismos
los torsos de las campanas bajo el fardo de un viejo mensaje
aquel que siembra la discordia
aquella que afila sus ojos en la corteza de mi vida
se arrastran cada cual a su turno
parodiando la mímica del amor se arrastran

Sin embargo una oración con sus manos juntas como el anverso
y el reverso de un insecto adorable
se ofrece a los labios de esta luz que confiesa el espacio
de esta luz tan frugal que respeta las propiedades de las piedras
y se desliza sobre los besos de cada frágil recinto

Así los justos vuelven la espalda a las riberas del amor entre-
gando a su naturaleza lo que la tarde a sus adioses una sangre
pronta a salir al encuentro de las montañas porque sólo con-
ciben vertientes en el origen de las alas porque con sus párpados
cavan su pobre soledad

Víspera donde todo está consentido salvo una falta de pudor
la línea del horizonte alrededor de los riñones

(De *Pure perte.* 1926-32.)

MÁS ALLA DE UNA CAMPIÑA MUERTA

En una ciudad de regreso del cetro y de la púrpura
tan astucia postrera como temple de obrero
vivo de la esperanza que deja caer una sombra puesta en fuga
de las duras muñecas de río si esto prosigue
si la mano hunde en sueños al lodo que saquea la noche
por los rodeos que conocen los motivos más fútiles
ella emprende toda por entero el camino del espejo

Ella siempre ella
y clamores y camillas
sobre serrín de labios sus pasos se declaran tan débiles
esconde su neblina y escapa de los demasiado-tardes
—úlceras de intensidad solean sus reflejos
si peino yo mis ojos con la verja de algún
jardín abandonado—

Llega incluso a decir: los muros crecen entre las ramas
del amor
la carne pierde allí contacto con sus pulpos
un incendio celoso con plomos en el ala
cae para agrandarse conforme a las noches de invierno
enturbiando las fuentes de la inquietud que alejan
los peligros de un tumbo demasiado a fondo

67

Si al menos se pudiera conseguir una hora
una hora no importa cuál
sacudiendo a todos estos hombres que no saben utilizar la noche
con tal de que el tiempo se obstine en no ser más que un yo-mismo
y que mi corazón pueda descarnar a su rey   [amaestrado
sin volverse hacia atrás

Con tal de que mi ombligo arrojado por encima de estas tapias
haga alzar el vuelo a una nube de palomas
y perdiendo por completo la esperanza en un lugar cualquiera
la huida la ciega huida la mía la verdadera
barriendo los juramentos sus lilas personales
pueda no perder sus ojos donde se empapan algunos padazos de pan

CERCADO DE LAS RÁFAGAS

El aislamiento del cisne en su ataúd de orgullo
desencadena la estación de las duras y bellas sortijas
la catarata ciega de tus manos desciende
el pasado se enriquece con las vísperas de tormenta de mi sangre
la plaza de honor bosteza

Nadie

entre el hombre y la limosna
la locura de grandezas duda en marcarse límites
pero las partidas no tardan en recuperar su imperio
pues tanta ausencia sin ti no es ya posible

El hombro desmantelado desgarra un apogeo de antorcha
pero las alas de hollín que brontan en los parajes dolorosos
y el cerebro de barro tan disputado por las formas
y el yunque donde las sienes martillean sus pétalos
y el horizonte que suelta a todos sus niños terribles
gozan en mescolanza de su promiscuidad
bajo este triple embalaje de sombra que sujeta
tu perfil oh siempre Circundada

Los ancianos encamados del hielo se agitan
y sus años despliegan el ajuar de los restos flotantes

69

el adiós de los retratos amarillentos se orienta hacia un país
huir
                                                    [esporádico
a tu débil claridad Última Página
bajo mis harapos las trece lunas de un año de águilas naufragan

Tus grandes heridos contemplan el cielo como faros
y el aire se torna rígido pero su palidez circula
estas flores de astucia que causan la desesperación de las olas
en el exterior del círculo suntuoso de las tormentas
imploran la piedad ya que para ellas
las aves que disfrazan el horror
se cambian en agua antes que en oro
en oro antes que en latidos de corazón

Bajo las espumas y sus cabañas
bajo las simas y sus cálices
una víspera se encierra siempre la misma
sola con su suplicio peces rojos

EL AIRE AL RAS DE LA IMAGEN

Pérdida de cielo pérdida de exilio pérdida de pérdida
pérdida de pasos pérdida de sangre pérdida de reloj
pérdida de fuego pérdida de carne pérdida de herrumbre
pérdida de víspera pérdida de entraña pérdida de risa

Como un ancla el espejo desciende hasta los detalles
creando una atmósfera de diminutos patíbulos
se escoge la parte del cielo en esta frente inmóvil
donde sólo algunos madores se sientan aún a la mesa

Pérdida de espacio pérdida de vínculo pérdida de ciego
pérdida de espada pérdida de lluvia pérdida de pecio
pérdida de lodo pérdida de mejilla pérdida de huella
pérdida de tormenta pérdida de hollín pérdida de lujo

Los bellos tallos de invierno gráciles espléndidos
cada cual en su cerradura sus labios le abandonan
al reclamo de los orgullos a pesar de su oscura decadencia
los ojos vendados saltan haciendo girar sus hondas

Pérdida de peso pérdida de ánimo pérdida de vacío
pérdida de adiós pérdida de voz pérdida de ruta
pérdida de orgullo pérdida de escollo pérdida de faro

Hallarás palidez el camino sombreado de las piedras
sin la mano desocupada de una órbita inmemorial
bajarás al nivel de las vírgenes eternas

Pérdida de mano pérdida de relámpago pérdida de fuente
pérdida de nido pérdida de tiempo pérdida de forma
pérdida de olvido pérdida de techo pérdida triunfal

Las diademas lacrimosas nunca darán el primer paso
no aún no hay en el mundo suficiente noche
para creerte capaz

(Sí o no ¡deprisa!)

(De *Versión celeste*. 1926-32. La obra poética completa
de J. L. ha sido recogida bajo el título de este libro.
La edición castellana es de Barral Editores (Barcelona, 1970). Como es sabido, J. L. escribió casi todos sus poemas en francés. Las traducciones de los
aquí recogidos se deben a Luis Felipe Vivanco, prepa-
rador y prologuista de la citada edición.)

VALLE VALLEJO

Albert Samain diría Vallejo dice
Gerardo Diego enmudeció dirá mañana
y por una sola vez Piedra de estupor
y madera dulce de establo querido amigo
hermano en la persecución gemela de los
sombreros desprendidos por la velocidad de los astros

Piedra de estupor y madera noble de establo
constituyen tu temeraria materia prima
anterior a los decretos del péndulo y a la
creación secular de las golondrinas

Naciste en un cementerio de palabras
una noche en que los esqueletos de todos los verbos intransitivos
proclamaban la huelga del te quiero para siempre siempre
una noche en que la luna lloraba y reía y lloraba
y volvía a reír y a llorar
jugándose a sí misma a cara o cruz

Y salió cara y tú viviste entre nosotros

Desde aquella noche muchas palabras apenas nacidas fallecieron
[repentinamente
tales como Caricia Quizás Categoría Cuñado Cataclismo

73

Y otras nunca jamás oídas se alumbraron sobre la tierra
así como Madre Miga Moribundo Melquisedec Milagro
y todas las terminadas en un rabo inocente

Vallejo tú vives rodeado de pájaros a gatas
en un mundo que está muerto requetemuerto y podrido
Vives tú con tus palabras muertas y vivas
y gracias a que tú vives nosotros desahuciados acertamos a levan-
para ver el mundo tu mundo con la mula y   [tar los párpados
el hombre guillermosecundario y la tiernísima niña y
los cuchillos que duelen en el paladar
Porque el mundo existe y tú existes y nosotros probablemente
terminaremos por existir
si tú te empeñas y cantas y voceas
en tu valiente valle Vallejo

MUY SENCILLO

Esto es muy sencillo
Sencillo como cerrar los ojos y que duerman las olas
sencillo como arrancar las flores sin que el diccionario lo sepa
sencillo como escribirte mucho y que murmuren los peces y se des-
Esto es muy sencillo   [pierten las olas
y sin embargo hay quien no lo comprende
quien desearía en vez de flores que arrancar giratorias pistolas
y juramentos brillantes como perdigones
para que las arpas puestas a secar no nos consuelen ya nunca
ni nos reconcilien con las hipótesis navales

Con lo fácil que sería y qué tierno de escuchar
que una palabra mía apenas susurrada
hiciese descender la lluvia de tus hombros
últimos restos de nubes sin patria
la lluvia de tus hombros en mis manos de estatua

NUBES DE TI

Entre un rubor de monedas primerizas
y un volverse de espaldas de las fuentes recónditas
rueda en libre costumbre de heliotropo
mi cintura de látigo en silencio

Éste es el cenicero
donde posas la cola de tu melancolía
y éstas son mis tijeras
y aquella estrella de los ocho rumbos
la maligna tarántula

El sol conoce su órbita por las migas de sol
la luna ciega a tientas por el perfume de las migas de luna
y así y todo algunas veces se equivocan
No lo olvides

Porque cuando tus venas navegables
se hayan cubierto de ánades viajeras
y mi aletargada cintura se desenrosque y hable
si tú entonces no encuentras las nubes rosa de ti misma
a quién consultarás tu programa ulterior y tus pullover
quién sabrá dime hacer un nudo
a tu órbita fundida
76 como el que tus esquís hacían a mi cintura

QUIÉN SABE

Eso nunca Un espejo de alcoba que se estime a sí mismo
no girará para abrir paso a la invasión de las profecías
Antes se dejará segar en flor
por una larga mirada procedente del Cáucaso

Todo conserva la misma ceremonia recíproca
Altas firmes resecas las espadas
esperando las manoplas rivales
y el frontón donde rebotan
los ojos como corazones elásticos
Las alfombras contagiando el soplo de los siglos
por sus contactos de hombro a hombro y de hombro a hombro
y la máquina de escribir estremeciéndose a cada relámpago

Después de esto nada más fácil
que despegarme yo en dos hostiles entidades
lo mismo que un espejo en espejo y espejo
o que un ahorcado
en ahorcado primogénito y ahorcado bis

Todo es cuestión de estirar bien los pies sin balanceo
y dejar que crezcan sus uñas
hasta el nivel de los más empinados surtidores de sangre
de esos que brotan de un reloj de pulsera pisoteado

o de una violeta
al querer arrancarle su perfume distintivo
o sus iniciales tiernamente entrelazadas

Todo esto y mucho más sucede
cuando mis huesos alteran su dominó correlativo
buscando otra solución más razonable

CONTINUIDAD

Las campanas en flor no se han hecho para los senos de oficina
ni el tallo esbelto de los lápices remata en cáliz de condescendencia

La presencia de la muerte
se hace cristal de roca discreta
para no estorbar el intenso olor a envidia joven
que exhalan los impermeables

Y yo quiero romper a hablar a hablar
en palabras de nobles agujeros dominó del destino
Yo quiero hacer del eterno futuro
un limpio solo de clarinete con opción al aplauso
que salga y entre libremente por mis intersticios de amor y de odio
que se prolongue en el aire y más allá del aire
con intenso reflejo en jaspe de conciencias

Ahora que van a caer oblicuamente
las últimas escamas de los llantos errantes
ahora que puedo descorrer la lluvia
y sorprender el beso tiernísimo de las hojas y el buen tiempo
ahora que las miradas de hembra y macho
chocan sonoramente y se hacen trizas
mientras aguzan los árboles sus orejas de lobo

dejadme salir en busca de mis guantes
perdidos en un desmayo de cielo acostumbrado a mudar de pechera

La vida es favorable al viento
y el viento propicio al claro ascendiente de los frascos de esencia
y a la iluminación transversal de mis dedos

Un álbum de palomas rumoroso a efemérides
me persuade al empleo selecto de las uñas bruñidas

Transparencia o reflejo
el amor diafaniza y viaja sin billete
de alma a alma o de alma a cuerpo
según todas las reglas que la mecánica canta

Ciertamente las campanas maduras no se cierran como los senos
cuando cae el relente   [de oficina
ni el tallo erguido de los lápices comprende que ha llegado el
                                       [momento de coronarse de gloria
Pero yo sí lo sé y porque lo sé lo canto ardientemente
Los dioses los dioses miradlos han vuelto sin una sola cicatriz en
                                                              [la frente

BIOGRAFÍA INCOMPLETA

Si canta la cigarra y bajo las pestañas
hay latitudes todavía
si las cerezas callan y las nubes meditan
tiempo es ya de cantar tu biografía
oh cebra soñadora

Claveles sobre el abismo
no son tan inocentes no como tu hocico
cuando descubre por sí solo
la identidad del cielo y de una espalda desnuda
y la conducta de las vírgenes
no es menos consecuente
que tus más bellas listas a la luz del poniente

Déjame recordar
La noche que tú naciste
el cielo avergonzado se arrancaba su hedionda costra de estrellas

Mas qué difícil es perseverar

Entonces sobrevino
la coalición en masa de las palomas mensajeras
y las chispas del yunque
cruzaron temerarias las fronteras

6.—

Tus cinco meses cebra
cuando tu hermoso ejemplo
imitaban las jarcias de la melancolía
Tus cinco meses seducidos
por aquel ritmo a párpados del cinema mudo
y aquel si no si no de las ruletas en flor

Adónde te llevaron
Quien fue el ángel cow-boy que te raptó

En todas partes te adivino y llamo
Mis tirantes te buscan te adoran mis pijamas

Pero he aquí que de pronto cruzas entre nosotros
Un denso aroma a Egipto de seis Nilos
flota en las cercanías

Y crímenes de amor de inmenso amor
de sexo a sexo sangran generosamente
y manos multiplicadas manos rojas de asesinos
enjugan su delito
sobre las tapias que de pudor cierran los ojos

CONDICIONAL

SI cascas como un huevo
un reloj abandonado de las horas
caerá sobre tus rodillas el retrato de tu madre muerta
Si arrancas ese botón umbilical de tu chaleco
cuando nadie le observa entre las hojas
verás cerrarse uno a uno los ojos de las esponjas

Si averiguas a fuerza de contemplarla largamente
el oleaje sin espuma de una oreja querida
se te iluminará la mitad más íntima de la vida

Si mondas esta tarde una naranja con los dedos enguantados
a la noche la luna sigilosa
paseará por la orilla del río recogiendo
anillos de viudas y proyectos
de lentos crisantemos

Si por ventura quieres
gozar del privilegio último
de los reos de muerte y de los corderillos
no olvides cercenarte tus auroras más puras
y tus uñas más fieles No lo olvides

(De *Biografía incompleta*. 1967. Los primeros
poemas de este libro datan de 1927.)   83

Emilio Prados 1899-1962

MEMORIA DEL OLVIDO

Yo me he perdido porque siento
que ya no estoy sino cuando me olvido;
cuando mi cuerpo vuela y ondula
como un estanque entre mis brazos.

Yo sé que mi piel no es un río
y que mi sangre rueda serena;
pero hay un niño que cuelga de mis ojos
nivelando mi sueño como el mundo.

Cuando mi rostro suspira bajo la noche,
cuando las ramas se adormecen como banderas,
si cayera una piedra sobre mis ojos
yo subiría del agua sin palomas.

Yo subiría del fondo de mi frente
hasta habitar mi cuerpo como un ídolo:
hasta brotar en medio de mi carne
otra vez sobre el mundo sin cigüeña.

Pero el Japón no tiene más que un niño
y mis ojos aún sueñan bajo la luna.
Cuando se seque el viento entre las flores,
así terminaré mi olvido.

(De Cuerpo perseguido. 1927-28.)   85

INVOCACION AL FUEGO

Ancha lengua que subes.
Destructora conciencia aguda dura que no perdona:
trabaja, lame, pule y edifica
tu ardiente vasallaje

Abrete segura, hoja, cabellera que tu voluntad grita.
Ataca, punza, desmorona la carne,
el canto y el cemento.
Sube, enróllate, aprieta con tu asfixiante estrago,
la cal y la mentira,
la fibrosa entraña
del caño de la vida,
la madera y el yeso...

¡Guvias por el aire!

Cruje, crujan, que crujan
abajo, arriba, en el blando costado.
Húndete en las profundas negras galerías.
Te hundas en las tronchadas aguas descendentes,
en el papel más blanco,
en el turbio secreto.
Salta.
Cruje, crujan, que crujan:
¡no descanses!

¡Oh espeso manto de tu ardiente aliento
asciende,
revuélvete en el suelo,
que agoniza!

Ancha lengua que subes.
Tela que sin memoria, enloquecida,
devastas cuerpos, ríos y ciudades:
vuelve,
que vuelvas,
vuelva,
que te llaman las torres,
las crujientes venas,
la piedra en la campana...
¡Ven,
que vengas,
que vuelvas,
rompedora de sombras!...
¡Oh!
¡Clávate en los pechos!
Tus buriles se pierdan por la sangre.
¡Más hondo!
¡Más arriba!
¡Libértala!
¡Liberta su edificio!
¡Oh luz desmelenada!
¡Destructora conciencia!
¡Ancha lengua que subes por el viento!

FOCO INTERIOR

Como el agua pregunta.
Como la misma lumbre se resbala.

Si tajaran el pecho;
si cercenaran la garganta:
¡qué hondo estanque redondo encontrarían!...

Quieta el agua profunda de la sangre:
¡qué crisálida eleva de su centro!
¡qué luz votiva y cinta interrogante!...

Como un cisne, allí en medio
—¡qué fecunda palma!—,
vive la voz cautiva...

(De *La voz cautiva*. 1933-34.)

HAY VOCES LIBRES...

Hay voces libres
y hay voces con cadenas
y hay piedra y leño y despejada llama que consume,
hombres que sangran contra el sueño
y témpanos que se derrumban sobre las calles sin gemido.
Hay límites en lo que no se mueve entre las manos
y en lo que corre corre y huye como una herida,
en la arena intangible cuando el sol adormece
y en esa inconfundible precisión de los astros...

Hay límites en la conversación tranquila que no pretende
y en el vientre estancado que se levanta y gira como una peonza,
Hay límites en ese líquido que se derrama intermitentemente
[mientras los ojos de los niños preguntan y preguntan a
[una voz que no llaman...
En la amistad hay límites
y en esas flores enamoradas que nada escuchan.

Hay límites
y hay cuerpos.
Hay voces libres
y hay voces con cadenas.
Hay barcos que cruzan lentos sobre los lentos mares
y barcos que se hunden medio podridos en el cieno profundo.

89

Hay manteles tendidos a la luz de la luna
y cuerpos que tiritan sin sombra bajo la oscuridad de la miseria...

Hay sangre:
sangre que duerme y que descansa
y sangre que baila y grita al compás de la muerte;
sangre que se escapa de las manos cantando
y sangre que se pudre estancada en sus cuencos.
Hay sangre que inútilmente empaña los cristales
y sangre que pregunta y camina y camina;
sangre que enloquecida se dispara
y sangre que se ordena gota a gota para nunca entregarse.
Hay sangre que no se dice y sí se dice
y sangre que se calla y se calla...
Hay sangre que rezuma medio seca bajo las telas sucias
y sangre floja bajo las venas que se para y no sale.

Hay voces libres
y hay voces con cadenas
y hay palabras que se funden al chocar contra el aire
y corazones que golpean en la pared como una llama.

Hay límites
y hay cuerpos
y hay sangre que agoniza separada bajo las duras cruces de unos
                                                    [hierros
y sangre que pasea dulcemente bajo la sombra de los árboles.

Hay hombres que descansan sin dolor contra el sueño
y témpanos que se derrumban sobre las piedras sin gemido.

ANDANDO ANDANDO POR EL MUNDO

Andando andando sobre el mundo se llega,
con el mundo se asciende a sus altos confines:
andando andando donde duermen los hombres,
donde cuelgan sus manos como largos balidos.

Andando andando por el dolor se entiende,
en las ínfimas salas en que crujen sus lechos;
andando andando por las desiertas calles
en las interminables colas que aguardan en los muelles.

Andando andando esa otra piel más íntima;
esas voces que alumbran los labios que no ignoran,
esa carne que busca su refugio en la noche:
andando andando por el sueño se entiende...

Andando andando por el suelo se siembra,
con el suelo se escucha el rumor de las sombras:
esos lentos caballos que su olvido caminan
porque no es todo el cielo esa nube que cruza...

He vivido, he soñado, he pensado que he muerto
como ese estiércol que fermenta bajo la luz fecunda de la aurora.
Aún ando entre las colchas sucias y las tabernas que no cierran,
para sentir mejor en mi garganta el sabor de la leche.

Andando andando por el cuerpo se llega;
por el cuerpo se duerme sobre el calor mullido de los establos.
Andando andando por la tierra se quiebran
los más débiles tallos de una fruta que nace.

Andando andando como una fuente fluye,
como la sangre erige al acero en el aire.
Andando andando sobre el mundo se entiende:
no es el amor tan sólo lo que se para en nuestros ojos.

(De *Andando, andando por el mundo.* 1934-35.)

EL LLANTO SUBTERRANEO

Junto al mar ese manto que la luz origina
y que el aire repliega como a su dura arena en un costado;
donde los hombres miran y mueren contra el vino
y las cabezas de los niños lloran
y los ojos de los pescados lloran
y los cabellos de las mujeres se tienden en silencio hasta las nubes:
no puedo no cantar como esas aves
que desconocen la quietud de la harina
y andan sobre la nieve
sobre sábanas largas mientras la luna sube rectamente.
Yo he visto he visto a veces
cernerse un ancho pájaro en la bruma:
hoy no puedo cantar como esas aves.
No puedo, no, cantar: ando en patios humildes
ando en ropa nocturna,
ando en seres que velan sus rebaños o el ansia de otros muertos.
Ando en los secos odres que la luna dormita
y en los altos cipreses que arrastran sus cadenas y engrandecen
[su marcha bajo los anchos puentes:
bajo los anchos puentes donde duele la vida
y los hombres se acercan a morir en silencio
uno a uno, millones desde los cuatro olvidos,
desde los cuatro mares que los pescados lloran.

93

Unos, largos maullidos que empañan los cristales
y enormes avestruces
y húmedas arpilleras.
o blancas cicatrices como largos caminos
y negras fajas como ríos donde duermen barajas y las manos que
Unos, medias palomas que arrastran por los huertos   [cortan.
las hojas de su muerte y el dolor del viaje
y el dolor de las balas que los perros devoran
allá junto a un costado de llamas en peligro.
Unos, lana dejada que desmorona enloquecida sus balidos
entre rubios espartos o iracundas pestañas.
Unos, lacias estrellas
y manos machacadas como balanzas diminutas,
como pequeños pájaros redondos que hieren, hieren, hieren por
                                    [la sangre que horadan:
esa sangre que grita y atraviesa las cercas de la sal y la hondura y
esos gritos que elevan sin latón gaviotas, [y sus fuertes delfines:
que enhebran los cabellos del vino con los peces
mientras cuelga la luna como un grueso pescado
donde juegan los dedos a un dominó sin ojos ni futuras monedas
y canciones de espinas que se olvidan del aire.
Unos, enormes girasoles
y entre las sienes máquinas
y plomo o cirios que se funden y andan,
avanzan y se paran de pronto como una fiebre o puerta:
un goterón que mira y duele,
que enrojece sus bordes y abandona:
un tracoma que escuece sobre casas humildes que huelen como
                    [arañas entre blandas palmeras y flautas que se pudren.
Unos, llevan cigarras
y le siguen palomas y lombrices y niños
y pequeñas banderas
y estampas como luces
o el rumor de las ruedas y el barro del aceite:
éstos no son campanas ni hormigas ni amapolas:
huelen a barco y a tristeza,
a mujer y a vinagre,

94

a caña verde que se mece
y a cuerpo o piedra que se hunde lentamente en el agua.
Bajo los anchos puentes donde duele la vida
llegan, llegan luciérnagas y pesadas maromas:
allí los muslos obedecen sin temblor y sin gozo
a la sombra en que escupen y al rumor de la espuma:
allí los hombres se ennegrecen
y las caras se olvidan:
uno a uno, millones desde los cuatro vientos,
se acercan los navíos para morir bajo los puentes.
Son otro peso errante sobre la inmensa Tierra,
otra apesadumbrada voluntad que camina,
otros cuerpos que cuelgan de las pesadas rocas,
otro canto desnudo,
otro crimen reciente.
¡Así gimen las olas! ¡Así gimen las olas!
¡Oh sed, sed de los montes y de las altas nubes!
¡sed de cobre y escama!
¡sed de las amplias frentes en que el hombre navega:
de esas bandejas rápidas que ruedan como lunas
y terminan de pronto en un bolsillo diminuto!
Junto al mar, ese canto que el silencio origina,
donde los niños lloran
y las cabezas de los hombres miran y mueren contra el vino,
yo he visto, he visto a veces cernerse un ancho pájaro en la bruma
como bajo los puentes hoy los ápteros brazos de los viejos obreros.

Como el llanto en la tierra,
como las voces en la lluvia,
hoy no puedo cantar como esas aves.
¿Cómo podré, cómo podré crecer sin manos
bajo las filtraciones dolorosas de esta angustiada arena?

Como ya reconozco la amplitud de la harina
junto a mi piel se pudren un caracol y un mundo.

Yo pertenezco a esos anchos caminos donde los árboles se cuentan;
a ese olor que el estambre abandona en sus ruedas hilo a hilo
[que canta.
Me muevo entre mis brazos porque mi rostro solo no lo encuentro
en la miel gota a gota como el ganado que trashuma.

Canto, canto en la lana de los estanques
y en la paz de esos bosques que se ignoran;
canto como la luna resbala por las piedras,
entre las multitudes herrumbrosas que acampan junto a un río.

Canto, canto bajo la inmensa noche
bajo esta inmensa lata que atiranta la arena:

«Si yo pudiera un día tan sólo,
como esta razón que mi genio anima,
abrir de par en par las puertas
de mi cuerpo y las granjas...»

Yo pertenezco al fondo de esas viejas lagunas
de esos hombres que marchan sin conocerse sobre el mundo;
a esos largos racimos que duelen contra el cáñamo,
que abandonan sus nombres como las hojas del aceite.

Yo pertenezco a ese pez que resiste como la nieve cae, como la
a esas aguas durísimas que se alejan cantando   [nieve cae;
y que un día amanecen junto a la orilla erectas.

«Si yo pudiera como esos seres del olvido que pasan y repasan su
dejar sobre la nieve   [soledad bajo la luna,
todo el ardor del ansia que circunda mi frente...»

Canto, canto como pieles remotas sin sal y sin alumbre:
canto bajo la inmensa noche azul allá en el norte.
Yo pertenezco a esas largas llanuras que resuenan sin viento y
[permanecen;
a esos antiguos pozos olvidados donde unos ojos miden el albor
[de sus huesos.

Canto, canto el ronco mugido de los bisontes que galopan cerca
«*Si yo pudiera un día*   [ya de la pampa:
abandonar sobre este ardor lejano,
como un blanco navío,
el altísimo témpano que apuñala mi angustia...»

Hay gotas de una lluvia que no encuentran, perdidas, los roces
[de su cielo
y hay pájaros que olvidan la plenitud de la distancia en que han
Yo pertenezco a esos hombres que mueren.   [sido engendrados.
Vivo aquí entre mis brazos, porque no encuentro el límite que
[los separa.
Canto, canto a la sombra de los más anchos ríos;
canto bajo la luz difusa de los puentes:

«*Si yo pudiera un día, un día tan sólo,*
abandonar sobre la tierra enteramente
estos bueyes que hoy labran los bordes de mi sueño...»

(De *El llanto subterráneo*. 1936.)

Federico García Lorca 1898-1936

PAISAJE DE LA MULTITUD QUE VOMITA

(Anochecer de Coney Island)

La mujer gorda venía delante
arrancando las raíces y mojando el pergamino de los tambores;
la mujer gorda
que vuelve del revés los pulpos agonizantes.
La mujer gorda, enemiga de la luna,
corría por las calles y los pisos deshabitados
y dejaba por los rincones pequeñas calaveras de paloma
y levantaba las furias de los banquetes de los siglos últimos
y llamaba al demonio del pan por las colinas del cielo barrido
y filtraba un ansia de luz en las circulaciones subterráneas.
Son los cementerios, lo sé, son los cementerios
y el dolor de las cocinas enterradas bajo la arena,
son los muertos, los faisanes y las manzanas de otra hora
los que nos empujan en la garganta.

Llegaban los rumores de la selva del vómito
con las mujeres vacías, con niños de cera caliente,
con árboles fermentados y camareros incansables
que sirven platos de sal bajo las arpas de la saliva.
Sin remedio, hijo mío, ¡vomita! No hay remedio.
No es el vómito de los húsares sobre los pechos de la prostituta,
ni el vómito del gato que se tragó una rana por descuido.

Son los muertos que arañan con sus manos de tierra
las puertas de pedernal donde se pudren nublos y postres.

La mujer gorda venía delante
con las gentes de los barcos, de las tabernas y de los jardines.
El vómito agitaba delicadamente sus tambores
entre algunas niñas de sangre
que pedían protección a la luna.
¡Ay de mí! ¡Ay de mí! ¡Ay de mí!
Esta mirada fue mía, pero ya no es mía,
esta mirada que tiembla desnuda por el alcohol
y despide barcos increíbles
por las anémonas de los muelles.
Me defiendo con esta mirada
que mana de las ondas por donde el alba no se atreve,
yo, poeta sin brazos, perdido
entre la multitud que vomita,
sin caballo efusivo que corte
los espesos musgos de mis sienes.

Pero la mujer gorda seguía delante
y la gente buscaba las farmacias
donde el amargo trópico se fija.
Sólo cuando izaron la bandera y llegaron los primeros canes
la ciudad entera se agolpó en las barandillas del embarcadero.

NIÑA AHOGADA EN EL POZO
(Granada y Newburg)

Las estatuas sufren por los ojos con la oscuridad de los ataúdes,
pero sufren mucho más por el agua que no desemboca.
Que no desemboca.

El pueblo corría por las almenas rompiendo las cañas de los
[pescadores.
¡Pronto! ¡Los bordes! ¡De prisa! Y croaban las estrellas tiernas.
...que no desemboca.

Tranquila en mi recuerdo, astro, círculo, meta,
lloras por las orillas de un ojo de caballo.
...que no desemboca.

Pero nadie en lo oscuro podrá darte distancias,
sin afilado límite, porvenir de diamante.
...que no desemboca.

Mientras la gente busca silencios de almohada
tú lates para siempre definida en tu anillo.
...que no desemboca.

Eterna en los finales de unas ondas que aceptan
combate de raíces y soledad prevista.
...que no desemboca.

¡Ya vienen por las rampas! ¡Levántate del agua!
¡Cada punto de luz te dará una cadena!
...que no desemboca.

Pero el pozo te alarga manecitas de musgo,
insospechada ondina de su casta ignorancia.
...que no desemboca.

No, que no desemboca. Agua fija en un punto,
respirando con todos sus violines sin cuerdas
en la escala de las heridas y los edificios deshabitados.

¡Agua que no desemboca!

GRITO HACIA ROMA

(Desde la Torre del Chrysler Building)

Manzanas levemente heridas
por los finos espadines de plata,
nubes rasgadas por una mano de coral
que lleva en el dorso una almendra de fuego,
peces de arsénico como tiburones,
tiburones como gotas de llanto para cegar una multitud,
rosas que hieren
y agujas instaladas en los caños de la sangre,
mundos enemigos y amores cubiertos de gusanos
caerán sobre ti. Caerán sobre la gran cúpula
que untan de aceite las lenguas militares
donde un hombre se orina en una deslumbrante paloma
y escupe carbón machacado
rodeado de miles de campanillas.

Porque ya no hay quien reparta el pan ni el vino,
ni quien cultive hierbas en la boca del muerto,
ni quien abra los linos del reposo,
ni quien llore por las heridas de los elefantes.
No hay más que un millón de herreros
forjando cadenas para los niños que han de venir.
No hay más que un millón de carpinteros

103

que hacen ataúdes sin cruz.
No hay más que un gentío de lamentos
que se abren las ropas en espera de la bala.
El hombre que desprecia la paloma debía hablar,
debía gritar desnudo entre las columnas,
y ponerse una inyección para adquirir la lepra
y llorar un llanto tan terrible
que disolviera sus anillos y sus teléfonos de diamante.
Pero el hombre vestido de blanco
ignora el misterio de la espiga,
ignora el gemido de la parturienta,
ignora que Cristo puede dar agua todavía,
ignora que la moneda quema el beso de prodigio
y da la sangre del cordero al pico idiota del faisán.

　　Los maestros enseñan a los niños
una luz maravillosa que viene del monte;
pero lo que llega es una reunión de cloacas
donde gritan las oscuras ninfas del cólera.
Los maestros señalan con devoción las enormes cúpulas sahumadas;
pero debajo de las estatuas no hay amor,
no hay amor bajo los ojos de cristal definitivo.
El amor está en las carnes desgarradas por la sed,
en la choza diminuta que lucha con la inundación;
el amor está en los fosos donde luchan las sierpes del hambre,
en el triste mar que mece los cadáveres de las gaviotas
y en el oscurísimo beso punzante debajo de las almohadas.
Pero el viejo de las manos traslúcidas
dirá: amor, amor, amor,
aclamado por millones de moribundos;
dirá: amor, amor, amor,
entre el tisú estremecido de ternura;
dirá: paz, paz, paz,
entre el tirite de cuchillos y melones de dinamita;
dirá: amor, amor, amor,
hasta que se le pongan de plata los labios.

Mientras tanto, mientras tanto, ¡ay!, mientras tanto,
los negros que sacan las escupideras,
los muchachos que tiemblan bajo el terror pálido de los directores,
las mujeres ahogadas en aceites minerales,
la muchedumbre de martillo, de violín o de nube,
ha de gritar aunque le estrellen los sesos en el muro,
ha de gritar frente a las cúpulas,
ha de gritar loca de fuego,
ha de gritar loca de nieve,
ha de gritar con la cabeza llena de excremento,
ha de gritar como todas las noches juntas,
ha de gritar con voz tan desgarrada
hasta que las ciudades tiemblen como niñas
y rompan las prisiones del aceite y la música,
porque queremos el pan nuestro de cada día,
flor de aliso y perenne ternura desgranada,
porque queremos que se cumpla la voluntad de la Tierra
que da sus frutos para todos.

ODA A WALT WHITMAN

Por el East River y el Bronx,
los muchachos cantaban enseñando sus cinturas,
con la rueda, el aceite, el cuero y el martillo.
Noventa mil mineros sacaban la plata de las rocas
y los niños dibujaban escaleras y perspectivas.

Pero ninguno se dormía,
ninguno quería ser el río,
ninguno amaba las hojas grandes,
ninguno la lengua azul de la playa.

Por el East River y el Queensborough
los muchachos luchaban con la industria,
y los judíos vendían al fauno del río
la rosa de la circuncisión
y el cielo desembocaba por los puentes y los tejados
manadas de bisontes empujadas por el viento.

Pero ninguno se detenía,
ninguno quería ser nube,
ninguno buscaba los helechos
ni la rueda amarilla del tamboril.

Cuando la luna salga
las poleas rodarán para turbar el cielo;

un límite de agujas cercará la memoria
y los ataúdes se llevarán a los que no trabajan.

Nueva York de cieno,
Nueva York de alambre y de muerte.
¿Qué ángel llevas oculto en la mejilla?
¿Qué voz perfecta dirá las verdades del trigo?
¿Quién el sueño terrible de tus anécdotas manchadas?

Ni un solo momento, viejo hermoso Walt Whitman,
he dejado de ver tu barba llena de mariposas,
ni tus hombros de pana gastados por la luna,
ni tus muslos de Apolo virginal,
ni tu voz como una columna de ceniza;
anciano hermoso como la niebla
que gemías igual que un pájaro
con el sexo atravesado por una aguja,
enemigo del sátiro,
enemigo de la vid
y amante de los cuerpos bajo la burda tela.
Ni un solo momento, hermosura viril
que en montes de carbón, anuncios y ferrocarriles,
soñabas ser un río y dormir como un río
con aquel camarada que pondría en tu pecho
un pequeño dolor de ignorante leopardo.

Ni un solo momento, Adán de sangre, macho,
hombre solo en el mar, viejo hermoso Walt Whitman,
porque por las azoteas,
agrupados en los bares,
saliendo en racimos de las alcantarillas,
temblando entre las piernas de los chauffeurs
o girando en las plataformas del ajenjo,
los maricas, Walt Whitman, te soñaban.

¡También ese! ¡También! Y se despeñan
sobre tu barba luminosa y casta,
rubios del norte, negros de la arena,

muchedumbres de gritos y ademanes,
como gatos y como las serpientes,
los maricas, Walt Whitman, los maricas
turbios de lágrimas, carne para fusta,
bota o mordisco de los domadores.

¡También ése! ¡También! Dedos teñidos
apuntan a la orilla de tu sueño
cuando el amigo come tu manzana
con un leve sabor de gasolina
y el sol canta por los ombligos
de los muchachos que juegan bajo los puentes.

Pero tú no buscabas los ojos arañados,
ni el pantano oscurísimo donde sumergen a los niños,
ni la saliva helada,
ni las curvas heridas como panza de sapo
que llevan los maricas en coches y terrazas
mientras la luna los azota por las esquinas del terror.

Tú buscabas un desnudo que fuera como un río,
toro y sueño que junte la rueda con el alga,
padre de tu agonía, camelia de tu muerte,
y gimiera en las llamas de tu ecuador oculto.

Porque es justo que el hombre no busque su deleite
en la selva de sangre de la mañana próxima.
El cielo tiene playas donde evitar la vida
y hay cuerpos que no deben repetirse en la aurora.

Agonía, agonía, sueño, fermento y sueño.
Este es el mundo, amigo, agonía, agonía.
Los muertos se descomponen bajo el reloj de las ciudades,
la guerra pasa llorando con un millón de ratas grises,
los ricos dan a sus queridas
pequeños moribundos iluminados,
y la vida no es noble, ni buena, ni sagrada.

Puede el hombre, si quiere, conducir su deseo
por vena de coral o celeste desnudo.

Mañana los amores serán rocas y el Tiempo
una brisa que viene dormida por las ramas.

Por eso no levanto mi voz, viejo Walt Whitman,
contra el niño que escribe
nombre de niña en su almohada,
ni contra el muchacho que se viste de novia
en la oscuridad del ropero,
ni contra los solitarios de los casinos
que beben con asco el agua de la prostitución,
ni contra los hombres de mirada verde
que aman al hombre y queman sus labios en silencio.
Pero sí contra vosotros, maricas de las ciudades,
de carne tumefacta y pensamiento inmundo,
madres de lodo, arpías, enemigos sin sueño
del Amor que reparte coronas de alegría.

Contra vosotros siempre, que dais a los muchachos
gotas de sucia muerte con amargo veneno.
Contra vosotros siempre,
Faries de Norteamérica,
Pájaros de la Habana,
Jotos de Méjico,
Sarasas de Cádiz,
Apios de Sevilla,
Cancos de Madrid,
Floras de Alicante,
Adelaidas de Portugal.

¡Maricas de todo el mundo, asesinos de palomas!
Esclavos de la mujer, perras de sus tocadores,
abiertos en las plazas con fiebre de abanico
o emboscados en yertos paisajes de cicuta.

¡No haya cuartel! La muerte
mana de vuestros ojos
y agrupa flores grises en la orilla del cieno.
¡No haya cuartel! ¡Alerta!

109

Que los confundidos, los puros,
los clásicos, los señalados, los suplicantes
os cierren las puertas de la bacanal.

Y tú, bello Walt Whitman, duerme a orillas del Hudson
con la barba hacia el polo y las manos abiertas.
Arcilla blanda o nieve, tu lengua está llamando
camaradas que velen tu gacela sin cuerpo.
Duerme, no queda nada.
Una danza de muros agita las praderas
y América se anega de máquinas y llanto.
Quiero que el aire fuerte de la noche más honda
quite flores y letras del arco donde duermes
y un niño negro anuncie a los blancos del oro
la llegada del reino de la espiga.

(De *Poeta en Nueva York*. 1929-30.)

LLANTO POR IGNACIO SANCHEZ MEJIAS

(La cogida y la muerte)

A las cinco de la tarde.
Eran las cinco en punto de la tarde.
Un niño trajo la blanca sábana
a las cinco de la tarde.
Una espuerta de cal ya prevenida
a las cinco de la tarde.
Lo demás era muerte y sólo muerte
a las cinco de la tarde.

El viento se llevó los algodones
a las cinco de la tarde.
Y el óxido sembró cristal y níquel
a las cinco de la tarde.
Ya luchan la paloma y el leopardo
a las cinco de la tarde.
Y un muslo con un asta desolada
a las cinco de la tarde.
Comenzaron los sones del bordón
a las cinco de la tarde.
Las campanas de arsénico y el humo
a las cinco de la tarde.

111

En las esquinas grupos de silencio
a las cinco de la tarde.
¡Y el toro solo corazón arriba!
a las cinco de la tarde.
Cuando el sudor de nieve fue llegando
a las cinco de la tarde,
cuando la plaza se cubrió de yodo
a las cinco de la tarde,
la muerte puso huevos en la herida
a las cinco de la tarde.
A las cinco de la tarde.
A las cinco en punto de la tarde.

    Un ataúd con ruedas es la cama
a las cinco de la tarde.
Huesos y flautas suenan en su oído
a las cinco de la tarde.
El toro ya mugía por su frente
a las cinco de la tarde.
El cuarto se irisaba de agonía
a las cinco de la tarde.
A lo lejos ya viene la gangrena
a las cinco de la tarde.
Trompa de lirio por las verdes ingles
a las cinco de la tarde.
Las heridas quemaban como soles
a las cinco de la tarde,
y el gentío rompía las ventanas
a las cinco de la tarde.
A las cinco de la tarde.
¡Ay qué terribles cinco de la tarde!
¡Eran las cinco en todos los relojes!
¡Eran las cinco en sombra de la tarde!

(De *Llanto por Ignacio Sánchez Mejías.* 1935.)

GACELA DE LA MUERTE OSCURA

Quiero dormir el sueño de las manzanas,
alejarme del tumulto de los cementerios.
Quiero dormir el sueño de aquel niño
que quería cortarse el corazón en alta mar.

No quiero que me repitan que los muertos no pierden la sangre:
que la boca podrida sigue pidiendo agua.
No quiero enterarme de los martirios que da la hierba,
ni de la luna con boca de serpiente
que trabaja antes del amanecer.

Quiero dormir un rato,
un rato, un minuto, un siglo;
pero que todos sepan que no he muerto;
que hay un establo de oro en mis labios;
que soy el pequeño amigo del viento Oeste;
que soy la sombra inmensa de mis lágrimas.

Cúbreme por la aurora con un velo,
porque me arrojará puñados de hormigas,
y moja con agua dura mis zapatos
para que resbale la pinza de su alacrán.

Porque quiero dormir el sueño de las manzanas
para aprender un llanto que me limpie de tierra;
porque quiero vivir con aquel niño oscuro
que quería cortarse el corazón en alta mar.

113

8.—

CASIDA DEL LLANTO

He cerrado mi balcón
porque no quiero oír el llanto,
pero por detrás de los grises muros
no se oye otra cosa que el llanto.

Hay muy pocos ángeles que canten,
hay muy pocos perros que ladren,
mil violines caben en la palma de mi mano.

Pero el llanto es un perro inmenso,
el llanto es un ángel inmenso,
el llanto es un violín inmenso,
las lágrimas amordazan al viento,
y no se oye otra cosa que el llanto.

(De *Diván del Tamarit*. 1936.)

Vicente Aleixandre 1898

EL AMOR NO ES RELIEVE

Hoy te quiero declarar mi amor.

Un río de sangre, un mar de sangre es este beso estrellado sobre tus labios. Tus dos pechos son muy pequeños para resumir una historia. Encántame. Cuéntame el relato de ese lunar sin paisaje. Talado bosque por el que yo me padecería, llanura clara.

Tu compañía es un abecedario. Me acabaré sin oírte. Las nubes no salen de tu cabeza, pero hay peces que no respiran. No lloran tus pelos caídos porque yo los recojo sobre tu nuca. Te estremeces de tristeza porque las alegrías van en volandas. Un niño sobre mi brazo cabalga secretamente. En tu cintura no hay nada más que mi tacto quieto. Se te saldrá el corazón por la boca mientras la tormenta se hace morada. Este paisaje está muerto. Una piedra caída indica que la desnudez se va haciendo. Reclínate clandestinamente. En tu frente hay dibujos ya muy gastados. Las pulseras de oro ciñen el agua y tus brazos son limpios, limpios de referencia. No me ciñas el cuello, que creeré que se va a hacer de noche. Los truenos están bajo tierra. El plomo no puede verse. Hay una asfixia que me sale a la boca. Tus dientes blancos están en el centro de la tierra. Pájaros amarillos bordean tus pestañas. No llores. Si yo te amo. Tu pecho no es de albahaca; pero esa flor, caliente. Me ahogo. El mundo se está derrumbando cuesta abajo. Cuando yo me muera.

115

Crecerán los magnolios. Mujer, tus axilas son frías. Las rosas serán tan grandes que ahogarán todos los ruidos. Bajo los brazos se puede escuchar el latido del corazón de gamuza. ¡Qué beso! Sobre la espalda una catarata de agua helada te recordará tu destino. Hijo mío. —La voz casi muda—. Pero tu voz muy suave, pero la tos muy ronca escupirá las flores oscuras. Las luces se hincarán en tierra, arraigándose a mediodía. Te amo, te amo, no te amo. Tierra y fuego en tus labios saben a muerte perdida. Una lluvia de pétalos me aplasta la columna vertebral. Me arrastraré como una serpiente. Un pozo de lengua seca cavado en el vacío alza su furia y golpea mi frente. Me descrismo y derribo, abro los ojos contra el cielo mojado. El mundo llueve sus cañas huecas. Yo te he amado, yo. ¿Dónde estás, que mi soledad no es morada? Seccióname con perfección y mis mitades vivíparas se arrastrarán por la tierra cárdena.

(De *Pasión de la tierra, 1928-29. 1935.*)

EL VALS

Eres hermosa como la piedra,
oh difunta;
oh viva, oh viva, eres dichosa como la nave.
Esta orquesta que agita
mis cuidados como una negligencia,
como un elegante biendecir de buen tono,
ignora el vello de los pubis,
ignora la risa que sale del esternón como una gran batuta.

Unas olas de afrecho,
un poco de serrín en los ojos,
o si acaso en las sienes,
o acaso adornando las cabelleras.
Unas faldas largas hechas de colas de cocodrilos.
Unas lenguas o unas sonrisas hechas con caparazones de cangrejos.
Todo lo que está suficientemente visto
no puede sorprender a nadie.

Las damas aguardan su momento sentadas sobre una lágrima,
disimulando la humedad a fuerza de abanico insistente.
Y los caballeros abandonados de sus traseros
quieren atraer todas las miradas a la fuerza hacia sus bigotes.

Pero el vals ha llegado.

Es una playa sin ondas,
es un entrechocar de conchas, de tacones, de espumas o de den-
Es todo lo revuelto que arriba.   [taduras postizas.

Pechos exuberantes en bandeja en los brazos,
dulces tartas caídas sobre los hombros llorosos,
una languidez que revierte,
un beso sorprendido en el instante que se hacía «cabello de ángel»,
un dulce «sí» de cristal pintado de verde.

Un polvillo de azúcar sobre las frentes
da una blancura cándida a las palabras limadas,
y las manos se acortan más redondeadas que nunca,
mientras fruncen los vestidos hechos de esparto querido.

Las cabezas son nubes, la música es una larga goma,
las colas de plomo casi vuelan, y el estrépito
se ha convertido en los corazones en oleadas de sangre,
en un licor, si blanco, que sabe a memoria o a cita.

Adiós, adiós, esmeralda, amatista o misterio;
adiós, como una bola enorme ha llegado el instante,
el preciso momento de la desnudez cabeza abajo,
cuando los vellos van a pinchar los labios obscenos que saben.
Es el instante, el momento de decir la palabra que estalla,
el momento en que los vestidos se convertirán en aves,
las ventanas en gritos,
las luces en ¡socorro!
y ese beso que estaba (en el rincón) entre dos bocas
se convertirá en una espina
que dispensará la muerte diciendo:
Yo os amo.

TORO

Aquí, mastines, pronto; paloma, vuela; salta, toro,
toro de luna o miel que no despega.
Aquí, pronto: escapad, escapad, sólo quiero,
sólo quiero los bordes de la lucha.

Oh tú, toro hermosísimo, piel sorprendida,
ciega suavidad como un mar hacia adentro,
quietud, caricia, toro, toro de cien poderes,
frente a un bosque parado de espanto al borde.

Toro o mundo que no,
que no muge. Silencio.
Vastedad de esta hora. Cuerno o cielo ostentoso;
toro negro que aguanta caricia, seda, mano.

Ternura delicada sobre una piel de mar,
mar brillante y caliente, anca pujante y dulce,
abandono asombroso del bulto que deshace
sus fuerzas casi cósmiras como leche de estrellas.
Mano inmensa que cubre celeste toro en tierra.

(De *Espadas como labios, 1930-31. 1932.*) 119

LA SELVA Y EL MAR

Allá por las remotas
luces o aceros aún no usados,
tigres del tamaño del odio,
leones como un corazón hirsuto,
sangre como la tristeza aplacada,
se baten con la hiena amarilla que toma la forma del poniente in-
[saciable.
Oh la blancura súbita,
las ojeras violáceas de unos ojos marchitos,
cuando las fieras muestran sus espadas o dientes
como latidos de un corazón que casi todo lo ignora,
menos el amor,
al descubierto en los cuellos allá donde la arteria golpea,
donde no se sabe si es el amor o el odio
lo que reluce en los blancos colmillos.

Acariciar la fosca melena
mientras se siente la poderosa garra en la tierra,
mientras las raíces de los árboles, temblorosas,
sienten las uñas profundas
como un amor que así invade.

Mirar esos ojos que sólo de noche fulgen,
donde todavía un cervatillo ya devorado

luce su diminuta imagen de oro nocturno,
un adiós que centellea de póstuma ternura.

El tigre, el león cazador, el elefante que en sus colmillos lleva
[algún suave collar,
la cobra que se parece al amor más ardiente,
el águila que acaricia a la roca como los sesos duros,
el pequeño escorpión que con sus pinzas sólo aspira a oprimir un
[instante la vida,
la menguada presencia de un cuerpo de hombre que jamás podrá
[ser confundido con una selva,
ese piso feliz por el que viborillas perspicaces hacen su nido en la
mientras la pulcra coccinela   [axila del musgo,
se evade de una hoja de magnolia sedosa...
Todo suena cuando el rumor del bosque siempre virgen
se levanta como dos alas de oro,
élitros, bronce o caracol rotundo,
frente a un mar que jamás confundirá sus espumas con las rami-
[llas tiernas.

La espera sosegada,
esa esperanza siempre verde,
pájaro, paraíso, fasto de plumas no tocadas,
inventa los ramajes más altos,
donde los colmillos de música,
donde las garras poderosas, el amor que se clava,
la sangre ardiente que brota de la herida,
no alcanzará, por más que el surtidor se prolongue,
por más que los pechos entreabiertos en tierra
proyecten su dolor o su avidez a los cielos azules.

Pájaro de la dicha,
azul pájaro o pluma,
sobre un sordo rumor de fieras solitarias,
del amor o castigo contra los troncos estériles,
frente al mar remotísimo que como la luz se retira.

VEN SIEMPRE, VEN

No te acerques. Tu frente, tu ardiente frente, tu encendida
las huellas de unos besos,   [frente,
ese resplandor que aún de día se siente si te acercas,
ese resplandor contagioso que me queda en las manos,
ese río luminoso en que hundo mis brazos,
en el que casi no me atrevo a beber, por temor después a ya una
                                        [dura vida de lucero.

No quiero que vivas en mí como vive la luz,
con ese ya aislamiento de trella que se me une con su luz,
a quien el amor se niega a través del espacio
duro y azul que separa y no une,
donde cada lucero inaccesible
es una soledad que, gemebunda, envía su tristeza.

La soledad destella en el mundo sin amor.
La vida es una vívida corteza,
una rugosa piel inmóvil
donde el hombre no puede encontrar su descanso,
por más que aplique su sueño contra un astro apagado.

Pero tú no te acerques. Tu frente destellante, carbón encendi-
                    [do que me arrebata a la propia conciencia,
122 duelo fulgúreo en que de pronto siento la tentación de morir,

de quemarme los labios con tu roce indeleble,
de sentir mi carne deshacerse contra tu diamante abrasador.

No te acerques, porque tu beso se prolonga como el choque
                              [imposible de las estrellas,
como el espacio que súbitamente se incendia,
éster propagador donde la destrucción de los mundos
es un único corazón que totalmente se abrasa.

Sen, ven, ven como el carbón extinto oscuro que encierra una
ven como la noche ciega que me acerca su rostro;   [muerte;
ven como los dos labios marcados por el rojo,
por esa línea larga que funde los metales.

Ven, ven, amor mío; ven, hermética frente, redondez casi
                              [rodante
que luces como una órbita que va a morir en mis brazos;
ven como dos ojos o dos profundas soledades,
dos imperiosas llamadas de una hondura que no conozco.

¡Ven, ven, muerte, amor! ven pronto, te destruyo:
ven, que quiero matar o amar o morir o darte todo;
ven, que ruedas como liviana piedra,
confundida como una luna que me pide mis rayos!

CORAZON NEGRO

Corazón negro.
Enigma o sangre de otras vidas pasadas,
suprema interrogación que ante los ojos me habla,
signo que no comprendo a la luz de la luna.

Sangre negra, corazón dolorido que desde lejos la envías
a latidos inciertos, bocanadas calientes,
vaho pesado de estío, río en que no me hundo,
que sin luz pasa como silencio, sin perfume ni amor.

Triste historia de un cuerpo que existe como existe un planeta,
como existe la luna, la abandonada luna,
hueso que todavía tiene un claror de carne.

Aquí, aquí en la tierra echado entre unos juncos,
entre lo verde presente, entre lo siempre fresco,
veo esa pena o sombra, esa linfa o espectro,
esa sola sospecha de sangre que no pasa.

¡Corazón negro, origen del dolor o la luna,
corazón que algún día latiste entre unas manos,
beso que navegaste por unas venas rojas,
cuerpo que te ceñiste a una tapia vibrante!

COBRA

La cobra toda ojos,
bulto echado la tarde (baja, nube),
bulto entre hojas secas,
rodeada de corazones de súbito parados.

Relojes como pulsos
en los árboles quietos son pájaros cuyas gargantas cuelgan,
besos amables a la cobra baja
cuya piel es sedosa o fría o estéril.

Cobra sobre cristal,
chirriante como navaja fresca que deshace a una virgen,
fruta de la mañana,
cuyo terciopelo aún está por el aire en forma de ave.

Niñas como lagunas,
ojos como esperanzas,
desnudos como hojas
cobra pasa lasciva mirando a su otro cielo.

Pasa y repasa el mundo,
cadena de cuerpos o sangres que se tocan,
cuando la piel entera ha huido como un águila
que oculta el sol. ¡Oh cobra, ama, ama!

Ama bultos o naves o quejidos,
ama todo despacio, cuerpo a cuerpo,
entre muslos de frío o entre pechos
del tamaño de hielos apretados.

Labios, dientes o flores, nieves largas;
tierra debajo convulsa derivando.
Ama el fondo con sangre donde brilla
el carbunclo logrado.

                                        El mundo vibra.

                    (De *La destrucción o el amor, 1932-33. 1935.*)

NO EXISTE EL HOMBRE

Sólo la luna sospecha la verdad.
Y es que el hombre no existe.

La luna tantea por los llanos, atraviesa los ríos,
penetra por los bosques.
Modela las aún tibias montañas.
Encuentra el calor de las ciudades erguidas.
Fragua una sombra, mata una oscura esquina,
inunda de fulgurante rosas
el misterio de las cuevas donde no huele a nada.

La luna pasa, sabe, canta, avanza y avanza sin descanso.
Un mar no es un lecho donde el cuerpo de un hombre puede ten-
                                        [derse a solas.
Un mar no es un sudario para una muerte lúcida.
La luna sigue, cala, ahonda, raya las profundas arenas.
Mueve fantástica los verdes rumores aplacados.
Un cadáver en pie un instante se mece,
duda, ya avanza, verde queda inmóvil.
La luna miente sus brazos rotos,
su imponente mirada donde unos peces anidan.
Enciende las ciudades hundidas donde todavía se pueden oír
(qué dulces) las campanas vividas;

donde las ondas postreras aún repercuten sobre los pechos neutros,
sobre los pechos blandos que algún pulpo ha adorado.

Pero la luna es pura y seca siempre.
Sale de un mar que es una caja siempre,
que es un bloque con límites que nadie, nadie estrecha,
que no es una piedra sobre un monte irradiando.

Sale y persigue lo que fuera los huesos,
lo que fuera las venas de un hombre,
lo que fuera su sangre sonada, su melodiosa cárcel,
su cintura visible que a la vida divide,
o su cabeza ligera sobre un aire hacia oriente.

Pero el hombre no existe.
Nunca ha existido, nunca.
Pero el hombre no vive, como no vive el día.
Pero la luna inventa sus metales furiosos.

GUITARRA O LUNA

Guitarra como luna.
¿Es la luna o su sangre?
Es un mínimo corazón que ha escapado
y que sobre los bosques va dejando su azul música
     insomne.

Una voz o su sangre,
una pasión o su horror,
un pez o luna seca
que colea en la noche salpicando los valles.

Mano profunda o ira amenazada.
¿La luna es roja o amarilla?
No, no es un ojo inyectado en la furia
de presenciar los límites de la tierra pequeña.

Mano que por los cielos busca la misma vida,
busca los pulsos de un cielo desangrándose,
bucea en las entrañas entre los viejos planetas
que extrañan la guitarra que se alumbra en la noche.

Pena, pena de un pecho que nadie define,
cuando las fieras sienten sus pelos erizados,
cuando se sienten empapadas en la luz fría
que les busca la piel como una mano quimérica.

(De Mundo a solas, 1934-36. 1950.) 129

9.—

Rafael Alberti 1902

BUSTER KEATON BUSCA POR EL BOSQUE A SU NOVIA, QUE ES UNA VERDADERA VACA

(Poema representable)

1, 2, 3 y 4.
En estas cuatro huellas no caben mis zapatos.
Si en estas cuatro huellas no caben mis zapatos,
¿de quién son estas cuatro huellas?
¿De un tiburón,
de un elefante recién nacido o de un pato?
¿De una pulga o de una codorniz?

(Pi, pi, pi.)

¡Georginaaaaaaaa!
¿Dónde estás?
¡Que no te oigo, Georgina!
¿Qué pensarán de mí los bigotes de tu papá?

(Paapááááá.)

¡Georginaaaaaaaaaa!
¿Estás o no estás?

Abeto, ¿dónde está?
Alisio, ¿dónde está?
Pinsapo, ¿dónde está?

¿Georgina pasó por aquí?

(Pi, pi, pi, pi.)

Ha pasado a la una comiendo yerbas.
Cucú,
el cuervo la iba engañando con una flor de reseda.
Cuacuá,
la lechuza con una rata muerta.

¡Señores, perdonadme, pero me urge llorar!
(Guá, guá, guá.)

¡Georgina!
Ahora que te faltaba un solo cuerno
para doctorarte en la verdaderamente útil carrera de ciclista
y adquirir una gorra de cartero.

(Cri, cri, cri, cri.)

Hasta los grillos se apiadan de mí
y me acompaña en mi dolor la garrapata.
Compadécete del «smoking» que te busca y te llora entre los agua-
y del sombrero hongo que tiernamente   [ceros
te presiente de mata en mata.

¡Georginaaaaaaaaaaaaaaaaaa!

(Maaaaaaa.)

¿Eres una dulce niña o eres una verdadera vaca?
Mi corazón siempre me dijo que eras una verdadera vaca.
Tu papá, que eras una dulce niña.
132 Mi corazón, que eras una verdadera vaca.

Una dulce niña.
Una verdadera vaca.
Una niña.
Una vaca.
¿Una niña o una vaca?
O ¿una niña y una vaca?
Yo nunca supe nada.

                    Adiós, Georgina.

                          (Pum!)

EN EL DÍA DE SU MUERTE A MANO ARMADA

Decidme de una vez si no fue alegre todo aquello.

5 × 5 entonces no eran todavía 25,
ni el alba había pensado en la negra existencia de los malos cu-
                                                        [chillos.
Yo te juro a la luna no ser cocinero,
tú me juras a la luna no ser cocinera,
él nos jura a la luna no ser siquiera humo de tan tristísima cocina.

¿Quién ha muerto?

La oca está arrepentida de ser pato,
el gorrión de ser profesor de lengua china,
el gallo de ser hombre,
yo de tener talento y admirar lo desgraciada
que suele ser en el invierno la suela de un zapato.

A una reina se le ha perdido su corona,
a un presidente de república su sombrero,
a mí...

                    Creo que a mí no se me ha perdido nada,
                    que a mí nunca se me ha perdido nada,
                    que a mí...

                        ¿Qué quiere decir buenos días?

            (De *Yo era un tonto y lo que he visto me ha hecho
                            dos tontos*. 1929.)

134

MUERTE Y JUICIO

1

(Muerte)

A un niño, a un solo niño que iba para piedra nocturna,
para ángel indiferente de una escala sin cielo...
Mirad. Conteneos la sangre, los ojos.
A sus pies, él mismo, sin vida.
No aliento de farol moribundo
ni jadeada amarillez de noche agonizante,
sino dos fósforos fijos de pesadilla eléctrica,
clavados sobre su tierra en polvo, juzgándola.
Él, resplandor sin salida, lividez sin escape, yacente, juzgándose.

2

(Juicio)

Tizo electrocutado, infancia mía de ceniza, a mis pies, tizo yacente.
Carbunclo hueco, negro, desprendido de un ángel que iba para
para límite entre la muerte y la nada.   [piedra nocturna,
Tú: yo: niño.

Bambolea el viento un vientre de gritos anteriores al mundo,
a la sorpresa de la luz en los ojos de los recién nacidos,

135

al descenso de la vía láctea a las gargantas terrestres.
Niño.

Una cuna de llamas, de norte a sur,
de frialdad de tiza amortajada en los yelos
a fiebre de paloma agonizando en el área de una bujía,
una cuna de llamas, meciéndote las sonrisas, los llantos.
Niño.

Las primeras palabras abiertas en las penumbras de los sueños sin
[nadie,
en el silencio rizado de las albercas o en el eco de los jardines,
devoradas por el mar y ocultas hoy en un hoyo sin viento.
Muertas, como el estreno de tus pies en el cansancio frío de una
Niño.   [escalera.

Las flores, sin piernas para huir de los aires crueles,
de su espoleo continuo al corazón volante de las nieves y los
[pájaros,
desangradas en un aburrimiento de cartillas y pizarrines.
4 y 4 son 18. Y la X, una K, una H, una J.
Niño.

En un trastorno de ciudades marítimas sin crepúsculos,
de mapas confundidos y desiertos barajados,
atended a unos ojos que preguntan por los afluentes del cielo,
a una memoria extraviada entre nombres y fechas.
Niño.

Perdido entre ecuaciones, triángulos, fórmulas y precipitados azules,
entre el suceso de la sangre, los escombros y las coronas caídas,
cuando los cazadores de oro y el asalto a la banca,
en el rubor tardío de las azoteas
voces de ángeles te anunciaron la botadura y pérdida de tu alma.
Niño.

Y como descendiste al fondo de las mareas,
a las urnas donde el azogue, el plomo y el hierro pretenden ser
136 tener honores de vida,   [humanos,

a la deriva de la noche tu traje fue dejándote solo.
Niño.

Desnudo, sin los billetes de inocencia fugados en sus bolsillos,
derribada en tu corazón y sola su primera silla,
no creíste ni en Venus que nacía en el compás abierto de tus brazos
ni en la escala de plumas que tiende el sueño de Jacob al de Julio
Niño.   [Verne.

Para ir al infierno no hace falta cambiar de sitio ni postura.

LOS ÁNGELES DE LAS RUINAS

Pero por fin llegó el día, la hora de las palas y los cubos.
No esperaba la luz que se vinieran abajo los minutos
porque distraía en el mar la nostalgia terrestre de los ahogados.
Nadie esperaba que los cielos amanecieran de esparto
ni que los ángeles ahuyentaran sobre los hombres astros de car-
[denillo.

Los trajes no esperaban tan pronto la emigración de los cuerpos.
Por un alba navegable huía la aridez de los lechos.

Se habla de la bencina,
de las catástrofes que causan los olvidos inexplicables.
Se murmura en el cielo de la traición de la rosa.
Yo comento con mi alma el contrabando de la pólvora,
a la izquierda del cadáver de un ruiseñor amigo mío.
No os acerquéis.

Nunca pensasteis que vuestra sombra volvería a la sombra
cuando una bala de revólver hiriera mi silencio.
Pero al fin llegó ese segundo,
disfrazado de noche que espera un epitafio.
La cal viva es el fondo que mueve la proyección de los muertos.

Os he dicho que no os acerquéis.
138 Os he pedido un poco de distancia:

la mínima para comprender un sueño
y un hastío sin rumbo haga estallar las flores y las calderas.

La luna era muy tierna antes de los atropellos
y solía descender a los hornos por las chimeneas de las fábricas.
Ahora fallece impura en un mapa imprevisto de petróleo,
asistida por un ángel que le acelera la agonía.
Hombres de cinc, alquitrán y plomo la olvidan.

Se olvidan hombres de brea y fango
que sus buques y sus trenes,
a vista de pájaro,
son ya en medio del mundo una mancha de aceite,
limitada de cruces por todas partes.
Se han olvidado.

Como yo, como todos.
Y nadie espera ya la llegada del expreso,
la visita oficial de la luz a los mares necesitados,
la resurrección de las voces en los ecos que se calcinan.

(De *Sobre los ángeles*. 1928.)

SIN MÁS REMEDIO

Tenía yo que salir de la tierra,
la tierra tenía que escupirme de una vez para siempre como un
   hijo bastardo,
como un hijo temido a quien no esperan nunca reconocer las
   ciudades.
Había que llorar hasta mover los trenes y trastornar a gritos las
   horas de las mareas,
dando al cielo motivo para abandonarse a una pena sin lluvia.
Había que expatriarse involuntariamente,
dejar ciertas alcobas,
ciertos ecos,
ciertos ojos vacíos.

Ya voy.

Tenías tú que vivir más de una media vida sin conocer las voces
   que ya llegan pasadas por el mundo,
más aislado que el frío de una torre encargada de iluminar el
   rumbo de las aves perdidas,
sobre el mar que te influye hasta hacerte saladas las palabras.
Tú tenías a la fuerza que haber nacido solo y sufrido sin gloria
   para decirme:

Hace ya treinta años que ni leo los periódicos: mañana hará buen
tiempo.

ESE CABALLO ARDIENDO POR LAS
ARBOLEDAS PERDIDAS

Elegía a Fernando Villalón

(1881-1930)

Se ha comprobado el horror de unos zapatos rígidos contra la
   última tabla de un cajón destinado a limitar por espacio de
   poco tiempo la invasión de la tierra,
de esa segunda tierra que sólo habla del cielo por lo que oye
   a las raíces,
de esa que sólo sale a recoger la luz cuando es herida por los picos,
cortada por las palas
o requerida por las uñas de esas fieras y pájaros que prefieren
   que el sueño de los muertos haga caer la luna sobre hoyos de
   sangre.
Dejad las azoteas,
evitad los portazos y el llanto de ese niño para quien las ropas
   de los rincones son fantasmas movibles.
¿Tú qué sabes de esto,
de lo que sucede cuando sobre los hombros más duros se dobla
   una cabeza y de un clavo en penumbra se desprende el ay
   más empolvado de una guitarra en olvido?
¿A ti qué se te importa que de un álamo a otro salte un estoque
   solitario o que una banderilla de fuego haga volar la orilla 141

izquierda de un arroyo y petrifique el grito de los alcaravanes?
Estas cosas yo sólo las comprendo
y más aún a las once y veinte de la mañana.

Parece que fue ayer.

Y es que éste fue uno de los enterrados con el reloj de plata en
el bolsillo bajo del chaleco,
para que a la una en punto desaparecieran las islas,
para que a las dos en punto a los toros más negros se les volviera
blanca la cabeza,
para que a las tres en punto una bala de plomo perforara la hostia
solitaria expuesta en la custodia de una iglesia perdida en el
cruce de dos veredas: una camino de un prostíbulo y otra
de un balneario de aguas minerales
(y el reloj sobre el muerto),
para que a las cuatro en punto la crecida del río colgara de una
caña el esqueleto de un pez aferrado al pernil de un pantalón
perteneciente a un marino extranjero,
para que a las cinco en punto un sapo extraviado entre las le-
gumbres de una huerta fuera partido en dos por la entrada
imprevista de una rueda de coche volcado en la cuneta,
para que a las seis en punto las vacas abortadas corrieran a estre-
llarse contra el furgón de cola de los trenes expresos,
para que a las siete en punto los hombres de las esquinas apuña-
laran a esa muchacha ebria que por la puerta falsa sale a arrojar
al centro de la calle cáscaras de mariscos y huesos de aceitunas
(y el reloj sobre el muerto),
para que a las ocho en punto cinco gatos con las orejas cortadas
volcaran el vinagre y los espejos de los pasillos se agrietaran
de angustia,
para que a las nueve en punto en la arena desierta de las plazas
una mano invisible subrayara el lugar donde a las cuatro y
siete de la tarde había de ser cogido de muerte un banderillero,
para que a las diez en punto por los corredores sin luz a una mujer
llorosa se le apagaran las cerillas y al noroeste de un islote
perdido un barco carbonero viera pasar los ojos de todos los
142   ahogados

(y el reloj sobre el muerto),
para que a las once en punto dos amigos situados en distintos
    lugares de la tierra se equivocaran de domicilio y murieran de
    un tiro en el escalón décimonono de una escalera,
y para que a las doce en punto a mí se me paralizara la sangre y
    con los párpados vueltos me encontrara de súbito en una cis-
    terna alumbrada tan sólo por los fuegos fatuos que desprenden
    los fémures de un niño sepultado junto a la veta caliza de una
    piedra excavada a más de quince metros bajo el nivel del mar.

¡Eh, eh!

Por aquí se sale a los planetas desiertos,
a las charcas amarillentas donde hechas humo flotan las palabras
    heladas que nunca pudo articular la lengua de los vivos.
Aquí se desesperan los ecos más inmóviles.
He perdido mi jaca.
Pero es que yo vengo de las puertas a medio entornar,
de las habitaciones oscuras donde a media voz se sortean los
    crímenes más tristes,
de esos desvanes donde las manos se entumecen al encontrar de
    pronto el origen del desfallecimiento de toda una familia.
Sí,
pero yo he perdido mi jaca
y mi cuerpo anda buscándome por el sudoeste
y hoy llega el tren con dos mil años de retraso
y yo no sé quién ha quemado estos olivos.
Adiós.

(De *Sermones y moradas*. 1929.)

CON LOS ZAPATOS PUESTOS TENGO QUE MORIR

(Elegía cívica)
[1.º de enero de 1930]

Será en ese momento cuando los caballos sin ojos se desgarren
    las tibias contra los hierros en punta de una valla de sillas
    indignadas junto a los adoquines de cualquier calle recién
    absorta en la locura.
Vuelvo a cagarme por última vez en todos vuestros muertos
en este mismo instante en que las armaduras se desploman en
    la casa del rey,
en que los hombres más ilustres se miran a las ingles sin encon-
    trar en ellas la solución a las desesperadas órdenes de la sangre.
Antonio se rebela contra la agonía de su padrastro moribundo.
Tú eres el responsable de que el yodo haga llegar al cielo el grito
    de las bocas sin dientes,
de las bocas abiertas por el odio instantáneo de un revólver o
    un sable.
Yo sólo contaba con dos encías para bendecirte,
pero ahora en mi cuerpo han estallado 27 para vomitar en tu
    garganta y hacerte más difíciles los estertores.
¿No hay quien se atreva a arrancarme de un manotazo las vendas
    de estas heridas y a saltarme los ojos con los dedos?
144 Nadie sería tan buen amigo mío,

nadie sabría que así se escupe a Dios en las nubes
ni que mujeres recién paridas claman en su favor sobre el vaho
descompuesto de las aguas,
mientras que alguien disfrazado de luz rocía de dinamita las
mieses y los rebaños.

En ti reconocemos a Arturo.

Ira desde la aguja de los pararrayos hasta las uñas más reconrosas
de las patas traseras de cualquier piojo agonizante entre las
púas de un peine hallado al atardecer en un basurero.
Ira secreta en el pico del grajo que desentierra las pupilas sin
mundo de los cadáveres.
Aquella mano se rebela contra la frente tiernísima de la que le
hizo comprender el agrado que siente un niño al ser circun-
cidado por su cocinera con un vidrio roto.
Acércate y sabrás la alegría recóndita que siente el palo que se
parte contra el hueso que sirve de tapa a tus ideas difuntas.
Ira hasta en los hilos más miserables de un pañuelo descuartizado
por las ratas.
Hoy sí que nos importa saber a cuántos estamos hoy.

Creemos que te llamas Aurelio y que tus ojos de asco los hemos
visto derramarse sobre una muchedumbre de ranas en cualquier plaza pública.
¿No eres tú acaso ese que esperan las ciudades empapeladas de
saliva y de odio?
Cien mil balcones candentes se arrojan de improviso sobre los
pueblos desordenados.
Ayer no se sabía aún el rencor que las tejas y las cornisas guardan hacia las flores,
hacia las cabezas peladas de los curas sifilíticos,
hacia los obreros que desconocen ese lugar donde las pistolas se
hastían aguardando la presión repentina de unos dedos.
Oíd el alba de las manos arriba,
el alba de las náuseas y los lechos desbaratados,
de la consunción de la parálisis progresiva del mundo y la arte-
rioesclerosis del cielo.

145

10.—

No creáis que el cólera morbo,
la viruela negra,
el vómito amarillo,
la blenorragia,
las hemorroides,
los orzuelos y la gota serena me preocupan en este amanecer del
sol como un inmenso testículo de sangre.
En mí reconoceréis tranquilamente a ese hombre que dispara sin
importarle la postura que su adversario herido escoge para
la muerte.
Unos cuerpos se derrumban hacia la derecha y otros hacia la
izquierda,
pero el mío sabe que el centro es el punto que marca la mitad
de la luz y la sombra.
Veré agujerearse mi chaqueta con alegría.
¿Soy yo ese mismo que hace unos momentos se cagaba en la
madre del que parió las tinieblas?

Nadie quiere enterrar a este arcángel sin patria.

Nosotros lloramos en ti esa estrella que a las dos en punto de
la tarde tiene que desprenderse sin un grito para que una
muchedumbre de tacones haga brotar su sangre en las ala-
medas futuras.
Hay muertos conocidos que se orinan en los muertos desconocidos,
almas desconocidas que violan a las almas conocidas.
A aquél le entreabren los ojos a la fuerza para que el ácido úrico
le queme las pupilas y vea levantarse su pasado como una
tromba extática de moscas palúdicas.
Y a todo esto el día se ha parado insensiblemente.

Y la ola primera pasa el espíritu del que me traicionó valiéndose
de una gota de lacre
y la ola segunda pasa la mano del que me asesinó poniendo como
disculpa la cuerda de una guitarra
y la ola tercera pasa los dientes del que me llamó hijo de zorra
para que al volver la cabeza una bala perdida le permitiera
al aire entrar y salir por mis oídos

y la ola cuarta pasa los muslos que me oprimieron en el instante
de los chancros y las orquitis
y la ola quinta pasa las callosidades más enconadas de los pies
que me pisotearon con el único fin de que mi lengua perforara
hasta las raíces de esas plantas que se originan en el hígado
descompuesto de un caballo a medio enterrar
y las ola sexta pasa el cuero cabelludo de aquel que me hizo vomitar el alma por las axilas
y la ola séptima no pasa nada
y la ola octava no pasada nada
y la ola novena no pasa nada
ni la décima
ni la undécima
ni la duodécima...

Pero estos zapatos abandonados en el frío de las charcas son el
signo evidente de que el aire aún recibe el cuerpo de los hombres que de pie y sin aviso se doblaron del lado de la muerte.

(Poema fuera de libro.)

Luis Cernuda 1902-1963

QUISIERA ESTAR SOLO EN EL SUR

Quizá mis lentos ojos no verán más el sur
De ligeros paisajes dormidos en el aire,
Con cuerpos a la sombra de ramas como flores
O huyendo en un galope de caballos furiosos.

El sur es un desierto que llora mientras canta,
Y esa voz no se extingue como pájaro muerto;
Hacia el mar encamina sus deseos amargos
Abriendo un eco débil que vive lentamente.

En el sur tan distante quiero estar confundido.
La lluvia allí no es más que una rosa entreabierta;
Su niebla misma ríe, risa blanca en el viento.
Su oscúridad, su luz son bellezas iguales.

NEVADA

En el Estado de Nevada
Los caminos de hierro tienen nombres de pájaro,
Son de nieve los campos
Y de nieve las horas.

Las noches transparentes
Abren luces soñadas
Sobre las aguas o tejados puros
Constelados de fiesta.

Las lágrimas sonríen,
La tristeza es de alas,
Y las alas, sabemos,
Dan amor inconstante.

Los árboles abrazan árboles,
Una canción besa otra canción;
Por los caminos de hierro
Pasa el dolor y la alegría.

Siempre hay nieve dormida
Sobre otra nieve, allá en Nevada.

ESTOY CANSADO

Estar cansado tiene plumas,
Tiene plumas graciosas como un loro,
Plumas que desde luego nunca vuelan,
Mas balbucean igual que loro.
Estoy cansado de las casas,
Prontamente en ruinas sin un gesto;

Estoy cansado de las cosas,
Con un latir de seda vueltas luego de espaldas.
Estoy cansado de estar vivo,
Aunque más cansado sería el estar muerto;

Estoy cansado del estar cansado
Entre plumas ligeras sagazmente,
Plumas del loro aquel tan familiar o triste,
El loro aquel del siempre estar cansado.

DURANGO

Las palabras quisieran expresar los guerreros,
Bellos guerreros impasibles,
Con el mañana gris abrazado, como un amante,
Sin dejarles partir hacia las olas.

Por la ventana abierta
Muestra el destino su silencio;
Sólo nubes con nubes, siempre nubes
Más allá de otras nubes semejantes,
Sin palabras, sin voces,
Sin decir, sin saber;
Últimas soledades que no aguardan mañana.

Durango está vacío
Al pie de tanto miedo infranqueable;
Llora consigo a solas la juventud sangrienta
De los guerreros bellos como luz, como espuma.

Por sorpresa los muros
Alguna mano dejan revolando a veces;
Sus dedos entreabiertos
Dicen adiós a nadie,
Saben algo quizá ignorado en Durango.

En Durango postrado,
Con hambre, miedo, frío,
Pues sus bellos guerreros sólo dieron,
Raza estéril en flor, tristeza, lágrimas.

CARNE DE MAR

Dentro de breves días será otoño en Virginia,
Cuando los cazadores, la mirada de lluvia,
Vuelven a su tierra nativa, el árbol que no olvida.

Corderos de apariencia terrible,
Dentro de breves días será otoño en Virginia.

Sí, los cuerpos estrechamente enlazados,
Los labios en la llave más íntima,
¿Qué dirá él, hecho piel de naufragio
O dolor con la puerta cerrada,
Dolor frente a dolor,
Sin esperar amor tampoco?

El amor viene y va, mira;
El amor viene y va,
Sin dar limosna a nubes mutiladas,
Por vestidos harapos de tierra,
Y él no sabe, nunca sabrá más nada.

Ahora inútil pasar la mano sobre otoño.

(De *Un río, un amor*. 1929.)

DIRÉ CÓMO NACISTEIS

Diré cómo nacisteis, placeres prohibidos,
Como nace un deseo sobre torres de espanto,
Amenazadores barrotes, hiel descolorida,
Noche petrificada a fuerza de puños,
Ante todos, incluso el más rebelde,
Apto solamente en la vida sin muros.

Corazas infranqueables, lanzas o puñales,
Todo es bueno si deforma un cuerpo;
Tu deseo es beber esas hojas lascivas
O dormir en ese agua acariciadora.
No importa;
Ya declaran tu espíritu impuro.

No importa la pureza, los dones que un destino
Levantó hacia las aves con manos imperecederas;
No importa la juventud, sueño más que hombre,
La sonrisa tan noble, playa de seda bajo la tempestad
De un régimen caído.

Placeres prohibidos, planetas terrenales,
Miembros de mármol con sabor de estío,
Jugo de esponjas abandonadas por el mar,
Flores de hierro, resonantes como el pecho de un hombre. 155

Soledades altivas, coronas derribadas,
Libertades memorables, manto de juventudes;
Quien insulta esos frutos, tinieblas en la lengua,
Es vil como un rey, como sombra de rey
Arrastrándose a los pies de la tierra
Para conseguir un trozo de vida.

No sabía los límites impuestos,
Límites de metal o papel,
Ya que el azar le hizo abrir los ojos bajo una luz tan alta,
Adonde no llegan realidades vacías,
Leyes hediondas, códigos, ratas de paisajes derruídos.

Extender entonces la mano
Es hallar una montaña que prohibe,
Un bosque impenetrable que niega,
Un mar que traga adolescentes rebeldes.

Pero si la ira, el ultraje, el oprobio y la muerte,
Ávidos dientes sin carne todavía,
Amenazan abriendo sus torrentes,
De otro lado vosotros, placeres prohibidos,
Bronce de orgullo, blasfemia que nada precipita,
Tendéis en una mano el misterio,
Sabor que ninguna amargura corrompe,
Cielos, cielos relampagueantes que aniquilan.

Abajo, estatuas anónimas,
Sombras de sombras, miseria, preceptos de niebla;
Una chispa de aquellos placeres
Brilla en la hora vengativa.
Su fulgor puede destruir vuestro mundo.

QUÉ RUIDO TAN TRISTE

Qué ruido tan triste el que hacen dos cuerpos cuando se aman.
Parece como el viento que se mece en otoño
sobre adolescentes mutilados,
Mientras las manos llueven;
Manos ligeras, manos egoístas, manos obscenas,
Cataratas de manos que fueron un día
Flores en el jardín de un diminuto bolsillo.

Las flores son arena y los niños son hojas,
Y su leve ruido es amable al oído
Cuando ríen, cuando aman, cuando besan,
Cuando besan el fondo
De un hombre joven y cansado
Porque antaño soñó mucho día y noche.

Mas los niños no saben,
Ni tampoco las manos llueven como dicen;
Así el hombre, cansado de estar solo con sus sueños,
Invoca los bolsillos que abandonan arena,
Arena de las flores,
Para que un día decoren su semblante de muerto.

HE VENIDO PARA VER

He venido para ver semblantes
Amables como viejas escobas,
He venido para ver las sombras
Que desde lejos me sonríen.

He venido para ver los muros
En el suelo o en pie indistintamente,
He venido para ver las cosas,
Las cosas soñolientas por aquí.

He venido para ver los mares
Dormidos en cestillo italiano,
He venido para ver las puertas,
El trabajo, los tejados, las virtudes
De color amarillo ya caduco.

He venido para ver la muerte
Y su graciosa red de cazar mariposas,
He venido para esperarte
Con los brazos un tanto en el aire,
He venido no sé por qué;
Un día abrí los ojos: he venido.

Por ello quiero saludar sin insistencia
A tantas cosas más que amables:

Los amigos de color celeste,
Los días de color variable,
La libertad del color de mis ojos;

Los niñitos de seda tan clara,
Los entierros aburridos como piedras,
La seguridad, ese insecto
Que anida en los volantes de la luz.

Adiós, dulces amantes invisibles,
Siento no haber dormido en vuestros brazos.
Vine por esos besos solamente;
Guardad los labios por si vuelvo.

(De *Los placeres prohibidos.* 1931.)

José María Hinojosa 1904-1936

ASCENSIÓN

Se elevan nuestros cuerpos hacia la luz helada
que se filtra a través de los ojos de águilas
llevando entre los dientes las últimas palabras
grabadas a cincel sobre la piel del alba.

Subían nuestros ojos enredados en niebla,
dejando un rastro incierto de nieve y de candela
que quemaba las plumas de aquellas aves muertas
por los cantos de ángeles en un coro de guerras.

Todas las luces huyen envueltas en ciclones
y se nos pierden todas tras de los horizontes
arrastrando con ellas palmeras y leones
y es todo el cielo arena que entierra nuestras voces.

Se elevan nuestros cuerpos hacia la luz helada
perdidos en un vaho del aliento del agua,
y en un monte de hielo descansan las miradas
sin encontrar descanso ni las luces heladas.

Dentro de este desierto se cubren nuestras manos
de praderas de musgo pobladas por los pájaros,
en donde sólo pueden vivir enamorados
con corazón de trébol y la luna en los labios.

161

CAMPO DE PRISIONEROS

Quisiera que mi sombra fuese de roca viva
para guardar en ella aquellos vendavales
nacidos entre llamas y nubes de ceniza
dentro de este cercado lleno de soledades.

Las luces estrangulan todos los movimientos
tejidos con la sangre que manó de la herida
abierta con tus dientes en mi costado izquierdo
al caminar desnudo sobre las aguas frías.

Dónde poder asirse si perdido entre velas
y mástiles de pino está mi cuerpo helado
cuando su piel no era más que la piel espesa
de sal y de horizontes de un mar preso entre barcos.

Dónde poder asirse cuando la sangre brota
flúida y transparente a través de mis dedos
que dejan en el aire impresas huellas rojas
y la savia de un bosque llora mis pensamientos.

Quisiera que mi sombra fuese de roca viva
para llevar conmigo pesadas soledades
para encerrar en ella la verdad de la vida
que al levantar su vuelo olvidaron las aves.

N

Para picotear sobre mi fría palma,
bajan aleteando las estrellas
y la Osa Mayor no será nunca blanca,
porque ha olvidado su pasión mimética.

Han puesto colgaduras encaladas,
para borrar los huecos de mis huellas,
mujeres negras que habitan mi casa.
Sólo han brotado de mi barco velas.

Mientras oteo curvos horizontes
en el balcón de escharcha tempranera,
veo llegar al humo desde Londres,
que amarillo nació en las chimeneas
y como ya me llama a grandes voces
y pregunta con gesto anacoreta
por la senda que lleva al Polo Norte...
Yo me encojo de hombros
y le regalo un alfabeto Morse.

(De *La rosa de los vientos*. 1927.)

MI CORAZÓN ES REDONDO COMO LA TIERRA

Toda la superficie nevada de los polos no basta para blanquear mi mirada, para poner blancos mis cabellos ahumados por las fogatas que enciende la conciencia sobre las sienes de roca viva talladas en la corteza de la Tierra. En la Tierra redonda que yo he visto girar sobre mi mano con estos mismos ojos que ahora descubren la circulación de la sangre a través de mi carne perdida irremisiblemente en la Torre de Babel. Sólo mi corazón flotará por encima de aquella cumbre traspasado de nubes y envuelto en los vapores del volcán que quema mis entrañas. Sólo mi corazón, o el tuyo, podrán saber un día la profundidad de estas aguas macizas que impiden sumergirse a nuestras voces mientras queda flotando sobre ellas una estela blanca de palabras.

Sólo mi corazón... ¿Pero dónde encierras tus cenizas que se ocultan a todos mis deseos? ¿En qué concha, sobre qué barco de vela podrás dar la vuelta la Tierra? Esta Tierra desenmascarada incapaz de representar una tragedia griega. Esta Tierra redonda que ahora se encuentra entre mis manos crispadas por haber perdido la fe en el paso del mar Rojo.

Mis dedos se hunden en el espejo que destruye todos los horizontes y estrujan con desesperación el vidrio derretido sin que una lágrima ruede por tus mejillas, sin que mis ojos sean de mármol el día de la resurrección de la carne. Por un plano inclinado que termina en las aguas del Bautismo ruedan nuestros cuerpos lanzados desde la cumbre más alta al impulso de un soplo de duda nacida en la página blanca del desierto. Una vez sumergido en estas aguas puras y correctas vendrá tu corazón temblando a enjugar en mi frente las gotas de rocío cristalizadas por tu frío aliento la noche que mis labios inmóviles se posaran sobre tu cuerpo lunar recubierto de abejas y alfileres. Y tú, que nunca podrás saber si la Tierra es redonda, llevas ahora ondeándola esa bandera roja arrancada del fondo de mi pecho antes de que florezca en él una rosa de escarcha capaz de blanquear con sus pétalos esta generación. Y sin embargo mi corazón es redondo y escurridizo. Mi corazón puede escapar de entre las manos como un pez para hundirse en las aguas macizas, sordas a nuestras palabras, que se abren mostrándonos sus entrañas heladas al golpe seco de mi corazón redondo. ¿Rojo, blanco o negro? Tres corazones en uno dentro de mi pecho. Tres corazones en uno sobre la mesa de billar. Pero dime, ¿no es verdad que nuestro amor es redondo? Mira cómo juegan las golondrinas en el aire sin temor a la ley de la gravedad, mientras mi corazón se arrastra sobre la arena del desierto, empolvado y reseco, hecho ascua, perdido en la inmensidad del día para ser hallado a la noche en un punto luminoso y lejano. Es inútil que espere las Tablas de la Ley sentado en esta roca florecida sobre tu blanco pecho porque el Sinaí está más allá del eco de tu palabra. ¿Y esta vara, esta vara empuñada por mí, logrará que algún día haya un mar en mi pecho capaz de sostener a flote mi enorme corazón?

SU CORAZÓN NO ERA MÁS QUE UNA ESPIGA

Nuestras manos entrelazadas se fundían con los pámpanos a orillas de aquel río que tenía su lecho lleno de chinas en forma de corazones blancos a media noche cuando los enamorados pierden su sangre por la única herida abierta en el amor durante el sueño. Y nuestra sangre blanca se evaporaba durante el sueño antes que la vigilia formase con ella estatuas de mármol o iceberg flotantes en estas aguas turbias pobladas de trozos de esqueletos y de sonrisas largas de pieles rojas. Entonces el amor se fundió con el fuego sagrado de tu lengua en llamas y todos los pájaros asistían en silencio a aquella aurora boreal con el mismo respeto que los fieles presencian el Sacrificio Divino. Pero tu piel era transparente y en la conciencia ocultabas una raíz cúbica amarilla que se resolvía en margaritas a las primeras lluvias, siendo imposible que llegases al fin del itinerario sin el menor desfallecimiento. Estaba cierto de esto y también tenía la certeza de que una margarita entre tus manos originaría una copiosa nevada. Mis palabras flotaban en torno tuyo, en torno a tu piel transparente sin atreverse a lanzarse por el torrente de tu pecho para disolver el nudo en las aguas profundas de estos dos pozos abiertos en las cuencas de mis ojos. A pesar de todo, yo sabía que en el verano nacían espigas de tu carne, pero nadie, ni mis dientes siquiera, supieron romper la blancura almidonada de tus cabellos húmedos, despiertos en la noche mientras enjugaban el sudor de mi frente. Sí, sabía que en tu carne nacían espigas y yo seguía acariciándote los cabellos sin el menor remordimiento, con la conciencia en alas de los pájaros. Tus manos en un tiempo me traían la sombra de los caminos a los labios mientras escapaban por las rendijas los últimos restos de aquel gran ejército de corazones blancos para zambullirse en el río después de haber cantado tu canción favorita. Y oías cómo las espigas crujían a nuestros besos cuando mis ojos se derramaban sobre tu carne y era posible el vuelo de las mariposas alrededor de tu sexo, de tu ombligo, de tus pechos, de tu boca entreabierta por donde salían nubes blancas que humedecían con sus lluvias nuestros dos corazones. Mis manos huyeron de mí y fueron a perderse tras el horizonte de aquella llanura amarilla. Cuando vuelvan traerán entre ellas una espiga dorada que puede ser tu corazón.

TEXTO ONÍRICO

Viajero sagrado por los ríos lechosos, sin remos ni miosotis para acortar las distancias, cambié las monedas ayudado por Dios en dos alfanjes brillantes que me trajeron rodajas del hipopótamo verde recostado en las nubes ancladas en mi presencia. Los árboles venían a mi encuentro en dos filas simétricas con sus ramas peludas abiertas para estrecharme contra su corazón y exprimir hasta la última gota de vodka de las estrellas polares en el recipiente de mis cuencas vacías de ojos pero llenas de miradas. El ave del Paraíso quedó clavada en la veleta anónima que sostiene las cuatro direcciones de los Evangelios. Si a veces pregunto por la luna no es para pasear por el Sahara ni para saber en qué época quedarán preñadas todas las camellas. Habituado a ver pirámides saltaba sobre las bayonetas sin apenas mirar, ni aun para despreciarlo, al sombrero de Napoleón; y cuando miraba los horizontes se iban alejando a medida que engrosaba mi cuerpo como una pompa de jabón hasta llegar a sustituir a la tierra y engañar al afilador haciéndole creer que su piedra asperón era carne de mi carne y que las estrellas que brotaban al roce del cuchillo se disolvían en mi sangre. La lentitud desgarra mis tejidos, que van en una velocidad progresiva para alcanzar el punto destinado a su muerte y desde allí podrán enviarme sus últimas risas recién cortadas de los árboles en flor. Yo no tengo la culpa de que exista un espejo y multiplique mis risas hasta

conseguir una nevada que sepulte mis miembros y haga huír del
Paraíso terrenal a la serpiente que todas las mañanas cuidaba de
limpiar mis dientes y regalaba cada día un nuevo anillo a mi pro-
metida antes de que partiera para descubrir su mundo engarzado
a los anillos que brotaban de sus diez dedos. Perdida en un bosque de sicomoros exhalaba su último suspiro cuando un venablo
lanzado por la angustia iluminó mi frente con la sangre roja que
manaba de mi herida y pude llegar a tiempo de salvarla y de beber
en todos los manantiales antes de agotarse y quedar convertida
la tierra en una bola de tabaco que despedía un olor a incienso
al ser quemada en mi «dunhill». El humo que salía de mi pipa
trazó el itinerario recorrido por Phileas Fogg al dar la vuelta al
mundo, sobre un cielo azul arrugado por las nubes que saltaban
de la pecera colocada junto a mi mesa de trabajo. La heroína lloraba perlas rojas y no me daba las gracias cuando de cada pelo
de mi cabeza comenzaron a salir bengalas multicolores.

(Del libro *La Flor de California*. 1928.)

Leopoldo Panero 1909-1962

POESÍA

Oh sacudida desértica de hojas transparentes
Estremecidos rumbos palpitan en mi pecho sin salida
Se sienten sombras delirando por el aire acercan
Hasta la bella carne una conciencia en llamas
Hasta la bella carne donde late la espuma la muchacha y el río.

Agresión de fantásticos cielos hermosamente vivos
Fingidas rocas únicas donde el mar se extasía
Tiembla conmovida alma
se escapa milagrosa soledad de uno a otro
Nuestros labios repletos de sonrisas desnudas
Hacen más invencible la belleza del silencio que nos separa
Este silencio de tan áspera belleza que flota
Y que muerden las bocas clavándose cuchillos.

Oscilan alargadas luces y ascuas de viento
Entre mis dedos cantan los bosques tropicales.

(*Noroeste*. Zaragoza, 1931.)

NUCA DE RÍO

A Gonzalo Goy

Entraba en ojos, frío, sin luz: acaso exiguo
cerrado en las pupilas como viento robado.
Susurra y lento brilla el vago río continuo
Oh, la sangre: se escucha rumor de cielo arado.

En la pereza rinde su retorno la estrella
y el dolor se hace doble como cuarzo en flor.
Exacta esclavitud del viaje en la huella:
la carta del amigo duele el mar y el color.

El mundo se conquista como un agua futura
Los vientos asequibles en pupilas perdidas:
en su pie va la noche, rosa ya y sepultura,
por las olas oscila azar, rachas vividas.

¡Desembocar! Y todo se inclina por los ojos
y delirante acude a la cita y al hielo.
Con desfiles tan justos, tan pálidos y rojos,
que en el pañuelo llora la longitud del cielo.

Todo igual. Permanece junto el viento a su sino
y la flor se reduce a un escorpión airado.

Incandescente boga por el río el camino
y la muerte se cierra como un viento callado.

(*Brújula*. Madrid, 1932.)

OJOS ÚLTIMAMENTE SUFRIDOS

Goza con el destino
como una manzana podrida
que se sabe que resucita en cada humedad
la corriente del odio es deslumbrante
y en la noche es tan bella como amor.

La sangre creadora se destierra por las venas
como un amor imposible constante
y me alcanza con todos sus sentidos
y me entrega esbeltamente misterio y espanto
que no quisiera tener cerca de mi desnudo paso
cara a cara el viento
que inclina el mundo ansia a ansia.

Bajo la luz del sol
la blanca diosa recurre a arduos combates,
como la sombra retira sus manos de la gloria
son tus rizos volando el tornasol del frío
como la prisa que come luces de amanecer,
corre el mar entre los guerreros sin coraza,
en los árboles se detiene y dice su oración
es la conciencia a flote suavemente.

Si se levanta irreflexiva como un muro
por donde rompen olas

adivinando se siente
es decir, en Siberia,
él acaso duplica el viento.

Se adivina lo vivo color de muerte
sin tierra donde mostrar su cielo
futuras aventuras al trasluz
con sus lanzas hundidas,
en ellas guerreando las culebras del sur.

Es decir en Siberia
una flor es muchísimo más flor,
una puñalada es una corona de reflejos,
y se convierte todo el frío en una caída majestuosa,
una urna por la senda que retuerce sus lirios
donde canta el significado de las cosas
la ventisca es la ventisca
tu perro es una lagartija
lo que es mar es a la vez arroyo y color de latigazo,
el miedo apenas se parece a una figura que es necesaria,
como los corazones los domingos,
como la belleza sin pronunciar huellas.

Se hace innecesario llamar a la nieve nieve,
nombrarla por su agua de pila
porque ella sabe que unos desnudos
prosiguen el temblor por el desierto,
el no mar se avergüenza en cada atardecer de hielo.

Todo es una divina esclavitud
todo es más bajo que el nivel de la lengua
siempre síntoma de odio y de fiebre
como la flecha en el agua del río,
como el río en el agua del río,
yo digo que tu corazón se refleja en tu blanca dentera,
un paseo por el rompeolas y por el amor
sacado a cuestas por los ojos.

POESÍA

A J. M. entre la nieve de Suiza

Dame si necesito la respuesta del mar
inventado detrás como monda de astro
o en la cueva que destruyen tus labios
limpia frontera del hondo anochecido:
prendido a ese abismo mi sueño ahuyenta luz
renta luz o desesperación última del labio.

Hora en que el olvido se hace calzado de la estrella
y desciende al foso de la calavera una violeta
la saliva pone vetas luminosas en la gruta
donde la brisa suena murallas.

Voy a lo largo de una atmósfera caída
cuando los corzos preparan su figura de lágrimas crecida
entre la hierba
contracciones en llama viva
llantos desviados por el bronce
cuyo lucero reclama el sitio de su silencio.

El muchacho que gime atolondrando astros
y que con la mano levanta un universo de olvido
al pagar su retrasada cuenta de crepúsculo
176 se le humedece el vestido hasta desprenderle la luna.

Los remos lloraba delicados
por el fulgor de la noche constelada de abetos
inmensa circunferencia de lágrimas clandestina
tapiada como un destierro que lucha
resplandores en la frente sin sonido
más lenta que una flor que no encrespan los ríos.

Sudor o roto cuchilleo
o la nube halo de lila entre visos
humedeciendo la tierra y los zapatos
por el vuelo turbio del estanque profundizado hasta la soledad
íntimamente estrella como el galope detenido sobre los huesos.

(Isla, Hojas de arte y literatura. Cádiz, 1933.)

12.—

ESTOY DE PASO EN ESA ESCULTURA
EN LA NOCHE

Cojamos las islas con las manos
y acostémoslas en el lecho como hombros de lágrimas.
Ese sueño dejará un fresco reguero de pólvora
a lo largo de las huellas secas en nuestros pies.

A lo largo de esas huellas que se deprimen si respiras
y que permanecen de lado a lado sin sonido.
En este humilde rincón del universo
hasta las islas viven si sabéis apresarlas con las manos.

Cuando empiezan a resonar los secretos
y sus orillas se encrespan como hachas
duelen líricamente las hortensias
puras ofrecidas a la noche en el balcón.

Es tan fantástico un hilo de telégrafo
que las sábanas, el pico de las estrellas
y armoniosamente se sienten los sapos
ocultar sus ojos en la atmósfera.

A lo largo de esas huellas reprimidas en nuestros pies
me siento capaz de construir una lágrima
una lágrima tan dulce como amor
178 como vivir inclinado sobre una alcoba pensativa.

Mañana ¿qué será esa diversa estancia
levantándose de su belleza con lluvia de abismo
aun calientes los ojos cuando fosforesciendo el tiempo
nos invita a abandonar el langoroso fondo de la estatua?
aún pienso delicadamente en la luna
todavía muerta bajo qué halos de rocío.

¡Cuando poda el rocío
esos surcos langorosos que caen por la frente
chorreando destelleando el ámbito
del cuerpo como los cambios de residencia!

Estoy de paso en una escultura de no sé qué luz.
Cojamos a las islas por la noche.
Cuando la almohada tiene color de estrella
es muy dulce dormir arrullado por las olas.

Las olas que dan en las peñas como tersos olvidos
caídos de los dedos al humedecerlos cada mañana
cuajando ese entresueño
como pájaros o crepúsculos.

Con rugidos de raso
el amor se desgaja de sus ramas
y baja a acariciarnos con su aroma infinito
que nos achica la orilla hasta creer que somos dios.

O el nido de estrellas olvidado en Oceanía
bajo los huesos que dejan caer a frescas gotas
esta delicia de rodar por nosotros mismos:
como las islas.

(*Hoja Literaria*. Madrid, 1932-34.)

POR EL CENTRO DEL DIA

En esta noche de preferencias milagrosas,
en la risa que abre mi corazón de verdes margaritas
y en la nieve sin precio que cae sobre los álamos
busco yo la alegría y su fruto de abejas.

En esta amenidad del pecho solitario,
en la canción que el lirio apoya en la ola verde
cesa el ruido del llanto y en su cifra de ángel corre sobre las
    playas.

¡Ay, quisiera olvidar mi movimiento y mi firme residencia en
    esta torre de debilidad,
quisiera despertar entre los leves chopos que me llegan a veces
    envueltos en la luz,
acariciar el oro que descansa en tu espalda de nieve amedrentada,
soñar en demasía y apretar en mis brazos la rosa de la Tierra!

Yo iba cayendo en el olvido y en el conocimiento de sus lágrimas
    como un hombre desnudo.
Mi rostro es el triunfo de las aguas y la ligereza del fruto en sazón.
Mi materia es el castigo elemental y el ofertorio profundo visitado
    por el espacio.
Mi sueño dulcísimo es el ámbito de la alegría que se cerciora de
180   todo.

Llevo mi corazón por el centro del día.
Su dulce sementera de pueblecillos verdes me empapa como a
un muerto.
La nieve me ofrece sus ruinas nocturnas
y yo la oigo correr por mis labios como una leyenda de oro virgen.
¡Tibia hospitalidad de la hermosura!
¡Encendimiento amarillo de la tierra!

El rocío desciende sobre las violetas como una mejilla que circula
en su rubor delicado
y una triste fragancia de amapolas cubre intensamente mis pies.
Pero no hay sueño capaz de interrumpir este dolor de la alegría.
La presencia permanece como un cristal sobre el que desbordan
los álamos y la luna al fondo se sonrosa,
y se anegan los meses de aldeas y de lirios en tu visitación.
Yo recuerdo en la distancia, contra mi corazón apagado,
el latido celeste de tu cuello y la crueldad del oro sobre la nieve,
y pienso lentamente en la arena núbil que transparenta el agua
de otoño,
y tu garganta que permite recordar suavemente el perfume puro
de las azucenas.

¡Qué dulce tu figura labrada en el misterio!
Si tu mano se abre las margaritas flotan sobre el campo ligero.
Si tu pecho increíble suspira y se acongoja parece que es la muerte
como un cáliz de espuma y de jilgueros verdes.

Ah mujer aceptada por mi llanto sin fondo.
Porque perderte sería como apretar un ruiseñor con las manos
llenas de ríos verdes y de ciudades,
y como ir hundiendo tristemente los labios sobre un astro de palabras puras.

Mis riberas se visten con alondras de nieve.
Mi respiración es dulce y viva
y me oigo suavemente perdido en un orificio de diamante.
Una fe transfigurada me empuja con su canción.

Como una patria afirmada por la luz ejemplar y matutina de los
chopos
y como el penetrante rumor del agua viva en una tarde de pri-
mavera,
yo siento en mi inerme profundidad el roce sonrosado de tu mano
y conozco la virginal plenitud de tu mandamiento en mi pecho.

La tierra verde canta perfumada de tránsito suave;
y cantan dulcemente las aguas de los ríos
hechas a nivel de la sangre divina que derrama en mí la certitud
de su ser.

¡Ah mujer aceptada por mi llanto sin fondo!
Tu carne tiene el gracioso color del pan y de la lágrima,
y tu cuerpo se diviniza como una nube solitaria sorprendida por
la aurora.

El mar vuelve sobre la playa
y arrebata la arena trémula y las conchas donde han dormido las
primeras violetas de Marzo.
Parece que el amor huye siempre más lejos y su presencia luminosa parece como la sombra de un deseo.

El ejercicio dorado de la voz, la gracia imponderable de la sonrisa,
la mirada de cisne y de viento en huida,
todo queda en mi cuerpo con su presencia cierta.
Como un dolor más fecundo que la piedra y que el hambre,
la transparencia ya no puede contener mis sollozos.
Mi recuerdo tiembla al pronunciar las amapolas de tu nombre.
Mi palabra quisiera rendir esa ciudad que nos hace transparentes
como un junco.

¡Qué penitencia roja en las gotas de sangre!
Pero el dolor presente sostiene con dulzura la carne de la alegría.
Sólo queda el misterio, la carne de la sed, la encarnación del llanto,
la esperanza que afirma la forma de las aguas,
182   el milagro de rosas que deshacen tus hombros.

Y tu risa de oro me seguía como la sombra de una golondrina
    sobre la nieve,
y volvía mi corazón hacia ti
como una circunferencia. de espuma suave y una sola hoja de
    chopo.

(Caballo Verde para la Poesía. Madrid, 1935.)

Miguel Hernández 1910-1942

VECINO DE LA MUERTE

Patio de vecindad que nadie alquila
igual que un pueblo de panales secos;
pintadas con recuerdos y leche las paredes
a mi ventana emiten silencios y anteojos.

Aquí dentro: aquí anduvo la muerte mi vecina
sesteando a la sombra de los sepultureros,
lamida por la lengua de un perro guarda-lápidas;
aquí, muy preservados del relente y las penas,
porfiaron los muertos con los muertos
rivalizando en huesos como en mármoles.

Oigo una voz de rostro desmayado,
unos cuervos que informan mi corazón de luto
haciéndome tragar húmedas ranas,
echándome a la cara los tornasoles trémulos
que devuelve en su espejo la inquietud.

¿Qué queda en este campo secuestrado,
en estas minas de carbón y plomo,
de tantos encerrados por riguroso orden?

Ho hay nada sin un monte de riqueza explotado.
Los enterrados con bastón y mitra,

los altos personajes de la muerte,
las niñas que expiraron de sed por la entrepierna
donde jamás tuvieron un arado y dos bueyes,
los duros picadores pródigos de sus músculos,
muertos con las heridas rodeadas de cuernos:
todos los destetados del aire y del amor
de un polvo huésped ahora se amantan.

¿Y para quién están los tiernos epitafios,
las alabanzas más sañudas,
formuladas a fuerza de cincel y mentiras,
atacando el silencio natural de las piedras,
todas con menoscabos y agujeros
de ser ramoneadas con hambre y con constancia
por una amante oveja de dos labios?
¿Y este espolón constituido en gallo
irá a una sombra malgastada en mármol y ladrillo?
¿No cumplirá mi sangre su misión: ser estiércol?
¿Oiré cómo murmuran de mis huesos,
me mirarán con esa mirada de tinaja vacía
que da la muerte a todo el que la trata?
¿Me asaltarán espectros en forma de coronas,
funerarios nacidos del pecado
de un cirio y una caja boquiabierta?

Yo no quiero agregar pechuga al polvo:
me niego a su destino: ser echado a un rincón.
Prefiero que me coman los lobos y los perros,
que mis huesos actúen como estacas
para atar cerdos o picar espartos.

El polvo es paz que llega con su bandera blanca
sobre los ataúdes y las casas caídas,
pero bajo los pliegues un colmillo
de rabioso marfil contaminado
nos sigue a todas partes, nos vigila,
y apenas nos paramos nos inciensa de siglos,
nos reduce a cornisas y a santos arrumbados.

Y es que el polvo no es tierra.

La tierra es un amor dispuesto a ser un hoyo,
dispuesto a ser un árbol, un volcán y una fuente.
Mi cuerpo pide el hoyo que promete la tierra,
el hoyo desde el cual daré mis privilegios de león y nitrato
a todas las raíces que me tiendan sus trenzas.

Guárdate de que el polvo coloque dulcemente
su secular paloma en tu cabeza,
de que incube sus huevos en tus labios,
de que anide cayéndose en tus ojos,
de que habite tranquilo en tu vestido,
de aceptar sus herencias de notarios y templos.

Úsate en contra suya,
defiéndete de su callado ataque,
asústalo con besos y caricias,
ahuyéntalo con saltos y canciones,
mátalo rociándolo de vino, amor y sangre.

En esta gran bodega donde fermenta el polvo,
donde es inútil injerir sonrisas,
pido ser cuando quieto lo que no soy movido:
un vegetal, sin ojos ni problemas;
cuajar, cuajar en algo más que en polvo,
como el sueño en estatua derribada;
que mis zapatos últimos demuestren ser cortezas,
que me produzcan cuarzos en mi encantada boca,
que se apoyen en mí sembrados y viñedos,
que me dediquen mosto las cepas por su origen.

Aquel barbecho lleno de inagotables besos,
aquella cesta de uvas quiero tener encima
cuando descanse al fin de esta faena
de dar conversaciones, abrazos y pesares,
de cultivar cabellos, arrugas y esperanzas,
y de sentir un beso sobre cada deseo.

No quiero que me entierren donde me han de enterrar.
Haré un hoyo en el campo y esperaré a que venga
la muerte en dirección a mi garganta
con un cuerno, un tintero, un monaguillo
y un collar de cencerros castrados en la lengua,
para echarme puñados de mi especie.

(De *Caballo Verde para la Poesía*. Madrid, 1935.)

ODA ENTRE ARENA Y PIEDRA
A VICENTE ALEIXANDRE

Tu padre el mar te condenó a la tierra
dándote un asesino manotazo
que hizo llorar a los corales sangre.

Las afectuosas arenas de pana torturada,
siempre con sed y siempre silenciosas,
recibieron tu cuerpo con la herencia
de otro mar borrascoso dentro del corazón,
al mismo tiempo que una flor de conchas
deshojada de párpados y arrugada de siglos,
que hasta el nácar se arruga con el tiempo.

Lo primero que hiciste fue llorar en la costa,
donde soplando el agua hasta volverla iris polvoriento
tu padre se quedó despedazando su colérico amor
entre desesperados pataleos.

Abrupto amor del mar, que abruptas penas
provocó con su acción huracanada.
¿Dónde ir con tu sangre de mar exasperado,
con tu acento de mar y tu revuelta lengua clamorosa
de mar cuya ternura no comprenden las piedras?
¿Dónde?... Y fuiste a la tierra.

189

... Y las vacas sonaron su caracol abundante
pariendo con los cuernos clavados en los estercoleros.
Las colinas, los pechos femeninos
y algunos corazones solitarios
se hicieron emisarios de las islas.
La sandía, tronando de alegría,
se abrió en múltiples cráteres
de abotonado hielo ensangrentado.
Y los melones, mezcla
de arrope asible y nieve atemperada,
a dulces cabezadas se toparon.

Pero aquí, en este mundo que se resuelve en hoyos,
donde la sangre ha de contarse por parejas,
las pupilas por cuatro y el deseo por millares,
¿qué puede hacer tu sangre,
el castigo mayor que tu padre te impuso,
qué puede hacer tu corazón, engendro
de una sola ola y un sol tumultuosos?
Tiznarte y más tiznarte con las cejas
y las miradas negras de las demás criaturas,
llevarte de huracán en huracanes
mordiéndote los codos de cólera amorosa.

Labranzas, siembras, podas
y las demás fatigas de la tierra;
serpientes que preparan una piel anual,
nardos que dan las gracias oliendo a quien los cuida,
selvas con animales de rizado marfil
que anudan su deseo por varios días,
tan diferentemente de los chivos
cuyo amor es ejemplo de relámpagos,
toros de corazón tan dilatado
que pueden refugiar un picador desperezándose;
piedras, Vicente, piedras, hasta rebeldes piedras
que sólo el sol de agosto logra hacer corazones,
hasta inhumanas piedras
te llevan al olvido de tu nación: la espuma.

Pero la cicatriz más dura y vieja
reverdece en herida al menor golpe.
La sal, la ardiente sal que presa en el salero
hace memoria de su vida de pájaro y columpio,
llegando a casi líquida y azul en los días más húmedos;
sólo la sal, la siempre constelada,
te acuerda que naciste en un lecho de algas, marinero,
¡oh tú el más combatido por la tierra,
oh tú el más rodeado de erizados rastrojos!,
cuando toca tu lengua su astral polen.

Te recorre el océano los huesos
relampagueando perdurablemente,
tu corazón se enjoya con peces y naufragios,
y con coral, retrato del esqueleto de tu corazón,
y el agua en plenilunio con alma de tronada
te sube por la sangre a la cabeza como un vino con alas
y desemboca, ya serena, por tus ojos.

Tu padre el mar te busca arrepentido
de haberte desterrado de su flotante corazón crispado,
el más hermoso imperio de la luna,
cada vez más amargo.

Un día ha de venir detrás de cualquier río
de esos que lo combaten insuficientemente,
arrebatando huevos a las águilas
y azúcar al panal que volverá salobre,
a destilar desde tu boca atribulada
hasta tu pecho, ciudad de las estrellas.
Y al fin serás objeto, de esa espuma
que tanto te lastima idolatrarla.

ODA ENTRE SANGRE Y VINO
A PABLO NERUDA

Para cantar ¡qué rama terminante,
qué espejo aparte de escogida selva,
qué nido de botellas, pez y mimbres,
con qué sensibles ecos, la taberna!

Hay un rumor de fuente vigorosa
que yo me sé, que tú, sin un secreto,
con espumas creadas por los vasos
y el ansia de brotar y prodigarse.

En este aquí más íntimo que un alma,
más cárdeno que un beso del invierno,
con vocación de púrpura y sagrario,
en este aquí te cito y te congrego,
de este aquí deleitoso te rodeo.

De corazón cargado, no de espaldas,
con una comitiva de sonrisas
llegas entre apariencias de océano
que ha perdido las olas y sus peces
a fuerza de entregarlos a la red y a la playa.

Con la boca cubierta de raíces
que se adhieren al beso como ciempieses fieros,

pasas ante paredes que chorrean
capas de cardenales y arzobispos,
y mieras, arropías, humedades
que solicitan tu asistencia de árbol
para darte el valor de la dulzura.

Yo he tenido siempre los orígenes,
un antes de la leche en mi cabeza
y un presente de ubres en mis manos;
yo que llevo cubierta de montes la memoria
y de tierra vinícola la cara,
esta cara de surco articulado;
yo que quisiera siempre, siempre, siempre,
habitar donde habitan los collares:
en un fondo de mar o en un cuello de hembra,
oigo tu voz, tu propia caracola,
tu cencerro dispuesto a ser guitarra,
tu trompa de novillo destetado,
tu cuerno de sollozo invariable.

Viene a tu voz el vino episcopal,
alhaja de los besos y los vasos
informada de risas y solsticios,
y malogrando llantos y suicidios,
moviendo un rabo lleno de rubor y relámpagos,
nos relame, muy bueno, nos circunda
de lenguas tintas, de efusivo oriámbar,
barriles, cubas, cántaros, tinajas,
caracolas crecidas de cadera
sensibles a la música y al golpe,
y una líquida pólvora nos alumbra y nos mora,
y entonces le decimos al ruiseñor que beba
y su lengua será más fervorosa.

Órganos liquidados, tórtolas y calandrias
exprimidas y labios desjugados;
imperios de granadas informales,
toros, sexos y esquilas derretidas,

desembocan temblando en nuestros dientes
e incorporan sus altos privilegios
con toda propiedad a nuestra sangre.

De nuestra sangre ahora surten crestas,
espolones, cerezas y amarantos;
nuestra sangre de sol sobre la trilla
vibra martillos, alimenta fraguas,
besos inculca, fríos aniquila,
ríos por desbravar, potros exprime
y expira por los ojos, los dedos y las piernas
toradas desmandadas, chivos locos.

Corros en ascuas de irritadas siestas,
cuando todo tumbado es tregua y horizonte
menos la sangre siempre esbelta y laboriosa,
nos introducen en su atmósfera agrícola:
racimos asaltados por avispas coléricas
y abejorros tañidos, racimos revolcados
en esas delicadas polvaredas
que hacen en su alboroto mariposas y lunas;
culebras que se elevan y silban sometidas
a un régimen de luz dictatorial;
chicharras que conceden por sus élitros
aeroplanos, torrentes, cuchillos afilándose,
chicharras que anticipan la madurez del higo,
libran cohetes, elaboran sueños,
trenzas de esparto, flechas de insistencia
y un diluvio de furia universal.

Yo te veo entre vinos minerales
resucitando condes, desenterrando amadas,
recomendando al sueño pellejos cabeceros,
recomendables ubres múltiples de pezones,
con una sencillez de bueyes que sestean.
Cantas, sangras y cantas; te pones a sangrar
y no son suficientes tus heridas
ni el vientre todo tallo donde tu sangre cuaja.

Cantas, sangras y cantas.
Sangras y te ensimismas
como un cordero cuando pace o sueña.
Y miras más allá de los allases
con las venas cargadas de mujeres y barcos,
mostrando en cada parte de tus miembros
la bipartida huella de una boca,
la más dulce pezuña que ha pisado,
mientras estás sangrando al compás de los grifos.

A la vuelta de ti, mientras cantas y estragas
como una catarata que ha pasado
por entrañas de aceros y mercurios,
en tanto que demuestras desangrándote
lo puro que es soltar las riendas a las venas,
y veo entre nosotros coincidencias de barro,
referencias de ríos que dan vértigo y miedo
porque son destructoras, casi rayos,
sus corrientes que todo lo arrebatan;
a la vuelta de ti, a la del vino,
millones de rebeldes al vino y a la sangre
que miran boquiamargos, cejiserios,
se van del sexo al cielo, santos tristes,
negándole a las venas y a las viñas
su desembocadura natural;
la entrepierna, la boca, la canción,
cuando la vida pasa con las tetas al aire.

Alrededor de ti y el vino, Pablo,
todo es chicharra loca de frotarse,
de darse a la canción y a los solsticios
hasta callar de pronto hecha pedazos,
besos de pura cepa, brazos que han comprendido
su destino de anillo, de pulsera: abrazar.

Luego te callas, pasas con tu gesto de hondero
que ha librado la piedra y la ha dejado
cuajada en un lucero persuasivo;

195

y vendimiando incansables lluvias,
procurando alegría y equilibrio,
te encomiendas al alba y las esquinas
donde describes letras y serpientes
con tu palma de orín inacabable,
te arancas las raíces que te nacen
en todo lo que tocas y contemplas
y sales a una tierra bajo la cual existen
yacimientos de cuernos, toreros y tricornios.

RELACIÓN QUE DEDICO A MI AMIGA DELIA

Qué suavidad de lirio acariciado
con tu delicadeza de lavanderas de objetos de cristal,
Delia, con tu cintura hecha para el anillo
con los tallos de hinojo más opuestos,
Delia, la de la pierna edificada con las liebres perseguidas,
Delia, la de los ojos boquiabiertos
del mismo gesto y garbo de las erales cabras.
En tu ternura hallan su origen los cogollos,
tu ternura es capaz de abrazar a los cardos
y en ella veo un agua que pasa y no se altera
entre orillas ariscas de zarza y tauromaquia.
Tu cabeza de espiga se vence hacia los lados
con un desmayo de oro cansado de abundar
y se yergue relampagueando trigo por todas partes.
Tienes por lengua arropes agrupados,
por labios nivelados terciopelos,
tu voz pasa a través de un mineral racimo
y una vez cada año de una iracunda pero dulce colmena.

No encontraréis a Delia sino muy repartida como el pan de los
    pobres
detrás de una ventana besable: su sonrisa,
queriendo apaciguar la cólera del fuego,
domar el alma rústica de la herradura y el pedernal.

Ahí estás respirando plumas como los nidos
y ofreciendo unos dedos de afectuosa lana.

(Poemas fuera de libro. 1935-36.)

Eduardo Chicharro 1905-1964

CARTA DE NOCHE A UNA NIÑA DE GUERNICA

Vense luces que se encienden a los lados de la zanja
y es de día cuando consta que en uniéndose en la voz
los dos míranse despacio y entrelázanse las manos
un contacto de ansiedades al moverse lejos de ellos
el follaje y la canción
de silencios según sean o de risas y de amores
de las hojas de los vientos de las auras de infinito enternecido
las abejas las orejas las agujas del orujo
y las nimias hormiguitas que en hileras viajeras
por los árboles se suben y a las nubes se dirigen.
Son de flores, yo te digo, linda amiga entrecortada
pues cobíjome en tu ser desde donde veo la hierba
de rocío humedecida, los cristales del helecho
y en el lecho de las hojas bajo el bosque me reclino
con los dedos la corola amorosa cobijando y en la palma acari-
                                                    [ciando
del minúsculo narciso temeroso,
el muguete las anémonas el musgo
el ciclamen con la prímula. eglantina
repentina en un instante que me invade.
Son de rosas tus sutiles firmamentos de aquí abajo
y la lira que se quiebra entre tus manos es de incienso.
Son las cumbres que en la nuca de la tierra se divisan
como blancos cementerios de gardenias pensativas

y al rumor del suave soplo que las lame
son las copas de los árboles colmenas
que se mecen en fugaces movimientos
columpiándose en tus ojos levemente coloreadas,
cimbreadas blandamente llenas de oro que se esfuma.
Y es de espuma tu lenguaje entrecortado
con los dedos de los labios siemprevivas pasionarias.
¡Ay los dos, qué cosas dices Ludivina!
Sean los dos como dos luces siderales.
Sean los dos como dos lirios vespertinos.
Sean los dos como dos almas de verdor.
Sean los dos como dos noches no soñadas.
Sean los dos como dos sombras paralelas.
Sean los dos como dos dunas del desierto.
Sean los dos como dos pálidos sonidos
que se buscan tiernamente.
Sean los dos como dos pálidos amantes
que se pierden en la niebla
donde hay árboles azules
donde el vaho de un casto ajenjo
donde el sorbo se hace harina
donde el canto del jilguero ni el balido
ni la alondra ni el suspiro ni la malva ni la pluma
cóncava armonía de los mundos se presiente
ni nada agítase malévolo ni el desamparo
adviértese, ni llega
el rumor, sombrío, del mundo.
Y donde el agua es tibia y dulce el musgo amigo...
Pues veolo en la noche, yo a la noche
le pongo una corona de abanicos
y un lazo en la rodilla.
Son las doce, cansado
temiendo lo perderlo si no acudo
solícito a cerrar la fiel ventana
por donde puede entrar la proa de aquel barco.
¿Qué barco, qué, qué digo
si el barco aquel es sombra de la noche
si es sombra y son de sombra sus almenas,

sus brazos y sus círculos concéntricos
del agua que le trae...?
¡Aprisa aprisa duentes chiquititos!
¡Aprisa aprisa monjitas pequeñas de la llama!
¡Aprisa niños que acostados sois!
¡Dormid aprisa, que viene el motilón!
¡Durmamos pronto y soñaremos sueños!
¡He aquí a ti la cabrita
a ti el helicóptero
a ti la hierbabuena que huele a yo-te-adoro!
¡A ti el ramo de olivo y a ti sisón de bosque
a ti la pituitaria y a ti el agua bendita!
¡A ti la tijereta y a ti la mariquita
a ti la monja bizca y a ti el palo de luz!
Dame tú a mí la torrija y yo a ti el pan de piñones
doite a ti yo el tentempié y a mí tú la diatomea
que a ti doite tú a mí des si en tú dándote me das
y en yo dándome a ti doy donde vas y donde voy,
diste doy tú dime a mí lo te doy lo te daré
dame dime el donde vas y yo a ti la nube rosa
mientras dícemes lo que hay si te doy bien me querrás...
Y así pasas las montañas mientras llévote chiquito
en los brazos pequeñita con tu aliento como plumas.
¿No lo empiezas a entender cuanto te digo?...
En el nido de tu pelo veo tambores
y en tus ojos veo verdores juguetear.
Cuando sueño por la noche que tú sueñas
me veo en sueños que dormido entro en tu sueño
y así sueño que tú sueñas
que yo sueño que te veo soñar despierta...
Se detuvo el sueño, estás.
O no es cierto que tú estás llena de abejas
y el sombrero te colocas
y te quitas la sortija
y te miras al espejo.
Qué verás detrás de ti que te sonríes.
Qué verás en el espejo tan temprano.
Yo lo sé: ves la pantalla

201

ves un pico de la mesa
y una esquina de la puerta con al fondo
con al fondo en la penumbra
la mitad del velador.
Y una mano.
Y en la mano entre los dedos
una bola de papel.
¿Qué será, qué no será?
Cae la bola, me despierto, veo la mano
retirarse de tu risa y del espejo y la penumbra
allá al fondo de la puerta que se entreabre
y tú sales con los guantes y un perrito
te diriges al espejo
te aproximas...
(¡No, no lo hagas!)
... y te metes por la luna.
Es la luna una laguna donde nadas con dos alas desplegadas
y fulgores en el pelo. Vuelas, vuelas.
(¡No, no lo hagas!)
Cae la bola, me desvelo, veo la mano...
(¿Qué será, qué no será?)
... retirarme de tu risa y del espejo y la penumbra.
¿Tú lo entiendes? Yo no sé, porque lo sueño.

(De *Cartas de noche.*)

RODEADO DE DIOSES

Caballeros que a verme veníais
portadores de amables noticias
yo os denuncio a las aves del páramo,
a la encina, al sendero, a la charca,
al portero que guarda la puerta
y al mantel que os he puesto en la mesa.
Cuatro sois, os conozco de sobra,
la lisonja, el abismo, mis ojos
y Tinieblas, el perro del sexo.
¿Y aún me habláis?
Recuerdo el abuso
cometido. ¿Sabéis? Yo no entraba
en la alcoba... ¿Por dónde y cuál lado?
En la mano una flor me traíais...
¿Y en la boca? ¡Cuán vaga pregunta!
Una frase...
Algún dicho...
No, nada, un embuste, un embudo.
No, nada, ¿un espectro si flores rezuma su boca?
Mas me amparo en el sueño, en el bosque, en el nido...
Y al abrigo del cierzo mantengo
mis esencias en frascos que guardo.
Os escupo a la cara, caballeros mendaces.
Aunque es claro que lo hago hipotéticamente

pues comprendo que habláis por hablar.
Ya no escucho mis huesos que crujen.
Ya no vago de noche por calles.
Ya mi fiebre la amanso con risas de pájaro.
Ya no pienso si no es en auroras y mis sueños ya nadie me birla.

¿No nada un espectro si flores rezuma su boca?
Yo sueño con verle la cara
mirarle a la boca de cerca
sacarle el cordel del bolsillo.
Yo sueño con mares de chismes...
Yo sueño con poco...

   Yo sueño con Paca
   yo sueño con Petra
   yo sueño con Rita
   yo sueño con Rosa
yo sueño que amaso mi pan
que guiso mis viandas en ollas de plata
y de lo lindo la gozo
si con un burrito sueño
que va en un juez a caballo.
Por eso cásome en sueños
con mujeres sin remilgos
bondadosas lisas llanas pequeñitas
y en extremo pegajosas.
Se me cuelgan de los brazos
se derriten en mis ojos
dan traspiés por verme bizco
y se me untan en los dedos.
Es el sueño ¡quién lo duda!
Bajan suben trepan lamen
como cándidas palomas
o maternales tigresas.
Y yo en fin, ¿quién no lo haría?,
me estoy quieto y nada más.

¿Y después?

Y después sólo una esposa veo a mi lado.
Tiene alas va desnuda
con en el pelo enredada
una dulce flauta ungida de su usual carioquinesis.

Mientras ágil me despierto
pido huevos con tomate
balaustradas y tendones
de primera calidad
¿Quién lo duda? Ni Pascal
con sus frascos de diablejos
ni el mismísimo Cartesius
con su charla del revés.
¿Lo véis, caballeros tontos
que a venirme visitáis?
Caballeros que a verme veníais
como en sendos asientos de dulce guirlache
con trompetas y tiaras de plata
y en la boca una amable sonrisa,
yo vos puedo pisar el intento
de robarme mis sueños
y vos me dejáis que vos robe
a la esposa vestida de blanco.
Ya no soy quien vosotros sabíais
como en conchas un mirlo una pera
como en brazos dormida la novia
como un duende que aguarda la noche para ver si se bebe la leche.

He salido de casa
me he vuelto sendero
me he vuelto pachá de mi reino oloroso
y en un campo de verdes lentejas
he plantado un pelele.
Ya no soy quien se rasga la ropa
y se mesa el cabello
y escupe a la luna.

Ya no soy de los que andan brincando
entre huesos de mono,
de los que arden buscando
entre manos de hueso.
Yo me entrego a más serios quehaceres,
ya no sufro no lloro no toso
no escarbo no huyo no tengo no pido.
Pero tengo tres teteras
y tres peceras o tiestos
y tres tubos de la risa
y me visto de estameña sin estrellas ni cordones y si quiero soy
                              [tendero, monja, planta o general.

Caballeros con ínclito acento
que en gallego me habláis portugueses
vos perdéis el vos tiempo precioso
si a burlaros veníais de este amigo patán.
Os llevasteis gran chasco
los estribos tomad y el portante
yo al instante os despido con gran reverencia
mas si hacerlo gustáis
si gustar preferís
aquí en medio mi mesa os he puesto
de manteles cubierta y con flores y plata
y papeles amores y nata
y la rica patata y hervores y mieles y asado.
No menos os tengo butacas
con puros y piras y puras mentiras
y un jardín allí fuera
a mi vera un jardín florecido.
¿Lo sabéis por ventura?...

(De *Tetralogía*.)

206

MÚSICA CELESTIAL

(Fragmentos)

El amor.
El gran amor loco, de dimensiones desorbitadas.
Aquel que brota con ímpetu de todo bicho viviente.
De la encina, de la casa, del alero y de la brizna de hierba, del
[pecado y del odio.
Que se posa con mansedumbre en la faz de las cosas más senci-
[llas, como por ejemplo la hoja, la mosca, el almirez.
Luego los múltiples artículos de fe, así seleccionados:
La rosa abierta de los vientos, el viento de la discordia, la rosa
pútrida, las plumas remeras del ala con que el viento devasta
[el exuberante cuerpo de la rosa.
... ...
La noche apacigua la desazón de la tierra,
contiene su ruidoso tejer, y da vida a los sueños.
Quita a los *animai che sono in terra dalle fatiche loro.*
Luego, también ella se duerme.
Sueña la noche con los enseres del día,
y el sueño del hombre se puebla de seres de la noche,
vagos, monstruosos; dulcísimas palomas de lenguas largas ser-
[piformes.
La noche duerme tendida sobre la superficie de media Tierra
y sus bordes tiemblan como corolas de humo,

como flecos de niebla movidos por las manos y las patas de los
 [seres que despiertan restregándose los párpados,
temblorosos en la angustiosa incertidumbre de su suerte.
Porque el sueño es la vida sin fin ni principio,
y el despertar es entrar en los dominios de la muerte,
es la cancela entreabierta de un sendero silencioso y corto
en cuyo límite está sentada, en el césped, debajo de una palmera,
pacientemente aguardando, la muerte de uno,
de un hombre grande o de uno pequeño, de una mujer o de un
 [niño.
Concluido el sueño, huida la noche, abrimos la cancela:
la vemos siempre agobiada por nuevas flores,
empapada de hojas verdes y duras,
atada con mimbres, juncos, espinos y yedras.
Al atardecer, un ciprés negro atranca la cancela
y un cuerpo se tiende al borde del sendero,
pegado a la puerta ya cerrada.
Se vierten en el cielo torrentes de estrellas.
Fuegos fatuos, llamaradas místicas nacen del suelo en derredor.
Dos inmensas montañas de calaveras se levantan a los márgenes,
como dos montes largos.
La sangre coagulada se funde y gotea.
Los muertos hablan un lenguaje de siglos
y el Señor coge su regadera y se pone a rociar las flores del jardín.
El cuerpo tumbado ha echado brotes.
Un rumor de colmena suena dentro de su cráneo.
Las Horas pasan una tras otra, portadoras de antorchas encendidas.
Al pasar, cada una murmura palabras en el oído del durmiente,
y él sonríe o trasuda humedad.
Sus pies se han hundido en el terreno,
sus dedos se agitan, su boca tiembla como si pronunciase palabras,
su rostro está grave y sereno,
su frente es una fina película tendida sobre un mundo de sueños
 que se entrelazan tejiendo sentencias, pariendo formas mo-
 [vedizas,
llenándose de voces agudas, altas, largas, tensas, profundas, acaso
 [desgarradoras.

208 ... ...

Un cañón.
De pronto un estampido.
Detonación horrorosa y estridente.
El telar de los mortales sacudido por la descomunal deflagración.
Luego, la suave paz de las aguas
por cima de las cuales se libra el Espíritu, tal y como se ha
[expresado.
Como si todo hubiese muerto,
como si ya no hubiese un ojo para ver las cosas.
Una teoría de blancas colinas,
campos sin hierba ni tiernas corolas,
sin insectos bordoneantes,
sin lombrices bajo las primeras capas de la tierra;
cavernas en que el agua caliza cae con gotas de ruido sordo,
aquí y allá, como los pasos de una muerte subida en zancos,
y forma en su gotear de siglos largas estalactitas y largas estalag-
[mitas,
gruesas estalagmitas y gruesas estalactitas;
profundas y húmedas cavernas abiertas en la entraña de los
[montes,
de levantadas bóvedas y fríos y negros lagos en su centro,
y una arena fina, blanca, muerta;
estrechos corredores sembrados de piedras lisas y redondas,
grises, rosadas, pardas, verdes, negras,
no humectadas por ningún líquido viscoso;
túneles moldeados como largos y redondos intestinos,
sin telarañas, sin ningún ciego ser de las tinieblas.
Y afuera, un aire helado y tibio,
en estremecimientos o quieto,
sin perfumes, sin vuelos de alas, sin suspensión de corpúsculos
[celulares;
aire que envuelve la esterilidad de una tierra ya sin germinación
[ni podredumbre;
ríos y arroyos en cuyas aguas cristalinas y compactas no hay pon-
[zoña ni infusorios,
donde los peces dejaron de existir y dejaron borrado su nombre
[por la eternidad;

lagos profundos como mares, mágicos reinos de las aguas, con su-
                                                    [mergidos palacios,
recuerdos de sumergidas civilizaciones hundidas en la noche clara
                                                    [de los tiempos;
mares de tempestades, tan oscuros de día como bajo las estrellas,
en los que no grita la procelaria;
mares tranquilos, de superficie apenas encrespada,
mares sin gaviotas ya, mares vacíos desde el tope al abismo,
mares sin algas,
mares de grandes bancos de huesos, de conchas, de caparazones
                                                    [huecos y pelados,
de muertos corales, de esponjas sin vida,
de deshecha carne de actinias y moluscos,
mares de detritus,
mares sin bantos, sin plasmón,
sin protoplasmas,
mares bajo cuya superficie cae sin cesar la lluvia
cada vez más fina de un poso cada vez más menudo
del residuo del desmoronamiento del cadáver del cuerpo de los
                                                    [seres antes vivos;
y sobre cuya cara cae liviana una lluvia que no engloba, no arras-
                                                    [tra, no contiene.

41

Es la hora de las raíces y los perros amarillos.
El hombre se pone como una máscara su silencio;
se le llenan los ojos de yedra.

Es la hora de las raíces y los perros amarillos;
la hora en que blanquísimos caballos
pasan como escalofríos por el fondo de la niebla.

Oigo como una ausencia que el misterio está muy cerca;
oigo como una música
que la noche vuelve la cabeza.

Es la hora de las raíces y los perros amarillos;
en su sala de cristal,
la luna llora con la cabeza entre las manos.
El hombre se pone como una máscara su silencio;
sueña en el fondo del agua.

Es la hora del escalofrío en los cuerpos desnudos,
la hora en que se llora el misterio que viene y que no viene;
la luna es el dolor de esa ausencia
ante los crueles y apretados dientes blancos de los hombres.

Es la hora de las raíces y los perros amarillos,
de las raíces transparentes en el fondo de las aguas,

de los perros locos huyendo
por salas grandes y blancas.

Es la hora del misterio que viene y que no viene,
la hora en que la noche huye del mar desnuda,

la hora en que de cada estatua se escapan todos los pájaros,
la hora de los párpados de plata,
la hora en que la luna murmura como un silencio:
nada.

42

En el fondo de la noche tiemblan las aguas de plata.
La luna es un grito muerto en los ojos delirantes.
Con su nimbro de silencio
pasan los sonámbulos de cabeza de cristal,
pasan como quien suspira,
pasan entre los hielos transparentes y verdes.

Es el momento de las rosas encarnadas y los puñales de acero
sobre los cuerpos blanquísimos del frío.

En el fondo de la noche tiembla el árbol del silencio;
los hombres gritan tan alto que sólo se oye a la luna.

Es el momento en que los niños se desmayan sobre los pianos,
el momento de las estatuas en el fondo transparente de las aguas,
el momento en que por fin todo parece posible.
En el fondo de la noche tiembla el árbol del silencio.

Decidme lo que habéis visto los que estábais con la cabeza vuelta.
La quietud de esta hora es un silencio que escucha,
el silencio es el sigilo de la muerte que se acerca.

Decidme lo que habéis visto.
En el fondo de la noche
hay un escalofrío de cuerpos ateridos.

43

La brisa pasa como una música por el fondo de la tarde.
Yo soy un árbol de cristal bajo las aguas transparentes,
la mano del misterio que se mueve en el silencio.

Yo soy lo que se ignora:
el estremecimiento de luz que precede a la aparición de las es-
[padas;
yo soy eso, sólo eso;
yo espero lo que esperan
esos cinco hombres mudos, tristes, sentados en un salón de ter-
[ciopelo morado.

Al atardecer suenan clarines de oro.
Un león de llamas huye por el fondo del bosque;
la virgen de ojos verdes se cubre el rostro con las manos.

Es mi momento, el último momento:
cuando la luz rompe los cristales nada más tocarlos con la yema
[de los dedos;
cuando huye el pájaro vivo encerrado en las blancas clausuras de
[lo abstracto;
cuando uno de los hombres del salón morado dice a los otros:
214 «Ya no puede tardar.»

Es el último momento.
Me deslizo al filo de un silencio que casi es la muerte.
La virgen de ojos verdes me muestra la más peligrosa de sus
                                              [sonrisas.

Es el último momento.
Estalla el oro morado del crepúsculo;
las raíces de la carne me duelen;
siento como un temblor que me hago transparente.

Es el último momento:
la muerte pasa muy cerca murmurando sus secretos;
es entonces
cuando las estatuas son el sueño del silencio
y los pianos
huelen como un niño muerto entre los lirios.

Es el último momento,
cuando da miedo volver la cabeza,
cuando parece que lo comprendemos todo y, sin embargo, no
                                              [sabemos nada;
cuando uno de los hombres del salón morado, quieto ante el
                                              [balcón,
mira hacia el espejo con los ojos en blanco.

                              (De *Marea del silencio*. 1935.)

QUIÉN ME HABITA

Car Je «est» un autre.
RIMBAUD.

¡Qué extraño es verme aquí sentado
y cerrar los ojos, y abrirlos, y mirar,
y oír como una lejana catarata que la vida se derrumba,
y cerrar los ojos, y abrirlos, y mirar!

¡Qué extraño es verme aquí sentado!
¡Qué extraño verme como una planta que respira,
y sentir en el pecho un pájaro encerrado,
y un denso empuje que se abre paso difícilmente por mis venas!

¡Qué extraño es verme aquí sentado
y agarrarme una mano con la otra,
y tocarme, y sonreír, y decir en voz alta
mi propio nombre tan falto de sentido!

¡Oh, qué extraño, qué horriblemente extraño!
La sorpresa hace mudo mi espanto.
Hay un desconocido que me habita
y habla como si no fuera yo mismo.

(De *La soledad cerrada*. 1936.)

PRIMERA INOCENCIA

Era en el tiempo de la inocencia,
cuando las muchachas
apenas distinguían el amor de la brisa,
cuando los hombres lloraban de verdad
porque ni el piano ni ningún otro instrumento nocturno se habían
[inventado,
ni a nadie se le había ocurrido todavía la música
o que el dolor pudiera ser caricia.

Era en el tiempo de la inocencia.
Las horas no pasaban cogidas de la mano
en cadenas de cifras monótonas y neutras;
flotaban desmayadas, por lo diáfano sueltas,
y apenas si los días contenían tristeza,
y el tiempo era una forma
a la que nadie había puesto nombre todavía.

La luz al retirarse cerraba el ojo humano.
Nadie había explorado hacia dentro la noche.
Al hablar de Dios se le confundía con el mar
y en la atmósfera clara volaban
los gritos que, después, hemos llamado pensamientos
y las nubes
a las que no se acertaba a poner nombre preciso.

217

La aritmética era una planta blanca creciendo
en los ojos de un hombre enamorado del aire;
la música era un árbol mirándose en un río;
y los barcos
solamente existían en los cuentos.

El amor levantaba bandadas de palomas
que huían de lo oscuro o las ansias latentes,
y los hombres se hablaban dulcemente al oído
de una extraña presencia que llamaron silencio.

Dios sobre todo fue una obsesión terrible;
costó mucha inocencia perdida descubrirlo.
Al principio se hablaba solamente de un pájaro
y de un temblor que a veces se sentía en los labios.

Tiempos de agitación. Ya los poetas
gritaban en las plazas locamente
verdades y mentiras que también eran verdades.

La primera inocencia había muerto.
Los hombres se contaban con espanto su sueño.
Y alguien dijo entonces
que Dios era lo uno, y la nada, y lo eterno.

NOCTURNO

Estoy sentado,
sencillamente sentado en una silla
junto a la luz redonda de mi lámpara verde,
y enfrente, justo enfrente,
sentado en otra silla
está el silencio sin ojos.

Está allí sentado y espera
como si yo debiera decir algo
o quizá espera que Dios al fin nos hable
o, ¿quién sabe?, otro amor que aún no ha nombrado nadie.

La noche abre los brazos mientras cierra los ojos.
Yo, sin párpados, sufro.
Aprieto mis puños desesperados contra el pecho.
Me golpeo. No sé por qué. Me golpeo.
Quizá para sentirme. No sé. Me golpeo.

No comprendo qué quiero o qué no quiero.
No sé qué me propongo. No sé si tengo miedo.
Sé sólo que mis ojos sin párpados me duelen,
que me clavo las uñas,
qué no sé dónde
algo, espantosamente, se derrumba.

Mas la noche se exalta, los brazos se levantan,
y los hombres con ellos
se ponen de puntillas en su grito más alto.
Me asomo a mi ventana.
El mundo se me acaba.
Y allá dentro, en mi estancia,
una dama vestida de nocturno piano
va y viene, dispone
con movimientos lentos de sus desnudos brazos
las cosas extrañas que hallaré mañana.

¡Ah, basta, basta!
La muerte me domina.
Voy a quedarme inmóvil
de plata y sal luciente en la hora fría.

¡Ah, basta, basta!
Ya vuelvo con espanto hacia mi estancia
mientras fuera, en la plaza,
en la indeciblemente triste luz del alba,
pasa un hombre de luto
con un enorme estuche de violón entre sus brazos.

DERIVA

Son poemas, poemas;
son los entusiasmos que para bien nos mienten,
los hundimientos siempre superables,
los errores que quizá no sean errores.

Es el motor de explosión «hombre»,
los fácil-felizmente caprichos sucesivos,
la melancolía con demoras sensuales,
unos versos, restos de cierta hermosa anchura.

Son los grandes gritos por pequeñas causas,
una amada, el deseo que al fin dice su nombre,
y una fecha, un lugar, un sobresalto:
Dios fotografiado al magnesio.

El brillante delirio de una rosa impalpable.
el yo que ahora resulta que realmente existe,
los mil fuegos cambiantes de un anhelo sin meta:
un ala retenida, pero que palpita.

Son las cabezudas evidencias de un niño
hidrocéfalo y tierno que, triste, sonríe;
las muchachas que mueren porque son impalpables,
las balanzas nocturnas, casi musicales.

Aquí peticiones de principio cantan.
Días suman días: yo derivo versos,
versos engañosos que no acaban nunca,
versos que quisieran moderse la cola.

Resbalo en mí mismo cambiando de nombre,
cambiando de forma, cambiando el futuro.
Es el amor—se entiende—o bien—no se entiende—
la libertad abierta: vivir de entregarse.

(De *La música y la sangre*. 1936.)

Miguel Labordeta 1921-1969

ESPEJO

Dime, Miguel: ¿Quién eres tú?,
¿dónde dejaste tu asesinada corona de búfalo?,
¿por qué a escondidas escribes en los muros
la sojuzgada potencia de los besos?,
¿qué anchura de canales han logrado
tus veinticinco años visitantes?,
¿a dónde has ido?
¿qué dioses hermanaron tu conducta de Nadie?,
y tus sueños, ¿hacia qué lejanos ojos
han conseguido hondos de fracasadas copas
donde sorbiste el trance de la culpa?,
¿has llegado al límite de la luz
donde el último nombre se dispone a nacer?,
¿qué haces, pues?, ¿por qué intentas tu agua
si una sed de raíces te eleva hacia los sótanos
donde yacen desaparecidas razas hilando
indiferentes conjuros con voluntad de mina?,
si te arrastras oscuro
en éxtasis rapados de agilucho núbil,
si al hambre sentido de tu vida
no acucias tu mirada de asombro,
¿por qué acechas la lluvia que penosamente
se cierne sobre los muertos?
Ya sé que has despreciado

hasta el último gesto del pálido adolescente
estrangulado bajo las lagunas rojas de tu pecho
mas ¿qué te queda, criatura perpleja,
qué te resta si no es tu cerviz cortical
seca de ciudades y limo,
propicia a la aventura fracaso
y al ardiente paso de tus noches
por el ecuador de los vientres
transportando el mórbido mensaje de la espiga y de la muerte?
Miguel, ¿quién eres?, ¡dime!

AULA NÚMERO 6

(Fragmentos)

Ejemplo verbigracia:
En un Universo esférico y finito
tetradimensional absurdo
enjambre de estrellas se agrupan
en velocidades-islas de luz.

Joven escarabajo impío
solicita desnudado mensaje
de los podridos límites
antiguas estatuas enterradas.

Míster Brown define el punto en Geometría
y amablemente explica:
Somos tan pequeños, hijos míos..., tan pequeños...
Y el esqueleto de sus dedos
trenza en el desagarrado reflejo de las pizarras
cálculo infinitesimal de amanecer
para alumnos del último curso
que inundarán, cinco minutos después,
los estanques helados
con aullidos de cocodrilo patinando.

225

15.—

Hormigas misteriosas siguen el paso
de la luz por los mercados,
buceando el hilo de las rutas
por donde los muertos caminan de puntillas,
asaltando el enigma de sus rompecabezas nombres.
Ejemplo verbigracia:
Millones de años luz nos separan
de escondidas nebulosas incendiadas, etcétera.
¡Ah cómo crece el musgo
sobre las rodillas de los trenes
cuando éstos son besos de futbolistas
pegados amorosamente al secreto álbum!
Sum. Sí. Sum. ¿No entendéis?
es decir: pájaro ido yo.
Es decir: mares turbios sometidos
entre calavera y luz.
Es decir: nada que se hunde arrastrada de planetas,
vestigios de mejillas, sueldos atroces, tubos intestinales.
¿Me oyen?

Tiza bonita desearía esposo gusano de luz
o, en su defecto, abrasaríase
tierno tobillo de niña en polvo.
Ejemplo verbigracia:
Los sistemas galácticos
huyen con prisas inconmensurables
agotando los bordes de las venas cardiacas.
¡Ah, como vertientes bajan los minutos
penetrando hondísimos en el calado quemazón
de las tarimas que crujen sedientas
del sordo sol de las vacaciones!
¡Y cómo piden a gritos desolados los gusanos
la apasionada explicación de la Analítica,
para demostración exacta de las nubes relojes
donde se esconde Dios hacia el corazón de un ciervo blanco!

Yo no sabría deciros,
226 pero conjugadme los futuros de la mariposa

bajo gotas quietas de tristeza
a entrenamientos perdidos deslizándose
en las pantallas de los «cines» cuando los lagos
sollozan por los atlas manoseados
y los canguros repiten: *Australia. Servidor de usted.*
Ejemplo verbigracia:
I love you.
No. No hagáis caso.
Las risas mecen primaveras
y las raíces cuadradas esperan taciturnas
la contestación del «radar» que las disuelva en «sequoyas».

Copien ustedes: *Si la voz humana desaparece en fosfatos,*
¿dónde yacen los zapatos que agonizaron latitudes
por los hermosos costados de grávidas transeúntes
hacia el siglo treinta (d. C.)?

Y míster Brown, entre clase de Geología y Botánica,
acariciando el pelo rubio del hermoso
tataranieto de su exalumna favorita,
explica: *Amigos míos, ¿no es todo esto divertido*
como un lamento maravilloso pereciendo?

Han huido tantos meridianos
como primaveras existen en los calcetines
del joven profesor contemplando en silencio
el desgajarse lento de los roñosos
pálidos atardeceres en los patios.
Primita hermana forastera
invita a desconocido a saborear
epidermis de caballo
en el «cine» más céntrico.
Dicen que en el corazón de los muertos
crecen ardientes bosques de laberintos,
pero sin embargo las estilográficas no responden
al alarido que clama en los bolsillos,
sentimiento de océano inundado de sangre azul.
¿Dónde se halla respuesta?,

¿quién dice solución de sarcófagos?
Sócrates y Napoleón volvieron la mirada
diciéndole a la bella alumna: *Tu ojo vale más.*
Ejemplo verbigracia:
Sommus est imago mortis.
O acaso:
La vida es imagen del sueño.
Declinen por igual. Oído a la caja:
¿Quién colocó lluvia de polvo sobre la hermosa efigie del otoño?
Abrasados cuadrúpedos en cabezas
descomponibles anatómicas
buscan el alma de poeta
que se contiene en las reglas de ortografía,
pues también soñadores aldehidos
se mueren embriagados por la voz cálida
del sabio profesor fusilado
que cada medianoche exacta
se acerca al hambre de las fórmulas
para cegarlas con su cloruro sódico apagado
bajo tantas lunas azotadas.

Y el sol calcina ya mil y mil lenguas
las paredes ardientes del pluscuamperfecto oscuro
que por escaleras de caracol sexual adquieren.
Ejemplo verbigracia:
Yo hubiera o hubiese sido como tú...
Y la dulce ratita enamorada,
¿por qué contiene una tierna persiana
bullendo en mi camisa desabrochada
los rincones de los laboratorios
ya irremediablemente resueltos en polvo,
cuando en las aulas vacías las crisálidas
de estudiantes difuntos quizá
ansían despojados volver a sus puestos de lista?
Encierra tu amor bien hondo,
alma de clarión y de orín,
porque no se enteren los emperadores aztecas

y, denunciándote a los metales óxidos,

devoren tu seno de arcilla tierna.
No. Que no se enteren.
Mira:
cuando yo fui un soldado despedazado,
los canes del viento se avergonzaban de mi esqueleto.

¡Ah, cómo ruge el río; cómo ruge, Dios mío,
el río cuando mis entrañas están solas
con el ahogado de mí adentro!
¡A las seis en punto, en tu casa, Juanita Muñoz!
Mamá, dime: *¿Por qué es tan bonita María del Pilar?*
Tengo un cigarrillo para cada uno,
pero esta tarde no vayamos,
va a desbordarse el río, y los triángulos de cristal
se incendiarán de labios en el paseo húmedo.
Y los moribundos ojos de las diagonales
Quedan todos mirándose perplejos,
atónitos, indagando por los largos pasillos
el porqué de no salir el sol ya jamás.
Ejemplo verbigracia:

$$\ldots e = v \times t, \; de \; donde \; t = \frac{e}{v}; \; caso \; de \; inmovilidad.$$

$$t = \frac{e}{o}: \; tendencia \; al \; infinito. \; ¿Eternidad?$$

(De *Sumido 25*. 1948.)

NERÓN JIMÉNEZ CONTESTA AL MENSAJE
DE AMOR DE VALDEMAR GRIS

En todas las esquinas
rechazaron mi cáncer no afeitado.
Vuestro amor
no se hizo para mí,
tan hambriento de espiga;
no se hizo para mí cumbre ciega,
que anhelaba morir en sacrificio del mundo.
Jamás supe saludar seriamente
a las venerables fuerzas vivas y urbanas.
Mecanógrafas de esqueleto,
murmuraban con sospecha
al atrabesar yo las orillas celestes
con mi pijama implacable
de desafío y duda.
Vuestro amor era demasiado pálido.
Vuestro amor tenía un signo femenino
demasiado tenue y artificioso
para mis garras potentes
de leopardo virgen,
jinete sobre todos los lamentos del parto irresistible.

Pero no grito. No canto. No convoco.
Sólo soy el violento joven desconocido

230

que en los viejos puentes del suburbio
sorbe en silencio su melancólica nostalgia
de un tren primaveral en soledad perdido.
Palpo perplejo mi pequeño corazón de corneta sin estrella,
mas la cima desnuda
es una emisora rota
por donde los vampiros
despedazan la forma de las floras antiguas.

Pero no sé. ¡Indagad vosotros, los sabios, los optimistas,
los rubicundos bebedores de serveza y de besos!
¡Sollozad vosotros,
los sentimentales del vals y de las banderas!
Mi puesto no está aún aquí.
¡Levad anclas, navíos de mi ensueño!
¡A los mares desiertos mi ardiente sed
de náufrago inconquistable!
¡Mi afán de mina,
mi ardor de buzo
a la deriva exacta conduzco de un vuelo misterioso!
Borrad mi apellido de vuestras listas sucias.
No quieso nada con vuestro mundo tuerto,
¡asesinos de dulces tardes enamoradas!
Destruíos en vuestros hormigueros.
Inventad para ello piadosos expedientes históricos.
Adiós a las estúpidas muchachas maliciosas,
a los fatídicos jóvenes profesores de Quiromancia Técnica,
a las venerandas señoras y a los honorables negreros,
a los estetas invertidos
y a los pegajosos monigotes del provinciano paseo.
¡Escúchame, calavera de la Luna…;
escúchame, violín de río y nube,
que duermes en el soplo de los que han de nacer…!
No temáis. Me sumo en mi sobrecogido precipicio.
¡Hacia orillas azules, libres, desnudas, puras!
Yo.
Hambriento de Amor Total,
no quiero vuestro memo sucedáneo idílico.

Renuncio. Os devuelvo mis harapos.
Dimito de esta vida.
Te devuelvo tu mensaje, Valdemar Gris.
No ha surgido aún el Alba
en que tu palabra solar sea escuchada.
No surgirá jamás, nunca quizá.
Acaso todo fue un sueño, una mentira.
Un delirio de astros-voluntades-instintos-protoplasmas-glogistros.
Un ardor inconcebible de hielo
que se ha de acuchillar mutuamente
hacia una definitiva sima soterrada
en los vacíos planetas destruidos.

Mientras os ponéis de acuerdo
preparando las víctimas futuras,
yo me invado total,
yo me libero en el espléndido océano de mi desventura
y me despojo de guerras civiles,
¡masacradores de holocaustos!

Y una vez morir
todo perfecto ya,
sin rabia, ni mirada,
ni esperanza de mitos,
¡sucumbir de tu amor único,
oh, nada maravillosa!

(De *Violento idílico*. 1949.)

BREVE EXPERIENCIA DEL SOLDADO

Esto es la vida: vivir.
Pasear por azules mañanas,
colegial, de jardines y escarcha
rosa sobre los destripados caballos de cartón
traídos por el último nacimiento de los Reyes Magos.
Bucear el secreto de los sábados estremecidos
cuando las campanas invitan al sollozo de los escolares
que desconocen las largas listas de los ríos de Asia
y el azote inicuo de las reglas de tres.
Rasgar los velos que cubren
las misteriosas pupilas de los feroces cines,
comidas, meriendas, desayunos,
clases, enamoramientos de bebés,
soñar, soñar y jugar al fútbol furiosamente los domingos,
correrías presurosas y alborotos,
amistades y odios-ceros en álgebra
mi corazón crece y crece como mis piernas cada estío...

Clases-exámenes dulcemente
terribles: «¿Qué es el tiempo?»
Dígame: «Tema número 11: La Conciencia».
Bañarse en los tibios sueños de papá
o en las primeras playas de sensuales miradas transportes
y conocer ya en el olor de los parques

cuando viene el otoño profundo
a corromper la rosa lacia
que aquella linda compañera de estudios
llevaba sobre el seno dormido.
Llegar a ser oficinista, profesor, militar,
o médico, o tornero, o mendigo de amor.
Mirarse en los espejos del laberinto
y no reconocer aquellos tigres suburbios
que entornándose indagan: ¿Quién soy yo?...

Pero el amor espera su hora ancha e ínfima
y el mundo es un suave candor de cabellos castaños, centellas
de dulces dientes, labios encendidos,
de orejas que se tumban
al ser ignoradamente acariciadas,
puertas que se abren a lo lejos hacia el mar futuro
y donde un niñito vestido de marinero rubio
nos ofrece su simpático combate: « ¡Papá..., papá...! »
¡Ah... ja... ja...! Correr..., correr...
          (ternura metalúrgica de política y de instantes).

Espabiladamente nos esperan vendimias ofuscables.
Los caballos no sacian. Existen pozo y púa
y letargos atardecidos en los patios roñosos
cuando azotan al hombre vendavales
de siesta sin espera.
Reanudar mil veces el sudor
de cada calavera de minuto.
Entrechocar mil veces en vasos de cerveza
indumentarias-amigos y centavos.
Voces de jefes-sermones de familia y consejos de ancianos,
infidelidades-respetuosas presentaciones,
intenciones monstruosas en la mente del corsario ojeroso
que duerme junto a mí, y colapsos, y trenes furibundos,
y tropeles de madrugadas afilando nuestras arrugas
cada nueva fotografía.

Ha tronado la guerra quizá
y el asiento sobado de la oficina

quedó vacío ante la emisora local
que vocifera movilizaciones.
Y heme aquí bajo las estrellas
con el costado de par en par abierto ya
a los siglos de la septicemia,
ocupar mi última noche humana
en descifrar qué fue este tanto soñar realidades
tan breve-pavoroso-indigno de inaudita hermosura.
¿Cuál fue la adoración hambrienta de sus praderas oscuras
que lentamente me abandonan más allá
de los nevados jardines de Navidad dulcísima,
cuando la madre apagada besaba
su riente canción de cuna
sobre nuestro vientre queridito?

Y aquel jovial profesor fusilado
nos reúne a todos sus difuntos alumnos
para explicar su última teoría transgaláxica:
Es todo sencillo..., hijos míos... Sencillo y fácil.
Me olvidarán. Se morirán los que me olvidaron.
Los trenes van a pasar sobre vuestros huesos,
hijos míos... Oíd las risas ya de los que vienen a nacer.
Aquel perro vagabundo, aquel mendigo astroso
a quien yo daba pan y zapatos en los portales,
preguntarán por mí
y sonreirán fastidiados.
Un poco de paciencia..., hijos míos...;
contraed bien los músculos
para exhalar el último dardo
sin demasiado goce.

Surgen nuevas ciudades.
Las tempestades furiosas de los besos
asolan las llanuras con su agua indecente.
El último habitante de la Tierra
mira perplejo en su bolsillo roto
el difunto horizonte polar de la tiniebla.

235

Lentas fosas y serpientes de cáncer
me acuchillan, no dejan un trozo vivo de mi cuerpo.

Yo soy ya mi mismo.
Torno a las remotas moradas del diluvio.
Convivo con mis antepasados.
El Universo es una burbuja rota,
una gruta que mana descendente
la maravillosa melancolía sin sentido.
Lentamente digo adiós a tanta fantasía
y resignadamente adopto una postura burguesa
para acabar confortablemente
como humilde gusanito filósofo
inventor de piedades.

DESASIMIENTO

Velo por los mendigos humanos
desde el fulgor de mis tristezas.
De mi pecho de toro brotan veintiocho años.
Una maravillosa puesta de sol
hace morir a los pequeños pájaros
en el jardín de invierno
sobre la tierna escarcha.

Desprecio mi violencia. No quiero mi ternura.
¡Te escupo, estúpido Miguel Labordeta!
Eres como toda la gente,
que va hacia los cementerios
camino del sábado o del cine.
Yo no solicité residir en el mundo;
¡qué nadie pues, oídlo bien,
me pida cuentas...!
En el jardín de invierno declina la maravillosa puesta de sol.

Soy un perro de fuego,
una hiena con sangre de piedades inmensas.
¡Estoy odiando las ideas...!
¡Temblad ante mis fauces,
incendios del mañana...!
¡Tú, Madre Ilusión, eres mentira...!

237

Estoy solo y existo.
¡Orbitas de los soles perdidos...!
¿Qué hacéis ahí...?
Vosotros: gorilas hermosos, nubes azules,
mariposas celestes, rumiantes muchedumbres de embarazadas sa-
[gradas,
ciudades doradas, orondos funcionarios,
campesinos imbéciles, pedantes profesores,
bandidos industriales, fachas de comerciantes,
etcétera, etcétera, etcétera.
¿Qué diablos hacéis aquí
inmersos en el secreto espeluznante maravilloso?
Y yo, Bonzo caimán,
y tú, lector pugilista,
¿qué digestiones oscuras nos han traído
al hediondo planeta achatado,
gloriosa tumba eterna
del reinado de las hormigas?
Todos nosotros: átomo, vestigio, grito, vanidad, ángel, feroz
cocodrilo y duelo-velocidad,
¿qué hacemos aquí?
Ni arriba ni abajo. Ni cabeza ni pies. Ni norte ni sur.

¡Desapareced, malas bestias!
Olvido. Silencio. Inexistencia.
Total pavesa de un pensamiento impuro
que anheló un vuelo de semilla
y construyó su ruina
entre los fragores ahogados
de la baba de los ciudadanos venerables.

Se ha desvanecido ya
la maravillosa puesta de sol
que hizo morir a los pequeños pájaros
en el jardín de invierno.

(De *Transeúnte central*. 1950.)

UN HOMBRE DE TREINTA AÑOS PIDE LA PALABRA

Ante la Asamblea de los hombres ilustres
bajo el sol de este otoño dorado
con paso quedo y en mis ojos de tigre la justicia
sencillamente sin alharacas con lumbre apasionada
presento mi denuncia.

Vengo a hablar en nombre de los que tienen treinta años
de los que desde la cumbre de su juventud perdida
contemplan los restos del humano naufragio y el desorden del
                                                    [mundo
y en nombre de sus traicionadas muertes yo os acuso, oídlo bien,
                                                    [a todos.

A vosotros: ancianos que os dormisteis en el vals indefinido del
                                            [idiota progreso
con un tufo burgués adocenado y falso y comíais chuletas bien
                                            [sabrosas
mientras bajo vuestros galanteos tontos aullaba ya la boa viscosa
de la lucha terrible y el hambre por las calles en llamas:
en nombre de mi generación yo os acuso.

A vosotros: hombres de la entreguerra
que pisoteasteis impotentes la sonrisa de un niño
que quería nacer de tanta ruina ya
que olvidasteis demasiado pronto el llanto de los soldados

que bailasteis desamiado bajo las farolas borrachas de las huelgas
el charlestón y el sin trabajo
y que os regocijaba hasta el espasmo híbrido
la velocidad, la prostitución, la gran juerga social o totalitaria
[o aun parlamentaria democracia
y qué sé yo cuántas cosas más en la media cabeza del fiero
[agente de negocios
sin adivinar que las ciudades ofrecerían blancos tan hermosos
tan concretos para que un obús perfecto de la supertécnica
aplastara aquellas ilusas panaceas
en un charco de sangre donde iban a flotar pisoteadas
vuestras violadas vírgenes entre billetes inútiles de Banco
y que en el reloj del escaso hombre
ya no quedaba sino una media hora de vida suficiente
para fumarse un cigarrillo y yacer bayoneteado
por las inmensas llanuras entre escombros de tanques:
en nombre de mi generación yo os acuso.

A vosotros: los poderosos energúmenos los grandes señores de
[la culpa
los que con vuestra codicia más enorme aún que el cielo de tal
[hipocresía
arramblasteis con la mejor rapiña en el río revuelto
y que no fuisteis para vuestros hermanos
sino hoscos verdugos con sonrisa de lobo
y una estela de odios encendidos dejasteis
para mil años que vinieran y más:
en nombre de mi generación yo os acuso.

A vosotros: los universitarios sabios de la Luna los artistas
[leprosos
que fuisteis presa del látigo que manda
por cobardes nefastos insípidos
por permitir que el espíritu fuera apresado como una zorra vil
en la trampa de los grandes capitanes de papel:
en nombre de mi generación yo os acuso.

A vosotros: los violentos, los idealistas de la muerte,
240 los que sumisteis al mundo en un fragor de horrores

creyendo crear un nuevo sol con vuestra pobre bola de sebo:
en nombre de mi generación yo os acuso.

A vosotros: los anónimos peones del salario misérrimo
que os abandonásteis en el sopor brutal
del vinazo y de la patata cocida
a los que os entregasteis al fútbol y a los semanarios de
[crímenes
para no pensar que algo más hondo no marchaba bien
a los estudiantes irresponsables que gritaban heridos sin saber
[por qué
a los pacifistas enclenques que cerraban sus anos ante la tomadu-
[ra de pelo
a los espirituales estómagos que nos hablaron tanto del infierno
a los profetas de grandes paraísos de chatarra
a las mujeres sin vergüenza que no querían parir hombres
a los indiferentes que tan sólo soñaron con sus bolsillos mise-
[rables
a los que con la flor en el ojal jugaron al ensayo
a los complejos sexuales a la pederastia
a la morfinomanía a la aventura política de porrazo y tente-tieso
perdidos putrefactos podridos de civilización de asco y de cine
[barato
estuvisteis malditos estaréis corrompidos por los siglos de los
[siglos
fuisteis rebaño propicio hacia el matadero glorioso
cuando llegó la gran merienda de los ultimátums
lo mismo que lo seríais si tal momento llegara de nuevo
como parece ser así:
en nombre de mi generación yo os acuso.

Pues fuimos aprendiendo vuestra lección paso a paso:
cuando teníamos quince años cuajó en noches de terror y de
[asombro inaudito
entendiendo que ser hombre era estar dispuesto a sacar de la
[cama a su hermano
y asesinarlo cobardemente al borde de un camino
cuando teníamos veinte años supimos que era lícito todo

16.—

hasta destruir millones de inocentes por el hambre y el fuego
cuando teníamos veinticinco años conocimos también
que el perdón es inútil y los sueños más nobles
se pierden en el tiempo como un soplo de humo
y ahora con nuestros treinta años hemos comprendido tantas
cosas...
tantas cosas que nos duelen duramente aquí dentro
y que si tuviéramos que confesarlas moriríamos
de vergüenza y de rabia. ¡Ah! y de nuevo
las bombas acechan nuestras pobres carnes maduritas
para sacrificarnos junto a nuestros hermanos más jóvenes
a quienes damos la mano en la tiniebla que golpea las persianas
de los que están en pie con estatura de despiertos.

Por todo yo protesto. Yo os denuncio. Yo os acuso.
Cogeré mi mochila con mi cara de cura
si me dejáis con vida
y huiré a las sagradas colinas junto al mar inmensamente nuevo
a leer a mis poetas chinos preferidos
y que el mundo tiemble por vuestros pecados y se arrase
mañana por la mañana.

(De *Epilírica*. 1961.)

Carlos Edmundo de Ory 1923

VUELVEN LOS ENTES DE FICCIÓN

A Juan Eduardo Cirlot

¿Te acuerdas de la mustia mujer de los tres trapos
encontrada en la vida o no sé si en la muerte
una lluviosa noche de solitarios sapos
y solitarias lilas allá en el Sur sin suerte?
Hoy la he visto. Es un sello de eternidad un dado
de carne sin destino rodando en mi cabeza.
Sus ojos implorantes de amor al otro lado
me caían nevando mi rostro de tristeza.
La he visto pero en sueños. ¡Oh qué tristeza Eduardo!
¡Oh qué tristeza Eduardo! ¡Juan Eduardo, qué triste!
¿Es que tú aquella noche silente de leopardo
no oliste sus cabellos húmedos los oliste?

No estás sola mi harapo de celestes destellos
No estás sola mi harapo de seda inmaculada
Mi dulce harapo negro cubierto de cabellos
Mi dulce harapo blanco arropado de nada.

Ha venido tu hombre Juan Eduardo tu hombre
Ese con sus quinientos palomares extintos
Se han mirado sin duda sin ocasión sin nombre

243

Se han mirado en la noche con sus ojos distintos.
Los he visto besarse bajo la lluvia. Y dijo
después sueltos los pechos y suelta la garganta
la mujer. Dijo esto dijo: «¿Quién eres hijo?»
Él contestó: «No importa» con una voz que espanta.

¡Ay! ¿Qué has hecho? ¿Qué hiciste Juan Eduardo? Se han ido
para siempre... ¡Se han ido! ¿Por qué la diste esposo?
Desde hoy soy yo el hombre del putrefacto nido.
¡Adiós! Los vagos entes no tienen ya reposo.

Me has hecho que me encuentre conmigo y mi consorte
Un siglo repitiendo me estuvo: «¿No me tomas?»
Y ya lejos del Sur sin norte por el Norte
¡Mujer de los tres trapos no nombres mis palomas!

VIENTOS DE INVIERNO

Cuando se besan nuestras bocas en la noche
Cuando se besan de noche nuestras bocas
Cuando de noche la noche besa al suelo
allí lejos se enfrían allí lejos
allí lejos el gran invierno gime
allí lejos el gran lejano trueno
lanza un suspiro inmenso y besa al mundo.

Te escucho oh beso tumultuoso
corazón de estearina caliente
oh la noche es una boca de negros dientes
Y nos besan bocas de animales grandes
bocas pequeñas de animales grandes
bocas de mina y nalgas de la noche
pasos de paquidermo sobre el vientre.

Salta el invierno con sus muslos de nieve
Salta y agita sus brazos de ladrillo
Salta como un horrendo gorila beodo
Besamos ojos de mujeres bestiales
Nos besamos besando la nada y la sombra
besamos las bocinas de automóviles fríos
de barcos fríos con faroles tristes
besamos encendidos termómetros de hielo

dentro de la habitación habitual conventual.
Estamos en un hospital de muertos crisantemos
estamos dentro de una nevera encendida
estamos bajo un palacio de mantas invernales.
Y los besos, los besos lloran todavía lejos
todavía lejos en los campos, en las nubes.
Se besan los hombres de la muerte en el viento
Se besan los vientos y la noche y la muerte.
El invierno baja de un tranvía esta noche
Damos besos en la pared, estamos solos
Estamos solos, estamos solos en el humo del té.

VERSOS PARA LA PAPELERA

Oh mi divino sueño mi apretujado sueño
mi mano de miel quieta que por los duros miembros
del silencio parece clavar su lenta lágrima.

O mi baile en el tiempo y tú cabeza mía
vacía de tesoros y tú pies de hilos frágiles
huyendo en los espacios
¿qué hace envuelto en origen tú ley jamás vestida
de resistencia alguna? ¿Y qué te hacen los fieles
vientos que no estuvieron muertos
nunca en eternos sacos o bien mansas manzanas
que nunca conocieron las eternas canastas
del sacrificio?

¿Es esto decidme la ambrosía?
¿Es este sueño mío irrealizable en párpados
o es de rosas antiguas una terrible escena
de dolor empapado?
¿Es mi sueño una hoja convertida en vapores
o es un metal un oro vuelto mágico árbol?
¡Ay ellas ay mis lágrimas!
Mis penas comprendidas los agujeros hechos
por apretados dedos en la carne inocente
¿Es el sueño inocente?

¿Somos soy? ¿Soy yo mismo inocente o no somos?
¿O es matar la inocencia el pecado del sueño?
¿Es el sueño pecado? Yo no sé antes sabía
dormir cubierto de uvas el corazón
y entonces probada la ambrosía

Porque no era de sueños mi busca de alimentos
Mi comida era sueño mi digestión lo era
No es muerte lo que olía en aquellos perfumes
en aquellos escombros no había muerte
No había huella de vida eran los cielos
Eran los cielos mismos
sin madre y sin mentira sin nada que sonase.

ÁNGELUS ANGUSTIA

Los mismos ojos de rabia y de espionaje
son los que pisan la tierra o los que son
de dulzura y de asfixia. No se encuentran
de dos en dos en los lechos de helechos
Quienes ven el desierto crudo las rocas
el vacío y la seda inmóvil de los días
el cielo muerto y las antorchas mudas
el viento sin perfume. Quienes huelen
bosques enfermos de hojarasca
y en algún sitio sacos silenciosos

El nido que es la noche
y el sol hecho pedazos en los pétalos
Que una mujer que se desnuda que
se mete en sus dos párpados:
los globos bajo sábanas
El sol se pudre. Manos son brasas
Pies con sueño cabeza domeñada
La lagartija duerme verde

Quien oyendo las gaviotas
se olvida de todo tal define
el infinito trashumante
El crepúsculo vomita palios de ópalo.

LOS AMANTES DE MÚSICA DE LOBO

Los amantes de la música de lobo
y tú mi compañía de fruto a quien
ofrezco el resistir y la estación de ojos
que escapan por la red del mundo
Habitantes hay allí de senos con leche
Las aves son el único pescante
de salud y abajo el esqueleto brilla
como fósforo en orillas del sueño
Extraña raíz el día y más extraña
la melena del tiempo. Mira ahora
fuera la luz de dentro. Saca ahora
tu grandísima lengua de tiempo
El aire escucha caer tu vida
sin pregunta sin conozco sin nadie
muerta cruza la muerte por encima
de los techos de la quejumbre
Es el fondo y no más lóbrego sería
un tambor enfermo por el rito
En mi interior de rostro de niño
la lluvia resbala y cojea
Esto es como un hallazgo de aguas
que meditan en altos diluviones
del amor en las antiguas noches.

BOTIJA PARA ANDRÉ BRETON

André Breton el de los huesos verdes
y la cabeza de leña
de la miel de los violines
ya casi nada queda.

En la ceniza de tus calles
paseas tu estupor de viejo caballo
y las flores te persiguen
como si fueras tú un canasto.

Bebe agua en mi botijo
y sacía tu sed triste de mago
que no te vea llorar más
sobre tu carpeta de poesía.

Todos hemos subido a la luna
con las manos en la luna
y con los pies en la luna
el genio redacta su Quijote.

Mientras en tus calles de pergamino
muchachas de sexo de tinta roja

con el lacre de sus labios
besan tus huellas de serafín.

Serafín serafín será tu fin.

(París, abril 1959.)

AMO A UNA MUJER DE LARGA CABELLERA

Amo a una mujer de larga cabellera
Como en un lago me hundo en su rostro suave
En su vientre mi frente boga con lentitud
Palpo muerdo acaricio volúmenes sedosos
Registro cavidades me esponjo de su zumo
Mujer pantano mío araña tenebrosa
Laberinto infinito tambor palacio extraño
Eres mi hermana única de olvido y abandono
Tus pechos y tus nalgas dobles montes gemelos
me brindan la blancura de paloma gigante
El amor que nos damos es de noche en la noche
En rotundas crudezas la cama nos reúne
Se levantan columnas de olor y de respiros

Trituro masco sorbo me despeño
El deseo florece entre tumbas abiertas
Tumbas de besos bocas o moluscos
Estoy volando enfermo de venenos
Reinando en tus membranas errante y enviciado
Nada termina nada empieza todo es triunfo
de la ternura custodiada de silencio
El pensamiento ha huído de nosotros
Se juntan nuestras manos como piedras felices
Está la mente quieta como inmóvil palmípedo

253

Las horas se derriten los minutos se agotan
No existe nada más que agonía y placer.
Placer tu cara no habla sino que va a caballo
sobre un mundo de nubes en la cueva del ser
Somos mudos no estamos en la vida ridícula
Hemos llegado a ser terribles y divinos
Fabricantes secretos de miel en abundancia
Se oyen los gemidos de la carne incansable
En un instante oí la mitad de mi nombre
saliendo repentino de tus dientes unidos
En la luz pude ver la expresión de tu faz
que parecías otra mujer en aquel éxtasis

La oscuridad me pone furioso no te veo
No encuentro tu cabeza y no sé lo que toco
Cuatro manos se van con sus dueños dormidos
y lejos de ellas vagan también los cuatro pies

Ya no hay dueños no hay más que suspenso y vacío
El barco del placer encalla en alta mar
¿Dónde estás? ¿Dónde estoy? ¿Quién soy? ¿Quién eres?
Para siempre abandono este interrogatorio
Ebrio hechizado loco a las puertas del morbo
grandiosa la pasión espero el turno fálico

De nuevo en una habitación estamos juntos
Desnudos estupendos cómplices de la Muerte.

(Los poemas de C. E. O. incluidos en esta selec-
ción pertenecen a *Poesía 1945-1969*. Edhasa,
Madrid, 1970. Edición preparada por Félix
Grande.)

Manuel Alvarez Ortega 1923

AMORTAJADA TIERRA

No es la antigua noche, la vértebra amante que reposa en tu
[vértebra.
No es la tierra amortajada, la llovizna que desfonda tu tierra.
Yaces. Reconozco tu aliento en el plumón del pájaro que pasa.
Acaricio tu niebla en la efímera piedra que se oxida a tus plantas.

¿Eres tú la playa que resuena frente a este mar de hierba y
[mediodía?
Te oigo en el redoble anochecido de los ciegos insectos
y aspiro tu voz en el hondo jardín que tus huesos pulveriza.
¿Cómo tornar a subir los peldaños que abocan en tu recinto?

No hables. Repite mentalmente mi nombre como un añoso
[fruto que se gusta.
Cierra tu espacio a los líquenes que fosforecen en mi frente.
Espera. Y cuando se extingan los helechos que fermentan en tu
[oído
abre tu corazón a la tierra, que con la eternidad te confundas.

(De *Clamor a todo espacio*. 1950.)

255

ESAS CIUDADES DE LA COSTA

Como labios que incendiaran con su ácido
el son marino y sordo de la muerte
nacen en las costas derramadas del sur
esas ciudades tristes, esos pueblos mordidos
por un sueño interminable de insectos,
esos hombres de piedra que alzan su alabanza
con el humo solemne de sus ritos,
los perros y los despojos de las playas,
y un hambre de tullidos en los rincones
extrañamente llenos de miseria.

Allí se escucha siempre el vagabundo grito
de esos seres que han vuelto sus ojos a las cosas,
se toca un polvo silencioso, estéril,
engendrando anhelante una suicida calma.
Los días no susurran, sino levantan sordos
un perfume que nutre a los ociosos campos
unidos piedra a piedra por collares de conchas
y lascivas guirnaldas de plantas submarinas.
Allí el mar pronuncia una desolación de páramo,
una impasible infamia
que levanta su ala sobre los rotos muelles
repletos de una turba errante de muchachas,
una marea baja de frutos de colores

que tuestan a la sombra de las barcas
moradores letárgicos, cautivas que abren sus entrañas
por los embarcaderos, junto a la paja
manchada por el fuco, entre el escollo
que bate a golpes la riada
y aves que eternizan
su vuelo removido por el viento.

Oh, es la ley, la trama orgullosa de una estirpe
que cede a cada hora su palabra, su fuerza,
un juego amargo derramado en los pechos
de niñas poseídas entre la seca hierba,
mujeres que gritan su inútil rebeldía,
enmascarados cuerpos vendidos a la sombra del ceibo,
junto a las tiendas de azúcar y hierbabuena,
entre un clamor frenético de postores
y un olor a pescado agitándose en las chozas.

¡Cuánta pobreza, oh Dios!
La tumba del mendigo se roza con el parto
del mar y las palmeras,
la miel de los esclavos y la costumbre del ocio
pulsando la mejilla con su signo indeleble,
un grito de animal herido por lánguidos cuchillos,
infieles hormigas recorriendo las lianas,
sapos salpicados de silvestres babas,
y una canción de fuego trotando por las charcas
que salamandras verdes repueblan de deseo.

Sobre aquel laberinto de cuerpos y yerbajos
el hambre ha de pasar sus días, la miseria
cantando bajo la luna, a la sombra
de las enormes hojas de tabaco,
junto a un lujo de telas y un resonar de huesos,
mientras los años ponen por el sur su ceniza
y una conga de muertos sube de la tierra.

Es el licor infame de un océano vivo
que agita su pereza con tentadora dicha,

17.—

un mórbido fulgor que vence suavemente
el peso de las redes, la paja de los lechos.
Y cuando el odio apoya, ciego,
el jugo de sus ramas en las cabezas,
oh, todo arde entonces en el trópico, todo vive:
la espiga y el tronco, el adiós de las aguas,
el brebaje del mago, la voz, el hacha,
el sexo que vigila tras las rotas persianas,
la pez y el rojo vino, la pleita, el negro pan, los frutos,
y una niebla de moscas picando por las puertas
que la sangre corona con su salobre aviso.

¿Quién mueve las pasiones aquí con tan grave injusticia?
¿Dónde agita la vida, como aquí, su terca indiferencia?
No es estéril la costa, pero sí más sola cada día.
Porque quien esparce las lluvias —la libertad—
se olvidó largo tiempo de los muertos,
y ya ningún recuerdo baña su verdura,
sino mil lenguas se derraman añorando su gloria,
el barro que remueve incesante la resaca...

(De *Exilio*. 1955.)

ESCRIBO COSAS DEL HUÉSPED QUE ME HABITA

¿Qué dirás? Hallas la vida como un mar oscuro,
oyes de sus desnudos escollos elevarse
los puñales, ves el remordimiento de su agua
negar la paz, mojar de luto tus orillas,
ceder su tinta negra por el desierto de ortigas
que unos ciegos relojes, con habilidad, abren
en tu memoria.

Hoy es un día cualquiera,
tres de junio, un día innecesario, te mueves
como un fantasma que se hiere en las cosas,
ardes bajo el continuo fuego de este páramo
del sur, esta prolongación de la muerte,
este infierno diario.

Gota a gota se deslíe
la noche, vives, las redes del desaliento
te tienden su ceniza, suena una música de piedra,
están golpeándote contra números ciegos,
pájaros infernales, monarcas de un paraíso
que escriben su maldición sobre las tablas
de este hogar vacío, estos mudos espejos
que arañan tu prisión terrestre.

259

                              Cae la lluvia
del verano, un olor a pobreza te atenaza,
no sabes qué luz te inventa, vas por las calles
como dormido, gastas la miel de tu tristeza
por un puerto mortal, no hay barcos, no hay
velas, el faro está apagado, arriba solo
el cadáver de la luna que despliega los hilos
de su azufre maldito sobre el mar.

                              Por un arco
de maderos, ría abajo, conchas y cieno, te alejas
de la maldad, el llanto de los mendigos
cuya letra asesina, el duelo de una boca letal
que se ofrece junto al malecón, entre dos luces,
alba malcosida, perros que babean su pereza
alrededor de las lonjas de pescado,

                              muchachas
cuyas sórdidas dádivas enmohecen en el fondo
de los tugurios, bajo sábanas salpicadas de orín,
descompuesto el cabello por el humo del tabaco,
la siniestra marea de un ejército que se pudre
entre sudor, vino y discordia, vanas castidades
de una edad que gira descompuesta en la lana
despintada por la saliva de cien generaciones
de borrachos.

                    Te alejas hacia otros meridianos,
tiene que existir otro mundo, algún lugar, otro
aire, una tapia, un hoyo, un túnel, no sabes,
un amarillo espacio donde el crimen se olvide,
donde una espada de fuego, arcángel o demonio,
defienda y crucifique los puntos cardinales
del hombre, abra las trampas de la virginidad
y sus ceremonias,

                         alguna tierra, algún astro,
nube o subsuelo, en donde la justicia sea,

un puño vengador se levante, libere del tirano
que se embriaga en su copa de lujuria, no halle
el dolor su domicilio en el lecho del verdugo
que desata su mal diario, clausure la asfixia
sus llamas expiatorias y salve con los signos
de su turbulenta liturgia el insomnio que anida
bajo el humo de las cárceles.

Oh, existe, sombra
o planeta, y hacia allá quieres tender tu cabeza,
la costumbre del muerto que sube por tu tronco,
oír cantar aún el mar de huesos que por tus ojos
se mueve, interroga, escupe, te niega al aluvión
de pena que te arrastra a otro golfo, sótano
cada vez más oscuro, cuerda acusadora, papel
culpable, reguero de destilaciones que unifica
silencio y hambre, rezo y cadena.

Y hacia allá
vas, tentáculo creciente, salamandra, liana
última, mientras la noche en ti se precipita,
abre hondos agujeros de olvido por tu carne,
y tú, credo solo, en su tinta germinal viertes
la sal de tus horas, el luto y la aventura
de este huésped, fénix ciego, que te habita.

(De *Desierto Sur*. 1956.)

UNA EDAD PERSEGUIDA POR LA LLUVIA

Donde duerme el día
los líquenes del alba
nacen.

Bajé a la ladera, y entre los ácidos
frutos que el sol acuchillaba,
explorando el sonido
desprendido en la roca,
puse mis manos en el resplandor de la bruma,
bebí el salitre pálido del invierno
y, cielo caído,
la nada oscureció la mansión donde el olvido
reina.

De pájaros y superficie se cubren
los cielos. Un húmedo sabor medita
entre las piedras.
Y en el agua que oscila y se arrodilla
en la playa, ardiente meridiano,
la cara enlutada del tiempo se desdibuja
entre la broza y sus peces
taciturnos.

¿Hacia dónde el hilo del ocaso
se enreda buscando la salida

del astro que le salve? Boca en peligro,
como un gusano comido por la sombra,
subí al corazón del puerto, lleno
de impermeables y tristeza,
me acerqué al recinto
donde tu cuerpo espera de su viaje nocturno,
me arrodillé en la piedra
y dejé el carbón de mi boca
en tus letras
impreso.

No volveré. Pasarán las horas
entre surcos y sequías, y ahí te quedarás,
ave sola, pico esculpido,
cortina de la muerte,
recordando una edad perseguida por la lluvia.

(De *Fiel infiel*. 1968.)

SE NOMBRA EL PATÍBULO, Y EL UNIVERSO

Se nombra el patíbulo, y el universo que detenta mi eternidad, claustro edificado a muy turbia distancia, en las voces de mis muertos se repliega.

Cerca de las vértebras, la ebriedad se anuda con la violencia de un pájaro malsano, la noche se llena de redes transitorias, el mal separa las horas, vive la obsesión de una gloria que sólo un cadáver santifica.

Oh verdad más duradera que la sangre, lecho de un alba ajusticiada por el día: no, no te hice nacer para la boca que hoy maldice la letra de un tiempo carcelario.

Tarde es ya, el enemigo afila su cuchillo, el plomo de la desgracia despliega su palma, queda la esperanza de renovar el único espantapájaros que de nuestros huesos nunca se separa.

(De *Aquarium*. 1970.)

SU VOZ SE COLOREA DE OSCUROS ARCOIRIS

Su voz se coloreaba de oscuros arcoiris bajo las bóvedas, pero a cada palabra que pronunciaba, suspendido el aliento, espiaba los gestos del auditorio, la intranquilidad que sembraba, el pánico que crecía como un olor imposible de respirar en torno a los guardianes que aseguraban su permanencia.

Mortalmente herido por una acusación bien conocida, a cada uno daba su parte de maldad, decía el exacto lugar donde se alzaran las horcas, cargaba los revólveres con el plomo preciso, y señalaba las cabezas adonde debía ir, los vientres que lo podían albergar, la carga de violencia que estaba dispuesto a conceder entre los súbditos indefensos.

Ahora, el templo a punto de caer, un dolor, un trauma infernal lo tiene paralizado, sabe que amenazada está su vida, que una flecha, en un lugar, un día, se disparó y hacia él se dirige, avanzará, llegará a su carne, se clavará, y la sangre devuelta a la tierra que la espera, antes de ser maldición, charco corrompido,

abonará una cosecha de amor, allí donde los humildes seres, los proscritos, desprendidos de sus disfraces habituales, a coro reirán ante la máscara que les libera de tanta injusticia como, mientras él vivía, en sus corazones, con hierros y cordeles, mucho tiempo, dolorosamente, se había mantenido.

(De *Código*. 1971.) 265

DOS POETAS CATALANES

J. V. Foix 1894

PARA LLEGAR A TIEMPO AL OFERTORIO TUVE QUE LANZARME AL RÍO, JUNTO A LA PRESA DE MONISTROL; PERO LA PLAZA DEL TEMPLO ESTABA TAN CAMBIADA QUE PRESENTÍ QUE ME HALLABA EN UNA CIUDAD FUNCIONAL ESCANDINAVA. AL OTRO LADO DEL RÍO, LOS ALISTADOS EN TODAS LAS LEVAS: HOPLITAS, MAMELUCOS, JENÍZAROS, MILICIANOS, ETCÉTERA, ESCUCHABAN ORÁCULOS Y GRITABAN EL TEXTO DE SUS PANCARTAS: «IL FAUT S'ENGAGER! IL FAUT S'ENGAGER! ABETISSEZ-VOUS! ABETISSEZ-VOUS!»

Cuando al atardecer — ¡cenizas humeantes
en el viento enramado con sabor marinero! —
lleváis lobos sedientos a las fuentes
de los muros extremos, negros en prado oscuro;
o bien taláis, airados y remotos,
la umbría en que sestean las muchachas
cuando llega el verano, apétalo, y las auras
y aquello que es sagrado golpeáis
más allá del afluente,
sólo los dioses saben por qué piedra y qué signo
mudáis el rito viejo por el toro de Iberia.

Si en guarida secreta, cavadiza, o en quinta
rústica, herbosa, dais con el fetiche
y lo invocáis, polícromos, con las manos abiertas;

269

o precintáis tractores y vagáis
nocturnos, taciturnos, por ribazo de arenas,
por entre los caballos que las playas cautivan
—estrellas en los ojos con reflejos celestes—
y vais negando el crimen, vestidos como etruscos,

    no precisáis engaño si os sorprenden, adversos,
    las piedras y los lobos en los sueños acuosos.

  Mas llego yo —después de vadear
el turbio arroyo, estrecho,
aleteando por las pasarelas
hasta el valle cantor y soleado—,
detengo a los quiosqueros confiados y les digo:
—Guardad vosotros, sabios, estos libros, son míos—;
y les doy tres y me dirijo al Templo
a rogar, malvestido, por aquellos que duermen
junto al altar mayor un sueño diurno,

    y leo en las alturas una pancarta nueva:
    «Los dioses callan sus terrestres sueños.»

  Abro, luego, vitrales que ha pintado
la gente de hoy —azules, rojos desfallecientes—;
y busco en los escombros lo Incierto. Mas, de un brinco,
salto al claustro, ágil, puro como el Día Primero.
Por arrabal florido voy, con alas pintadas,
tan dulcemente como si pisara las aguas
y Ella se aproximará con quitasol etíope
entre unos adivinos
tocados con sombreros mejicanos.
(¿En dónde estáis, oh libros? ¿Y vosotros, soldados?
¿Y los viejos astutos con fusil con sordina?)
Luz del Santo Misterio son los troncos solares:
distinto y limpio, ahora, me veo transparente.

    Más allá de la plaza, en la intrusa vitrina
    contemplo los grabados de un diario danés.

En otro valle os veo oscurecidos
detrás de los juncares, escuchando el oráculo
o tatuando en el cuerpo desnudo las consignas,
rodeados de enanos y perros, con gran ruido.
¡En paredes de noche calcáis cabeza y sello;
con dados emplomados, en bares sin salida,
apostáis, arrogantes, en tablero invisible,
árbol, montaña, cuerpo, delfín, pájaro!
Ni el mito, pues, os servirá, iniciados
por aquel hierofante con disfraz de botánico.
¿Golpeáis al cordero? No anularéis el Signo.
¿Quemáis papel y tintes? Renacerá la mente.

¡Exiliado en la tierra de los padres,
hacha y remos resuenan solitarios!

Setiembre, 1936.

*LLEGAMOS A AQUEL PUEBLO Y NO HABÍA NADIE, PERO
EN LAS PLAYAS Y EN LOS PASAJES OÍAMOS EL RUMOR
DE LOS QUE FUERON Y DE SUS DANZAS, Y LAS GRIETAS
DE LOS MUROS ESBOZABAN EL ROSTRO DE LOS QUE
VENDRÁN. UNA LEYENDA CLANDESTINA GRABADA AL
PIE DE UNAS FIGURAS QUE IMITABAN RÚSTICAS, UNOS
MÍSEROS NIÑOS, DECÍA: «SIEMPRE SOMOS EN EXIS-
TENCIA AJENA.» HUIMOS POR EL COLLADO FRONTE-
RIZO, VESTIDOS CON PIELES PRIMITIVAS Y CARGA-
DOS DE LIBROS.*

No temas, pues las sombras son de piedra;
más allá del dintel rumorean las fuentes
y los vientos frondosos, virolays de fantasmas.
En el claustro y la estancia escucho voces, pasos
y canciones de noche en largos túneles
debajo de las viñas con luces europeas.

En las paredes veo, en los postigos
de todas las ventanas y en los huertos tapiados,
la faz pintada de los que vivieron,
videntes, en los siglos y de los que vendrán
— ¡francos brillos futuros!
Tú y yo estamos allí, la cabeza inclinada,
en color crudo y de raya extremosa.

En todas partes hallas,
ah cansado, las copas deleitables:
escrituras antiguas, purpúreas, campesinas,
bajeles boreales en el alba insular,
marfiles ofendidos con huellas divinales,
y calcos de Miró con rupestre alfabeto
—verdes y gualdas lentos en naufragio de tintas.

Escondimos las armas allá en el puente viejo,
río abajo se van los saucedales
y su embrujo, corolas de la noche,
confusas amapolas y pálidos iconos.
Oh, mensajero, nube alada, oraje:
— ¡Ensombrece la mar con los ácidos párpados!

Hay en el bardizal un ramo deshojado
con secretos rocíos y ceras clandestinas
de cuando olfato y ojos eran chorros del agua
cascadeante en un jardín de lacas
y el hombre era hombre en una selva de hombres:
¡oh marfiles en cruz bajo gasas rosadas!

— ¡Alza el brazo, sangrantes los estigmas!
¡Toca el cielo, blancuras desatadas!
Oh nácares solares del Simulacro Eterno,
con hielo oculto que delata el pórfido
y agujeros profundos con siderales pulpas:
— ¡Que venza el azul puro, que brote la simiente!

En la taberna oscura con frescor de molinos,
escuchamos, oh hisopos pascuales, nueva música,
las danzas de hoy, lamentos añorados.
(Ásperos besos en poniente adriático,
de los dos en albergues albaneses.)
¡Pero no están los huéspedes y los libros estorban!

Andaremos descalzos sobre piedras,
con el pecho fragante de los herbosos éxodos,

273

con los labios cerrados en consejas paternas,
con la frente marcada con sangre de banderas
y los ojos perdidos al brotar falsas Medas,
con estrechos y faros en las calas adversas.

Vemos la mar entre paredes cálidas,
vid cimera y arbóreas humaredas.
— ¡Cojámonos las manos, descifremos los signos!
Prolonga el puro círculo claridades sonoras
en el puro desierto, donde invernan las perlas;
y nos hablamos quedo en una lengua extraña.

Aquí está el bar y allá la barbería.
En el Llano de Arriba con los tiernos tomillos
se halla, desnudo, el dolmen, grabado con horóscopos.
Y al pie de la masía, en las lomas umbrosas,
hay cabezas de santos, y ruedas y bidones.
¡Oh voluntad de fuego que estimula a la brisa!

Regresaremos, solos por el silvestre atajo
que ignoro adónde lleva, detrás de las aduanas,
recubiertos de pieles, encorvados
por nuestros incunables,
los cuerpos ateridos:

¡No mires hacia atrás!

¡Una barca se lleva las campanas
y esparcimos cristales por la playa!

(Port Bou. Octubre, 1934.)

EN PALMAS DE ORO GUARDAMOS LOS OJOS DE PIEDRA DE LOS FARAONES VENCIDOS POR EL HOMBRE QUE VAGA SOLITARIO POR HÓRREOS Y CALETAS

Tenéis los ojos sin gregales ni árboles
y con treinta guijarros me tendéis vuestras manos;
—Dejadme solo ya, que soy muchos y agito
agua y hojas en baches soleados.

Mísero yo me sé, pero solo, renazco
en prado fresco, en matinal masía.

No sois — ¡ya que sois tantos! — y la voz os regresa
en único sonido, y miedosos tembláis
en cuanto la otra voz, que las rocas eternas
y las olas maduran, invoca soledades.

Soy el que fue por claras torrenteras,
y hago un solo clamor con el silencio unánime.

Veo que estáis en pie para aparentar muchos,
con el rostro teñido, con coturnos fatídicos,
clamando a las vestales, a los dioses. ¡Y al César!
Con los ojos sangrantes en bacías de fango.

Mis ojos, míos son. No son vuestros los vuetros,
y avanzo firmemente por las noches eternas.

Os tapiáis, moribundos, en luces mortecinas,
en sonidos criollos de añorado instrumento,
y os proyectáis en obrador de sueños
a un allá disipado, en negro y blanco.

Yo, fuente de meseta soberana,
sé que dormís en pagoda inclemente.

Os hacen falta manos para aplaudir milagros;
incliináis la cabeza en la plaza, en el circo;
vais entonando, incautos, tonadas de crepúsculo
por entre los follajes, en arrabal de nieblas.

Iré cantando solo, por hórreos y caletas,
el canto comunal con aire antiguo y lágrimas.

Junto a la mar os agrupáis febriles,
con el cuerpo desnudo y oloroso,
tallos solares del carnal egido
sin languidez ni grano,
a lo Absoluto, al loco instante extraños.

—¡Mar, espejismo de las sombras huérfanas
desvélame el abismo de tus heces más puras!

Mutilasteis iconos: el hecho os reconforta;
hacéis con metal claro tumbas y pedestales.
Morís juntos para alejar la angustia
y el trofeo de uno es el de todos.

En nuestras manos de oro guardamos ojos pétreos
de monarcas egipcios derrotados
en arenal oscuro.

(*Els Torrents de Lladurs.* 1939.)

A GALOPE TENDIDO VAGABA POR LOS ALREDEDORES DE LA MURALLA, CON UN SEQUITO DE CARBONEROS SUPERSTICIOSOS

Dadme una linterna: —¿Dónde está el caballo?
Dadme carbones duros y yesos luminosos,
dadme muros nocturnos en ciudades lunares.
Soy el loco, recluso, con vestimenta de uñas
y en mis ojos un borbotón de peces
en cuerpo vegetal. Veo ante mí un ejambre
de invisibles creyentes fragorosos,
cuando el día oscurece; romeros conjurados
en rescoldos de estigmas del crepúsculo,
en calas reveladas bajo los terciopelos
de cuerpos incorruptos;
flageladores tristes en confluente de sueños
tapiados por las hiedras del cilicio;
pastores levantados en un redil de estrellas
presa del torbellino de las alas,
y ateridos, porque tan sólo alcanzan
el saber en vocabulario de aguas;
botánicos desviados en la brisa
de las sombras, heridos por el grito
de la brisa nocturna, herborizando
con ruido de concilio;

277

prelados que padecen, en fuentes sulfurosas,
que pintan de colores las sitiadas guineas,
con selvas de maromas y mareas antiguas
y el llanto de lo oscuro en lo hondo de las criptas;
y secretos marchantes de obscenas gabardinas
con amantes floridas
en el juncal de las ataranzas
de un puerto sedicioso
provisto de semáforos sectarios

Soy Sumo Sacerdote de todas estas cosas.
Por hoyos de murallas, no buscamos en vano
la huella digital de inexplicables dioses.

(Julio de 1929-octubre 1936.)

EN LA ENTRADA DE LA ESTACION SUBTERRANEA,
ATADO DE PIES Y MANOS POR LOS ADUANEROS BAR-
BUDOS, VI COMO MARTA SE IBA EN UN TREN FRON-
TERIZO. QUISE SONREIRLE, PERO UN MILICIANO
POLICEFALO SE ME LLEVO CON LOS SUYOS E INCEN-
DIO EL BOSQUE

Peldaños de cristal en el andén solar
por donde pasan trenes de luz hacia las playas
abiertas entre muros transparentes,
corales sarmentosos y avecillas
de claros ojos con rumor de ramas.

¿Eres, blanca en lo blanco de esta aurora insular
—líquida la mirada, en músicas innatas—
quien va escribiendo los adioses húmedos
en jungla de cristales,
con simiente de noche para un abierto sueño?

Vas más allá del gozo, a encantada ribera
con gigantes borrachos en la cueva espinosa
y halcones disecados en rocas persignadas,
a una mar que los dioses han pisado
en nocturnos furtivos.

No puedo conseguirte, dormido, enceguecido
de mente y luz, vestido como un niño,

279

sin voz y sin bagaje, entre azadas guardadas
por fondistas biformes:
todos los pasaportes caducaron.
Sangran los corazones.

En profundas valijas te llevas montes, ríos,
y estanques estelares, fuentes de fresca sombra.
Tenebroso, un vigía, desde el monte encendido
me está llamando con extraños nombres,
con la mano me va diciendo: No.

Ondean, extramuros, banderas desgarradas.

Setiembre, 1936.

(De Les irreals omegues. 1948.)

Habíamos dejado la moto, la primera que vimos esmaltada con figuras mitológicas, en la punta del muelle. Mientras quitábamos las algas de las cuerdas de una barcaza, por la parte del dique aparecieron cuatro piratas delgaduchos y duros, más altos que cualquier persona humana, y que navegaban a la deriva sobre un cuadrado de madera. Cada uno se sostenía, rígido, en una de las puntas extremas de la insólita caja. En sus bocas aguantaban, tensa, una cuerda sutil por la que resbalaban, con perleante anhelo, mariposas y flores. No eran, sin embargo, piratas, ni flores, ni mariposas, sino los cuatro tallos de los rosales que, con ardores de poniente, fecundan los elementos cuando amaina la tarde. Regresamos al pueblo cargados de inútiles alfarerías y se lo contamos, maravillados, al testaferro del semanario de la veguería.

(De *Del Diari, 1918*. 1956.)

DECLAMABA SOLO, MIENTRAS ABOCABA CAPACHADAS DE SAL EN LA CUBA

Ignoro tiempos idos, los años y centurias,
y la sangre y la raza, la tierra y el hogar.
Soy la hiedra tendida en la umbría del rostro,
el gemido nocturno, la tramontana negra,
el ojo vespertino de la roca marina,
el fresco del rocío en el cáliz del lago,
hoja y flor en el huerto de los vientos,
piel marcera del fruto, pan tierno de las nieblas.
Soy la miel de las fuentes, la voz del subterráneo,
soy la mar gruesa abierta en alzadas raíces,
la sangre de la brasa de los labios.
Soy el fuego que atiza los brezos de los montes,
la lluvia entre charoles, la menta del oasis,
sombra incipiente en una calle —cuando
la flora de los nombres purpura la muralla.

Soy el soplo que aventa un humo de linazas,
soy la sal y la arena, soy el papel de lija,
el árbol que echa ramas al arder el Instante.
Yo soy el remolino en puente de hemisferios
—plenilunio invocado en los estrechos—,
el asceta encarado con los magos
en el atardecer de los garajes,

aroma de vinagres en templos disidentes.
Soy la goma solar, hollín en luna nueva,
el aceite vidente del dibujo rupestre,
el brazo voluptuoso en un chorro de harina,
soy aquel que va solo cuando la luz se abisma,
aquel que dice no, y hace una cruz
al bando del beduino. Soy el nuncio
del Allá cuando estupran los carmines,
la careta de felpa en el burdel
de las horas, el tiempo sin cuadrante,
y la llama que al círculo amojona.

Soy la simiente echada al yermo de la borra,
tinta espesa en atardecer de muelles,
el pájaro imbatible en el valle halconero
—el músculo vital de extraña salvajina—.
Soy ecuador viril, aguazal incorrupto,
litógrafo del cielo y casquete polar,
luz de puerto secreto y criptograma de ámbar.
Filtro de los que duermen en la plaza murada,
maleza entre carrascos y musgo entre las piedras,
orógrafo norteño, llanto de ventisqueros,
guedeja de agua de tu corazón
—maleza de la lava en las entrañas—.
Soy, de tu imagen, copia en negativo
proyectada en el tiempo, con tintes imborrables
en la láctea muralla de tus sueños.

                                        Abril de 1928.

(De *Desa aquest llibres al calaix de baix. Obres poétiques, 1964*. Todas las traducciones que aquí se
ofrecen fueron hechas por Enrique Badosa y pertenecen a *Antología de J. V. Foix*, por él seleccionada, prologada y traducida. *Selecciones de Poesía Española*. Plaza y Janés. Barcelona, 1969.) 283

Juan Eduardo Cirlot 1916-1973

SUPLICAN A LA ENTRADA

El hombre que cantaba
detrás de la ciudad, la sordomuda
parada en las esquinas de su boca,
la carta mal jugada, la cabeza
cercana del lagarto,
asoman en la noche. Largas colas,
láminas de carbón, música muerta,
fogatas encarnadas o verdísimas
suplican a la entrada.

¿Quién eres? No lo sé.
¿Qué buscas? Lo sabía.
En la jaula del mar no existe nadie
que pueda responderte.

Las arañas se mueven con dulzura
en medio de su abismo minucioso.
Crecen como el espejo de la noche
las lejanas praderas de mercurio
donde rosas de vidrio delgadísimo
preparan el silencio de los niños.
La mujer de las faldas encarnadas
se agita como un perro, como un pájaro.
Comprad todos los números.

Tres golpes. ¿Quién suplica?
¿La mirada vacía? ¿La serpiente?
¿El sol? ¿La superficie
del sólido recinto?

Todo parece estar muy ordenado.
Las alas tenebrosas permanecen
en el fondo del fondo de las aguas;
se extienden los acentos transparentes,
las órdenes, los números, las frases,
las miradas de súplica,
las zonas
celestes, los gemidos
escritos en pizarras bajo el humo
del amor miserable.
Una tortuga inmensa está llorando
debajo de mi frente,
debajo de las piernas
de la muchacha rubia que vacila,
debajo de la mesa desterrada
con su copa de fuego y su diadema.
El baile no ha empezado todavía.

Saturno reconoce mis palabras
bajo el azufre pálido del odio.
Es hora ya de levantarse. Vamos,
rómpete el corazón y acaba pronto.

Hay hojas de cristal, hay cementerios,
hay hombres con sombreros de ceniza,
libros en cuyas páginas de cera
los alfileres sufren. Hay vacío.
La perla muere joven. El zafiro
se hiere los cabellos con cuchillos.
La melisa sucumbe despeñada
y la esmeralda corre por su sangre.
Sobre la mano abierta los sollozos
del paisaje se pierden a lo lejos.

¿Te has olvidado de ella? ¿Ya no tienes
su retrato de novia? ¿Dónde vives?

En el centro dormido de las piedras
los sapos del Final están temblando.
Vuelve la sordomuda con sus cuatro
preguntas de papel, sus cuatro hogueras
y con sus cuatro labios de sol ciego.
No hablaremos de flores ni destino.
No hablaremos. ¿Hablar? El horizonte
recorta las figuras de este mundo
donde un juego sin voz se reproduce.

Levántate. Ya es tarde, te lo he dicho.
No duermas a estas horas peligrosas.

El abismo está al norte. Venus tiene
ortigas en las piedras de su lenta
hermosura que todos conocemos.
La sal está abrasada junto al río
de ronco movimiento. Largas colas,
estrellas azuladas como peces,
fogatas encarnadas o verdísimas
suplican a la entrada.

(De *Lilith*. 1949.)

CUARTO CANTO DE LA VIDA MUERTA

Oigo cómo las rayas recorren el jardín
escucho la palabra que aparece en las aguas.

Las cruces.
Las cruces y los soles.
Oigo cómo las rocas recogen los jardines.

Las rocas se desplazan sin ruido,
las vestiduras verdes se alejan por un corredor verde,
las vallas de ceniza se olvidan de sus cifras y rezan.

En la sábana blanca
un corazón enorme como una catedral despezada
palpita y sus estrellas iluminan el espacio.
Las puertas se desprenden.
Las murallas violetas
y las murallas rojas murmuran unos nombres alejados.

Sobre mi cuerpo incendiado por la tempestad
se elevan los pináculos azules de una religión que llora,
cuando pasan las aguas sonrosadas por el atardecer.
Y las hojas de su cabeza se acercan a mi cabeza.

(Fragmentos de *Cuarto canto de la vida muerta*. 1961.)

FRAGMENTOS

Ya nunca mensajera
elevando despacio
los ojos y los senos
del relámpago verde

Ya nunca silenciada
en la hojarasca viva
en la montaña abierta
de lo morado luz

Ya nunca de presencia
venida desde nada
de lo que siempre ni
semejaría ser

Virgen de anonadada
lucidez en la mansa
perdición de las que
alas se reconocen

Sola de nube virgen
ida para lo cielo
y lo resto que ciega
empezando nombrar

Sola de virgen la
de que no se deshace
el de luces alud
virgen inmensidad

(De *La sola virgen la*. 1969.)

CUATRO PERMUTACIONES

I

Contemplo entre las aguas del pantano
la celeste blancura de tu cuerpo
desnudo bajo el campo de las nubes
y circundado por el verde bosque.

No muy lejos el mar se descompone
en las arenas grises, en las hierbas.
Manos entre las piedras con relieves
y tus ojos azules en los cielos.

Las alas se aproximan a las olas
perdidas en las páginas del fuego,
Bronwyn, mi corazón, y las estrellas
sobre la tierra negra y cenicienta.

VII

Bajo el campo las olas se aproximan
en las manos estrellas, en las grises.
Las alas de blancura entre las piedras
de tu fuego desnudo en las perdidas.

291

Contemplo tus azules entre el verde
en las aguas del bosque de los cielos.
Arenas del pantano y en el mar
tus ojos, cenicienta, entre las hierbas.

Circundado de cuerpo sobre negra
no muy lejos por él se descompone
en la celeste tierra de las páginas.
Relieves corazón, Bronwyn, las nubes.

X

No muy lejos
las olas se aproximan con relieves.

El mar, mi corazón, verde de estrellas
se descompone en tu blancura negra.
Las páginas de fuego de tu cuerpo
desnudo entre las nubes.

XIII

El mar entre las manos de las nubes.
El mar entre las nubes de las hierbas.
El mar entre las hierbas de tu cuerpo.

(De *Bronwyn, Permutaciones.* 1970.)

Un poeta canario:
Pedro García Cabrera 1906

TRANSPARENCIAS FUGADAS

1

El aire entraba en mí sin encontrarme.
En el globo cautivo de mi pecho
me contaba las islas invernadas,
las agudas piteras, los barrancos,
los desmandados mares sin adioses.
Y persiguió los pozos de las venas,
las galerías de los instintos,
las puertas de las cámaras vitales.
Y se marchó de mí sin encontrarme.
Yo me hallaba tan hondo y tan espejo
que era invisible al aire.

9

Ni llegas. Ni te vas. Ni estás presente.
Por dentro de ti mismo
organizas tus fugas, tus pájaros,
tus juegos de ajedrez con las arenas.
Y siempre de pie sobre tus hombros,
asomado al alféizar de tu cuerpo,
recorriendo tus músculos, tus bielas,
sin irte, sin llegar, sin detenerte.

Y sin saber que todos los espejos
han preparado un lecho a tu fatiga.

16

Unico y sin fronteras. Compacto
escalador de diáfanas planicies
que comienzan en ti y en ti terminan
sin que comiencen ni terminen nunca.
Aduanero de paz que ruborizas
la feria de colores de los mapas
y l'alta diplomacia de los soles.
Tan solidario siempre. Y tan igual
en tu imperio de alados celuloides,
sin problemas raciales que dividan
tu universal desvelo de ser uno
frente a los continentes disgregados.
Ahora sí que puedes encontrarme
en los primeros planos de tu insomnio.

18

Creyéndote perdido, te buscabas.
Inestables patrullas de huracanes
registraban los llantos de los niños,
los sótanos del agua y de la noche,
entre gritos de faros y sextantes.
Y corrían contigo y tú con ellos.
Y se iban sin irse. Y sus retornos
clavaban en tus lúcidas solapas
la risa circular de los molinos.
Y tú, fuera de ti, sin conocerte,
a cuesta con tus vahos de diamante
por tus pendientes de montaña rusa.

22

Ni a la voz de la sombra del recuerdo.
Ni frente a las piteras ni a las islas.

Ni sobre los tirantes ventisqueros
se detendrá un instante la mirada
que te humedece todos los rincones.
Un destino veloz signa tu frente.
Y has de seguir así. Tus bisturíes
afilarán las torres y las cumbres,
las aguas de la mar y las esquinas.
Y se hincarán tan hondo en tus espejos
que han de sangrarte nieve los costados.

(De *Transparencias fugadas.* 1934.)

LA CITA ABIERTA

Por la derecha de la voz del sueño de la estatua
pasa un río de pájaros.
El río es una niña y el pájaro una llave.
Y la llave un campo de trigo
que abre un lento caracol de cien días.
Esto quiere decir que las colinas de los hombres rotos
son de cartón, madera y nueces verdes.
Pero no toquéis esa angustia: es toda del domingo
que crearon los nidos donde mañana empollarán las piedras adúl-
                                                    [teras.

Es de aquel pez que mira por el ojo del mar
como la guerra es la ternura que guardan los lechos vacíos
y la paz esa sangre con que los pies salpican sus cadenas.
Vámanos ya. No taladres la sombra que tenía hace cuatro años,
que me duelen los dedos del hambre y el corazón de las lluvias.
Mejor es que te duermas, que prosigas andando.
Yo te esperaré hasta los tigres, a la orilla del lago, después de la
                                                    [vendimia,
mintiendo labradores a los campos
y hombros de alguien sobre las desiertas promesas sin agua.

EL RELOJ DE MI CUERPO

Apenas a tus ojos asomaron los ríos de sangre derramada en
[la guerra
cuando la noche, con su quilla helada, atravesó mis bosques de
[ternura.
Oh los mares sin islas, las huellas de tus manos en el aire de mis
[cabellos,
ya sin ti, al pie de los días crucificados, mientras maduran las
[naranjas.
Aún estoy sordo de la despedida, cuando las mariposas se que-
[maron las alas
entre las campanadas de los pájaros disecados en las paredes
y los relojes despiertos en los árboles del jardín.
Toda la tierra tiene ahora un frescor de ceniza y arena.
Las botellas recuerdan aquel último beso estallado en sus cuellos
sin que puedan los líquidos hacerlas olvidar que te marchaste.
Te lloro con mis manos y con mis muslos que ya no encuentro
más que a través de trincheras abandonadas y de globos cautivos.
He puesto el latir de mis sienes al compás de tus pasos subiendo
[la escalera
para oír cómo pisa tu sangre sobre las yemas de mis dedos au-
[sentes.
Sigue el dolor rodando. Y es tan duro
que podría servir de rieles a los trenes cargados de heridos.
Y tengo miedo. Miedo de que se escape de mi insomnio
helando las palabras que dicen las cerillas a los niños.

297

CON LA MANO EN LA SANGRE

Nadie se acuerda ya de la Gran Guerra
y aún tienen los ríos su largo brazo en cabestrillo
y los ojos saltados los puentes
y corazones ortopédicos los hombres.
Sólo tú, yo y aquel sueño polar de golondrinas,
con nuestras aguas verdes por la espera,
batimos el recuerdo en tu mármol, en mi frente, en su oído.
Nos venderán de nuevo
aunque prosigan con su rebelión armada los rosales
y la mentira con sus tres dimensiones y un pico con ojeras
y el treno de los trenes en el trino de una estación al este de los
[mares.

Todo se perderá: corales, ruiseñores,
la última comedia que apunte el caracol desde su concha,
los diarios que voceen las ranas al crepúsculo,
tu orfelinato de montañas locas,
tantas y tantas cosas que ignoran los cipreses.
Y de tu voz, hasta de tu voz, que enlaza las sedas con los pámpanos,
fabricarán cañones
para que rompan más eficazmente las venas de los sueños.
Se nos dará una gran razón: que somos hijos de la tierra,
sin saber que a ti, a mí y al sueño polar de golondrinas
nos sobra espacio para vivir, aun dentro de un beso de paloma.

(De *Entre la guerra y tú.* 1936-39. Libro inédito.)

POEMAS DE DOS PINTORES

Pablo Picasso 1881-1973

28 NOVIEMBRE XXXV

lengua de fuego abanica su cara en la flauta la copa
que cantándole roe la puñalada del azul
tan gracioso
que sentado en el ojo del toro
inscrito en su cabeza adornada con jazmines
espera que hinche la vela el trozo de cristal
que el viento envuelto en el embozo del mandoble
chorreando caricias
reparte el pan al ciego y a la paloma color de lilas
y aprieta de toda su maldad contra los labios del limón ardiendo
el cuerno retorcido
que espanta con sus gestos de adiós la catedral
que se desmaya en sus brazos sin un ole
estallando en su mirada la radio amanecida
que fotografiando en el beso una chinche de sol
se come el aroma de la hora que cae
y atraviesa la página que vuela
deshace el ramillete que se lleva metido entre el ala que suspira
y el miedo que sonríe
el cuchillo que salta de contento
dejándole aún hoy flotando como quiere y de cualquier manera
al momento preciso y necesario
en lo alto del pozo

el grito del rosa
que la mano le tira
como una limosnita

(De *Les Cahiers d'Art*. París, 1935.)

Salvador Dalí 1904

FOLLETO ACUNADO EN RUSTICA

Folleto perdura
al mismo tiempo declinando
una taza
una taza portuguesa cualquiera
que se fabrica hoy
en una fábrica de vajilla
pues una taza
se parece por su forma
a una dulce antinomia municipal árabe
montada al final del alrededor
como la mirada de mi bella Gala
la mirada de mi bella Gala
olor de litro
como el tisú epitelial de mi bella Gala
su tisú epitelial chocarrero y lamparista.
Sí, yo lo repetiría mil veces.

Folleto perdura
al mismo tiempo declinando
una taza
una taza portuguesa cualquiera
que se fabrica hoy
en una fábrica de vajilla
pues una taza

303

se parece por su forma
a una dulce antinomia municipal árabe
montada al final del alrededor
como la mirada de mi bella Gala
la mirada de mi bella Gala
olor de litro
como el tisú epitelial de mi bella Gala
su tisú epitelial chocarrero y lamparista.
Sí, yo lo repetiría mil veces.

(*La Femme Visible*. París, 1930.)

DOCUMENTOS

PROCLAMA FUTURISTA A LOS ESPAÑOLES

Por Tristán

¡Futurismo! ¡Insurrección! ¡Algarada! ¡Festejo con música wagneriana! ¡Modernismo! ¡Violencia sideral! ¡Circulación en el aparato venoso de la vida! ¡Antiuniversitarismo! ¡Tela de cipreses! ¡Iconoclastia! ¡Pedrada en un ojo de la Luna! ¡Movimiento sísmico resquebrajador que da vueltas a las tierras para renovardas y darlas lozanía! ¡Rejón de arador! ¡Secularización de los cementerios! ¡Desembarazo de la mujer para tenerla en la libertad y en su momento sin esa gran promiscuación de los idilios y de los matrimonios! ¡Arenga en un campo con pirámides! ¡Conspiración a la luz del sol, conspiración de aviadores y «chauffeurs»! ¡Abandonamiento de un asta de alto maderamen rematado de un pararrayos con cien culebras eléctricas y una lluvia de estrellas flameando en su lienzo de espacio! ¡Voz juvenil a la que basta oír sin tener en cuenta la palabra: ese pueril grafito de la voz! ¡Voz, fuerza, volt, más que verbo! ¡Voz que debe unir sin pedir cuentas a todas las juventudes como esa hoguera que encienden los árabes dispersos para preparar las contiendas! ¡Intersección, chispa, exhalación, texto como de marconigrama o de algo más sutil volante sobre los mares y sobre los montes! ¡Ala hacia el Norte, ala hacia el Sur, ala hacia el Este y ala hacia velo-

cidad! ¡Saludable espectáculo de aeródromo y de pista desorbita-
da! ¡Camaradería masona y rebelde! ¡Lirismo desparramado en
obús y en la proyección de extraordinarios reflectores! ¡Alegría
como de triunfo en la brega, en el paso termopilano! ¡Crecida
de unos cuantos hombres solos frente a la incuria y a la horrible
apatía de las multitudes! ¡Placer de agredir, de deplorar escéptica
y sarcásticamente para verse al fin con rostros, sin lascivia, sin
envidia y sin avarientos deseos de bienaventuranzas —deseos de
ambigú y de repostería! ¡Gran galope sobre las viejas ciudades
y sobre los hombres sesudos, sobre todos los palios y sobre la
procesión gárrula y grotesca! ¡Bodas de Camacho divertidas y
entusiastas en medio de todos los pesimismos, todas las lobre-
gueses y todas las seriedades! ¡Simulacro de conquista de la tierra, que nos la da!

(*Prometeo,* 1910. *Tristán* es seudónimo de Ramón Gómez de la
Serna.)

LIMINAR

Por Rafael Cansinos-Asséns

Al honrarme con la dirección de la sección literaria española las fuerzas espirituales que auspician esta Revista, ¿he de imitar a los académicos en el obligado y piadoso panegírico a los predecesores cuyos nombres, por lo general, necesitan de estas divulgaciones póstumas? Andrés González-Blanco, que hasta aquí dirigió esta sección, donde su ausencia será siempre lamentada, y que ahora nos deja para dirigir un gran diario —*La Jornada*— que abre pródigamente sus amplias páginas a la literatura, tiene una personalidad ya suficientemente definida en múltiples libros. Su nombre tiene una significación clara en nuestras letras. El que ahora le sucede, también tiene un sentido: el de la absoluta devoción a todo lo nuevo, sincero y personal. La revista *Cervantes*, cuyas páginas se prestaron siempre a ser moldeadas por las manos juveniles en todos los modelos, será ahora aún más dúctil y flexible para las inspiracones nuevas. La intención de un ultraísmo indeterminado, que aspira a rebasar en cada zona estética el límite y el tono logrados, en busca siempre de nuevas formas, será la que estas páginas adopten. Y la colaboración más juvenil —según los tiempos del espíritu— será la que en este edificio de arte hallará la mejor acogida.

Por lo demás, este anhelo de renovación es tan intenso, que por primera vez la juventud literaria, rompiendo el retraimiento de los cenáculos, ha dirigido a la Prensa el siguiente manifiesto, que han reproducido casi todos los periódicos:

ULTRA

Un manifiesto de la juventud literaria

Los que suscriben, jóvenes que comienzan a realizar su obra, y que por eso creen tener un valor pleno, de afirmación futura, de acuerdo con la orientación señalada por Cansinos-Asséns en la interviú que en diciembre último con él tuvo X. Bóveda en «El Parlamentario», necesitan declarar su voluntad de un arte nuevo que supla la última evolución literaria: el novecentismo.

Respetando la obra realizada por las grandes figuras de este movimiento, se sienten con anhelos de rebasar la meta alcanzada por estos primogénitos, y proclaman la necesidad de un «ultraísmo», para el que invocan la colaboración de toda la juventud literaria española.

Para esta obra de renovación literaria reclaman, además, la atención de la Prensa y de las revistas de arte.

Nuestra literatura debe renovarse; debe lograr su «ultra» como hoy pretenden lograrlo nuestro pensamiento científico y político.

Nuestro lema será «ultra», y en nuestro credo cabrán todas las tendencias, sin distinción, con tal que expresen un anhelo nuevo. Más tarde estas tendencias lograrán su núcleo y se definirán. Por el momento, creemos suficiente lanzar este grito de renovación y anunciar la publicación de una Revista, que llevará este título de Ultra, y en la que sólo lo nuevo hallará acogida.

Jóvenes, rompamos por una vez nuestro retraimiento y afirmemos nuestra voluntad de superar a los precursores.

Xavier Bóveda. — César A. Comet. — Guillermo de Torre. Fernando Iglesias. — Pedro Iglesias Caballero. — Pedro Garfias. J. Rivas Panedas. — J. de Aroca.

La parte de incitación inspiradora que en ese manifiesto se me
atribuye, me incita aún más —sin esa circunstancia, todo movimiento nuevo tendría mis simpatías —a auspiciar esas tendencias
renovadoras, desde las páginas de esta Revista, mientras la hermana anunciada Ultra cumple su período de gestación. Hasta
ahora la nueva tendencia propulsora se ha manifestado exclusivamente en la revista sevillana *Grecia,* cuyo nombre debe marcar
un largo e interesante momento en los anales de las evoluciones
literarias. Ahora ya el grito de unión está lanzado y todas esas tendencias que hasta aquí se denominaron con diversos nombres,
pueden acogerse a este lema «Ultra», que, como dice el manifiesto,
no es el de una escuela determinada, sino el de un renovador
dinamismo spiritual.

(*Cervantes.* Enero, 1919.)

311

ULTRA-MANIFIESTOS

Por Guillermo de Torre

Estética del yoísmo ultraísta

1) Yo mismo.

Tú mismo.

El mismo.

Así, temporalmente unipersonales, conjuguemos la oración del Yoísmo ultraísta.

Unicos.

Extrarradiales.

Inconfundibles.

Y fervorosamente atrincherados en nuestra categoría yoísta, rigurosamente impar.

¿Vanidad? ¿Nietzschismo?

No.

¿Egolatría? ¿Antropocentrismo?

Acaso.

Y la conciencia persuasiva de un orgullo que ilumina y fecunda

312 la trayectoria juvenil del *yoísmo* constructor.

2) Yo soy:

> El óvulo de mí mismo.
> El circuito de mí mismo.
> Y el vértice de mí mismo.

Y en el umbral de la gesta constructiva que inicia el Ultraísmo potencial, Yo afirmo:

La alta jerarquía y la calidad insustituible del Yoísmo: Y su preponderancia eterna sobre las restantes virtudes espirituales de las personalidades subversivas e innovadoras.

Rectifico así las corrientes diagonales de algunos teorizantes vanguardistas —tal Alber Gleizes en sus meditaciones *Du cubisme et des moyens de le comprendre*— que en su anhelo de sumar afines esfuerzos dispersos, quieren abocar en un arte colectivo, que excluya las personalidades individuales.

¡No! Construyamos un arte multánime de proyección tentacular que sintetice el latido de las hélices ideológicas nunistas, mas exaltemos simultáneamente las dotes individualistas de las personalidades originales. ¿Por qué desdeñar la potencialidad luminosa de los temperamentos únicos e insurrectos que atesoran el voltaje de un frondoso yoísmo energético?

Todo el secreto recóndito y la clave reveladora que dilucida los hallazgos teóricos, y los fragantes módulos estéticos incubados por los cerebros-guías, se halla en el vértice de la genuina personalidad impar: En el nacimiento, cultivo y madurez del «Yo» peculiar, del noble estigma psíquicamente distintivo y característicamente inalienable. Que surge como heraldo en el orto y eclosión de «uno mismo», tras haberse desprendido de la placenta matriz: pretéritas «sugestiones» y reminiscencias promotoras.

Pues aun dentro de la aparente y exterior similitud fraterna, que enlaza consanguíneamente nuestros temperamentos sinfrónicos, siempre corre escondida una línea divisoria que caracteriza y matiza el fluir de las libres psiquis unipersonales.

¡Yoísmo! ¡Ego triunfante sobre la planitud amorfa del atónito nivel comunista, con un ritmo de aristocratismo mental!

313

3) El Yoísmo es la síntesis excelsa de todos los estéticos «ismos» gemelos que luchan rivales por conquistar la heroica trinchera de vangaurdia intelectual.

De ahí que el anhelo máximo del «Yo» ambicioso, consciente e hipervitalista es: ser Original.

Los más patéticos impulsos de los héroes torturados abocan al hallazgo del enigma de «sí mismos». Así el Peer-Gynt ibseniano, dubitativo ante los enoemas del Gran Curva mitológico, quiere desentrañar en la esfinge de Gizeh el secreto de «sí mismo», diluido en la ruta de su curvilíneo y sonámbulo nomadismo vital.

Y Walt Whitman, propotente, no obstante asumir en su voz robusta en estremecimiento multitudinario, exalta en «El Canto de mí mismo» las virtudes intransferibles de su Yo torrencial, que se despliega pródigo y velivolante en los átomos cósmicos, al haber multiplicado en sí el injerto vital.

La originalidad, más que una irradiación exterior proyectada hacia el horizonte estético, es, a mi ver, una secreción interna, producto del automatismo supraconsciente al advenir en los momentos lúcidos del intelecto vigilante. Proviene la originalidad de un largo proceso meditativo, semejante a una rara alquimia de endocrinología mental. Y exteriorizada noviestructuralmente, marca directrices inéditas y dibuja luminosas trayectorias inmáculas en los brumarios ultraespeciales.

4) Mas, ¿cómo definir y subrayar aquel valor que forma el tesoro de la originalidad ingénita y consustancial en la ecuación personal de un artista o literato innovador? ¿Cómo él mismo puede llegar a reconocer en sí la rara gema preciosa de su originalidad en el conjunto de sus dotes y cualidades, no todas genuinamente suyas, tal directamente íntimas?...

¡Ah, sí, amigos! Arrojad, estriad vuestra mirada en torno, perforar la región del público pasivo, auscultar sus pechos quietos y sus frentes opacas. Nada oiréis si no es un murmullo de incomprensión obtusa o desdén perjuicioso a la lectura de nuestras creaciones. Mas he aquí que ellos alargan su mano, y distendiendo el índice, lo posan sobre un pasaje determinado, al mismo tiempo que lanzan un reproche concreto.

314   Ya —podéis exclamar doloridos y paradoxalmente jubilosos—,

ya he averiguado y he contrastado el secreto de mi originalidad. Ese índice profano que, impulsado por una mano adversa o gregaria, se tiende sobre mi prosa lapidando un fragmento proyecta una viva luz y subraya aquel matiz raro, aquel peculiarismo inaudito que condensa la clave de mi originalidad indudable, tácitamente reconocida al refractarse en la comprensión exigua del lector común.

Ce qui le public te réproche, cultive le c'est toi: nos dice certeramente Jean Cocteau en su Breviario *Le Coq et l'Arlequin,* brindándonos así una norma para comprobar el matiz de nuestra originalidad extraordinaria, que más bruscamente ha de refractarse sobre las dermis profanas. Pues, en efecto, el público ya sea lector, oyente o espectador —de un poema, una sinfonía o una obra teatral— se siente impulsado a mostrar su disconformidad con todo aquello que gira extrarradio de las normas admitidas y de los convencionalismos cretinos y tradicionalismos insolventes. He ahí por qué mirando hacia su faz redonda, podemos hallar subrayadas con su encono o incomprensión las características más originales de una obra.

—¡...!

—No, distinguido interruptor impaciente, no hay la menor intención ironizante de paradoja acrobática o mueca agresiva, hacia el gremio que usted pertenece, en esta confidencial revelación. Pues el odio del público rezagado y la indiferencia de los escritores saurios que se deslizan bajo él, clasifica en España con un objetivo despectivo o un silencioso cinturón envolvente, los tesoros de fragante o áspera originalidad primicial que aportan los hermes de las generaciones literarias innovadoras. Y he aquí el caso inmediato de nosotros, los ultraístas, que, rompiendo el nexo umbilical, nos hemos alzado en arrogantes precursores de nosotros mismos.

5) ¡Oh, el dolor, o, la intensa angustia patética de sentirse aislados y cohibidos, víctimas paradójicas de nuestra propia personalidad! Mas oh —simultáneamente— la gran voluptuosidad de sentirnos maravillosamente elevados, extraños e inauditos en el conjunto gregario circundante. Sólo esta persuasión de nuestra altitud, sólo esta categoría de rados y esta divina embriaguez de

yoísmo es la esencia que puede sostenernos en nuestra aristocrática soledad angular... Y hacernos contemplar indiferentes cómo mientras una escuadrilla de simios gesticulantes practican un trivial mimetismo retrospectivo, y son alzados en todos los escaparates de los promiscuos muestrarios pseudoliterarios, nosotros hemos de acogernos a un puro reducto silencioso. Sin embargo, hoy disfrutamos de la expectación de los mejores, e irradiamos una lírica fervorosidad porvenirista...

6) Cultivemos, pues —poetas y camaradas—, la única religión del yoísmo. Exaltemos nuestras características y nuestras potencias peculiares aguerridamente. Por encima del uniformismo grisáceo imperante, allende los contornos gregarios.

Y en la exclamación del YOISMO, genuino vértice donde abocan todas las corrientes de vanguardia, sinteticemos nuestro augural alarido que desvirgará los horizontes intactos.

Invitación a la blasfemia

La negación es el principio de la duda.
La duda engendra una insurrección mental.

Del vórtice enoemático se eleva imperativa y ascensional la Personalidad Nueva, que pugna por verticalizarse singularmente en su reacción contra el ambiente disímil, por medio de la Evasión o de la Agresión. ¡Y el crispamiento de esta última inquietud rebeliosa, frutece verbalmente en los poemas ácidos de la blasfemia!

Los ultraístas desembarcamos en la ribera izquierda. Allende las fronteras capturadas. Desbordantes de un potencial ímpetu destructor. Gesta de transformación purificadora que simultaneamos con el esfuerzo alboreal de la nueva edificación —según dilucidé en mi VERTICAL—. Situados así en la vanguardia porvenirista, intuimos amanecer un circuito noviespacial. Mas hoy, aun en la tensa hora ortal, y hostigados por enjuiciamientos y desdenes oblicuos, emitimos negaciones derrocadoras y nos polarizamos en ademanes disolventes.

316   En la otra ribera, duerme su pasividad suicida la masa obs-

taculizadora del público isomórficamente cretino y obcecadamente miope. Mas quedad advertidos, respecto al alcance de estos dicterios: En la turbia categoría y pigmeo nivel del «público», considero yo también incluidos —para los efectos despectivos— todos los rezagados abastecedores del pseudo-arte imperante: todos los *souteneurs* crapulosos que disfrazan el máximo cinismo de su impotencia integral yaciendo con la prostituta senecta de la Matrona-Academia. O dejándose torturar, como muñecos masoquistas, por la lascivia del público autocrático que los mantiene y vapulea. ¡Ah, la sumisión indignante en que vegetan esos mediocres turiferarios de los vicios secretos! Sus obras agravan las aberraciones y los estrabismos del público que se opone violentamente a nuestra intrusión metamorfoseada... Mientras, los entre sí los signos de la conspiración silenciosa, ambicionando estrangularnos. Mas nuestra risa irrespetuosa abochorna sus máscaras y lapida burlescamente sus palabras sensatas.

Porque ha llegado la hora de decirlo todo: Nosotros los promotores de una etapa original, que desdeñamos las secuencias pretéritas, estamos dispuestos a gritar incluso «lo que no está permitido decir sobre el arte», como ha hecho el fuerte panfletista dadá Ribemont-Dessaignes. Delatando el morboso estatismo de la ideocia que otros reverencian. Por medio de las verdades insolentes. En un gesto audaz que rima con el tono flagelador. Y triturando las mesuras y pudores beatos de los hipócritas sumisos. Todos los excesos verbales nos son lícitos ante la urgencia delatora. Del mismo modo que las alusiones escatológicas a sus males secretos. Y a las restantes «virtudes espirituales» que contienen los organismos gregarios: Cobardía ingénita. Teratológica contextura mental. Y acopio hereditario de ideas erróneas.

Y oídlo bien, con el mismo estremecimiento que el crascitar de una choya agorera: ¡Todo está putrefacto y agonizando en una consunción letal! Lo oficial y lo ritual son espectros que hieren a cadaverina. A su lado se amontonan los productos híbridos. Pero ¡abominemos también de lo intermedio que proponen algunos evolucionistas antiguos! Su delicuescencia insexuada, tiende a congraciarse con los equilibristas de transición entre las viejas fórmulas y las novedades estridentes. Y en cambio menosprecian nuestros gestos liberadores, y potentes alardes de creación, acusándonos de perturbadores heresiarcas, de falsos innovadores y de inaccesiblemente obscuros y complicados.

Voy a complacerles refutando una tras otra sus imputaciones desviadas. ¿Perturbadores heresiarcas? Desde luego, y a título de honor elemental, nos acoplamos ese calificativo con entusiasmo análogo a la saña con que lo profiere una legión de periodistas indocumentados y burgueses temblorosos, que temen por la seguridad de sus concubinas y de sus cajas de caudales. Después, una risa vengativa nos posee al averiguar quiénes ponen en duda la autenticidad de nuestra obra renovatriz: son espíritus muy atildados y circunspectos que, a poco esfuerzo, hubiesen podido ascender a una comprensión tangencial, más que agostados por largos años de sedentarismo estéril, se hallan rezagados, creyéndose empero únicos monopolizadores de modernidad, cuando en el fondo son unos tornos reaccionarios incurables...

Y ver ahora mi réplica explícita a la tercera objeción: hay un conjunto de público ineducado y negro en su obscura confusión gregaria, que nos reprocha airadamente nuestra presunta obscuridad, la «complicación laberíntica» de las teorías ultraicas y las «intenciones inextricables» de nuestro puro «lirismo inexpresivo». Yo, a la videncia exacta del astigmatismo general, causante de tales reproches, sonrío vengativamente, y extremo, a veces, el juego elíptico del nuevo vocabulario, multiplicando el desfile cinemático de las imágenes noviestructurales y la elevación de los teoremas críticos. No obstante, el lenguaje ultraísta es de una limpieza cenital, frente a la pasta confusamente absoluta que gusta a los paladares estragados.

Es necesario llegar a hacer una vivisección implacable para descubrir el por qué de esa miopía fundamental y negación básica que existe siempre en el público para aceptar las súbitas introyecciones renovadoras. Describir su contextura moral y sus ideas interiores, sería componer un capítulo de psicología teratológica. Pues el dragón amenazador, la bestia irresponsable y el monstruo tentacular son figuras del bestiario pintoresco que pueden asumir la representación del público arquetípico. Su ineducación innata —que advirtió Wilde en su dandysmo altivo—, su tradicionalismo insolvente y su criterio consuetudinario son ingénitas cualidades inviolables, que no claudican ante ningún movimiento transformador. Y lo más pintorescamente inadmisible es que todo público se apresura a aludir, como prueba de su autoridad enjuiciadora, lo que pomposa e inadecuadamente llama «su criterio». ¿Criterio propio, criterio evaluador, la masa indigente del público? Nuestra interrogación implica una duda absoluta, seguida de un aserto demostrativo: El público reacciona siempre hostilmente, y basándose en un sólido cúmulo de prejuicios, frente a toda exteriorización insólita, divergente de las normas admitidas. En contraste, y delatando su carencia total de criterio propio, se esfuerza por conservar y aumentar la podredumbre tradicional que le legaron sus antepasados —cuyo valor, si entonces existió, se halla hoy desplazado—, formando una densa muralla que opone a las avalanchas purificadoras de las generaciones avanzativas.

Pero aún más inadmisibles que estas rudas oposiciones del público son sus pretensiones vacuas de juez dictaminador inapelable. Su principal reproche —ya expuesto— ante las obras y las personalidades nuevas, legítimamente extrarradiales, consiste en afirmar su calidad incomprensible, al margen de las captaciones gregarias. Evidentemente, hay casos en que esta intención aisladora está deliberadamente conseguida en el deseo de alcanzar una depuración ideológica o una fragancia lírica extraordinaria. De ahí la improcedencia del público obtuso, que se obstina en calificar como nebuloso aquello que tiende a la máxima claridad de los altos espíritus afines, hacia quienes se halla enfocado. Mas, como ha sostenido Lautréamont en el interesante prefacio de sus *Poésies,* «no hay nada incomprensible». Y Nietzsche, anticipándose a una serie de teorizaciones simbolistas, corrobora: «Quizás entre en las intenciones del autor ser comprendido por un espíritu cualquiera». Todo espíritu distinguido y de buen gusto escoge así a sus lectores cuando quiere comunicarse. Seleccionándoles, se preserva de los ”demás”. Todas las reglas sutiles del estilo tienen su origen en esto: alejan, crean la distancia, prohibiendo la entrada a la comprensión, en tanto que abren las orejas a quienes son parientes por el oído». Certeras y luminosas palabras que justifican toda una estética literaria, exaltadora de la pura altitud lírica y del hermetismo simbólico, por encima del nivel cotidiano. Por otra parte, yo creo con Hegel que «se debe comprender lo ininteligible como tal».

Mas he aquí que hoy nos hallamos más allá de tales propósitos justificadores. Realizamos una obra de altas intenciones deveniristas, pero manipulamos con elementos diáfanos en su aspecto primordial. ¿Supone tal concesión un deseo preconcebido de enfocar nuestro arte hacia una multitud liberada de sus estigmas proverbiales? No; sino más bien el propósito de elevarla hasta la zona de abstracciones estéticas. Pues ya Oscar Wilde señaló la gran disyuntiva: «El Arte no puede pretender ser popular. Es el público quien debe esforzarse en ser artístico». Así el artista sin perder su digna altitud podrá hacer participar a un público nuevo en una comprensión redimidora.

Mas para llegar a tal aproximación sería necesario salvar antes algunas distancias. Existe primordialmente una disimilitud de conceptos fundamentales. Ellos —los que alardean de peritos— creen aún en el Gran Arte de similor (así, mayusculizado, con toda la falsa jerarquía litúrgica que le han adjudicado algunos hierofantes anacrónicos). Mas he aquí que nosotros, los ultraístas, estamos muy lejos de tales gesticulaciones admirativas. Reducimos el Arte a sus proporciones terráqueas, desposeyéndole de toda esa falsa transcendencia y de la sanción oficial que estiman necesaria algunos saurios grotescos. Además, nosotros estamos al margen y libres de ese engranaje ritual que mueve y regula, como un escalafón burocrático, las generaciones acéfalas y sumisas. Y frente al trivialismo anecdótico, aportamos a la literatura nuevos motivos vitales y maquinísticos, descubiertos por la nueva sensibilidad, al plano novimorfo, donde se rasgan las perspectivas de la hiperrealidad en especial...

Arrollando el estatismo conformista, oponemos inicialmente un *ultra* superador, de una invasora potencialidad juvenil. Del mismo modo que Dadá opone su «rien» a la nada oficial estruendosamente acogida. Tal actitud ultraísta suscita el encono de los impotentes que vegetan en la promiscuación de las claudicaciones.

La campaña acelera su intensidad demoledora y sus manifestaciones subversivas. Los rezagados se defienden vanamente tendiendo a rebajar el valor de nuestro esfuerzo ultra-rebasador. Enfocamos una mueca despectiva hacia tales cadáveres y seguimos adelante.

Y para ratificar nuestra disidencia, consolidando las negociaciones derrocadoras y las irreverencias burlescas, lanzo a los amigos mi invitación a la blasfemia: al dicterio virulento que ozoniza la atmósfera corrompida por sus gases impuros. ¡Abominamos de todas las farsas promiscuas, que hallan cómplices aún en los que se disfrazan de libertarios! ¡Proclamamos nuestro salvajismo independiente, salvaguardia de sinceridad, entusiasmo y originalidad! Y hendimos el espacio con nuestras blasfemas maldiciones:

¡Maldito el arte sojuzgado por el público sádico!
¡... y los grotescos «valores prestigiosos»!
¡...!
etc., etc.

Etcéteras que —deviniendo profesores de la blasfemia eficaz— debéis corear aguerridamente.

(*Cosmópolis*. 1921.)

MANIFIESTO DEL ULTRA

Existen dos estéticas: la estética pasiva de los espejos y la estética activa de los prismas. Guiado por la primera, el arte se transforma en una copia de la objetividad del medio ambiente o de la historia psíquica del individuo. Guiado por la segunda, el arte se redime, hace del mundo su instrumento, y forja —más allá de las cárceles espaciales y temporales— su visión personal. Esta es la estética del Ultra. Su volición es crear: es imponer facetas insospechadas al universo. Pide a cada poeta una visión desnuda de las cosas, limpia de estigmas ancestrales; una visión fragante, como si ante sus ojos fuese surgiendo auroralmente el mundo. Y, para conquistar esta visión, es menester arrojar todo lo pretérito por la borda. Todo: la recta arquitectura de los clásicos, la exaltación romántica, los microscopios del naturalismo, los azules crepúsculos que fueron las banderas líricas de los poetas del novecientos. Toda esa vasta jaula absurda donde los ritualistas quieren aprisionar al pájaro maravilloso de la belleza. Todo, hasta arquitecturar cada uno de nosotros su creación subjetiva.

Por lo arriba expuesto habrá visto el lector que la orienta-
322 ción ultraica no es, ni puede ser nunca patrimonio —como se

ha querido suponer— de un sector afanoso de arbitrariedades que encumbran malamente su estulticia. Los ultraistas han existido siempre: son los que, adelantándose a su era, han aportado al mundo aspectos y expresiones nuevas. A ellos debemos la existencia de la evolución, que es la vitalidad de las cosas. Sin ellos, seguiríamos girando en torno a una luz única, como las falenas. El Greco, con respecto a sus demás coetáneos, resultó también ultráista, y así tantos otros. Nuestro credo audaz y consciente es no tener credo. Es decir, desechamos las recetas y corsés absurdamente acatados por los espíritus exotéricos. La creación por la creación, puede ser nuestro lema. La poesía ultráica tiene tanta cadencia y musicalidad como la secular. Posee igual ternura. Tiene tanta visualidad, y tiene más imaginación. Pero lo que sí modifica es la modalidad estructural. En ese punto radica una de sus más esenciales innovaciones: la sensibilidad, la sentimentalidad serán eternamente las mismas. Ni pretendemos rectificar el alma, ni siquiera la naturaleza. Lo que renovamos son los medios de expresión.

Nuestra ideología iconoclasta, la que dispone a los filisteos en nuestra contra, es precisamente la que nos enaltece. Toda gran afirmación necesita una negación, como dijo, o se olvidó de decir, el compañero Nietzsche... Nuestros poemas tienen la contextura escueta y decisiva de los marconigramas.

Para esta obra de superación adicionamos nuestro esfuerzo al que realizan las revistas ultráicas Grecia, Cervantes, Reflector y Ultra.

JACOBO SURIDA - FORTUNIO BONANOVA
JUAN ALOMAR - JORGE LUIS BORGES.

(*Baleares*, 1921.)

PRIMER MANIFIESTO DEL SURREALISMO

(Fragmento)

POR ANDRÉ BRETON

El caso es que una noche, antes de caer dormido, percibí
netamente articulada hasta el punto de que resultaba imposible
cambiar ni una sola palabra, pero ajena al sonido de la voz, de
cualquier voz, una frase harto rara que llegaba hasta mí sin llevar
en sí el menor rastro de aquellos acontecimientos de que, según
las revelaciones de la conciencia, en aquel entonces me ocupaba,
y la frase me pareció muy insistente, era una frase que casi me
atrevería a decir *estaba pegada al cristal*. Grabé rápidamente la
frase en mi conciencia, y, cuando me disponía a pasar a otro
asunto, el carácter orgánico de la frase retuvo mi atención. Verdaderamente, la frase me había dejado atónito; desgraciadamente no la he conservado en la memoria, era algo así como «Hay
un hombre a quien la ventana ha partido por la mitad», pero
no había manera de interpretarla erróneamente, ya que iba acom-
pañada de una débil representación visual de un hombre que
caminaba, partido, por la mitad del cuerpo aproximadamente
por una ventana perpendicular al eje de aquél. Sin duda se
trataba de la consecuencia del simple acto de enderezar en el
espacio la imagen de un hombre asomado a la ventana. Pero
debido a que la ventana había acompañado al desplazamiento

del hombre, comprendí que me hallaba ante una imagen de un tipo muy raro, y tuve rápidamente la idea de incorporarla al acervo de mi material de construcciones poéticas. No hubiera concedido tal importancia a esta frase si no hubiera dado lugar a una sucesión casi ininterrumpida de frases que me dejaron poco menos sorprendido que la primera, y que me produjeron un sentimiento de gratitud tan grande que el dominio que, hasta aquel instante, había conseguido sobre mí mismo me pareció ilusorio, y comencé a preocuparme únicamente de poner fin a la interminable lucha que se desarrollaba en mi interior.

En aquel entonces, todavía estaba muy interesado en Freud, y conocía sus métodos de examen que había tenido ocasión de practicar con enfermos durante la guerra, por lo que decidí obtener de mí mismo lo que se procura obtener de aquéllos, es decir, un monólogo lo más rápido posible, sobre el que el espíritu crítico del paciente no formule juicio alguno, que, en consecuencia, quede libre de toda reticencia, y que sea, en lo posible, equivalente a *pensar en voz alta*. Me pareció entonces, y sigue pareciéndome ahora —la manera en que me llegó la frase del hombre cortado en dos lo demuestra—, que la velocidad del pensamiento no es superior a la de la palabra, y que no siempre gana a la de la palabra, ni siquiera a la de la pluma en movimiento. Basándonos en esta premisa, Philippe Soupault, a quien había comunicado las primeras conclusiones a que había llegado, y yo nos dedicamos a emborronar papel, con loable desprecio hacia los resultados literarios que de tal actividad pudieran surgir. La facilidad en la realización material de la tarea hizo todo lo demás. Al término del primer día de trabajo, pudimos leernos recíprocamente unas cincuenta páginas escritas del modo antes dicho, y comenzamos a comparar los resultados. En conjunto, lo escrito por Soupault y por mí tenía grandes analogías, se advertían los mismos vicios de construcción y errores de la misma naturaleza, pero por otra parte también había en aquellas páginas la ilusión de una fecundidad extraordinaria, mucha emoción, un considerable conjunto de imágenes de una calidad que no hubiésemos sido capaces de conseguir, ni siquiera una sola, escribiendo lentamente, unos rasgos de pintoresquismo especialísimo, y, aquí y allá, alguna frase de gran comicidad. Las únicas diferencias que se advertían en nuestros textos me parecieron derivar esencialmente de nuestros respectivos temperamentos, el de Soupault menos estático que el mío, y, si se me permite una ligera crítica, también derivaban de que Soupault cometió el error de colocar en lo alto de algunas páginas, sin duda con ánimo de inducir a error, ciertas palabras, a modo de título. Por otra parte, y a fin de hacer plena justicia a Soupault, debo decir que se negó siempre, con todas sus fuerzas, a efectuar la menor modificación, la menor corrección, en los párrafos que me parecieron mal pergeñados. Y en este punto llevaba razón. Ello es así por cuanto resulta muy difícil apreciar en su justo valor los diversos elementos presentes, e incluso podemos decir que es imposible apreciarlos en la primera lectura. En apariencia, estos elementos son, para el sujeto que escribe, *tan extraños* como para cualquier otra persona, y el que los escribe recela de ellos, como es natural. Poéticamente hablando, tales elementos destacan ante todo por su alto grado de *absurdo inmediato,* y este absurdo, una vez examinado con mayor detención, tiene la característica de conducir a cuanto hay de admisible y legítimo en nuestro mundo, a la divulgación de cierto número de propiedades y de hechos que, en resumen, no son menos objetivos que otros muchos.

En homenaje a Guillermo Apollinaire, quien había muerto hacía poco, y quien en muchos casos nos parecía haber obedecido a impulsos del género antes dicho, sin abandonar por ello ciertos mediocres recursos literarios, Soupault y yo dimos el nombre de SURREALISMO al nuevo modo de expresión que teníamos a nuestro alcance y que deseábamos comunicar lo antes posible, para su propio beneficio, a todos nuestros amigos. Creo que en nuestros días no es preciso someter a nuevo examen esta denominación, y que la acepción en que la empleamos ha prevalecido, por lo general, sobre la acepción de Apollinaire. Con mayor justicia todavía, hubiéramos podido apropiarnos del término SUPERNATURALISMO, empleado por Gérard de Narval en la dedicatoria de *Muchachas de fuego.* Efectivamente, parece que Nerval conoció a maravilla el *espíritu* de nuestra doctrina, en tanto que Apollinaire conocía tan sólo la *letra,* todavía im-

326

perfecta, del surrealismo, y fue incapaz de dar de él una explicación teórica duradera. He aquí unas frases de Nerval que me parecen muy significativas a este respecto:

Voy a explicarle, mi querido Dumas, el fenómeno del que usted ha hablado con mayor altura. Como muy bien sabe, hay ciertos narradores que no pueden inventar sin identificarse con los personajes por ellos creados. Sabe muy bien con cuánta convicción nuestro viejo amigo Nodier contaba cómo había padecido la desdicha de ser guillotinado durante la Revolución; uno quedaba tan convencido que incluso se preguntaba cómo se las había arreglado Nodier para volver a pegarse la cabeza al cuerpo.

Y como sea que tuvo usted la imprudencia de citar uno de esos sonetos compuestos en aquel estado de ensueño SUPERNATURALISTA, cual dirían los alemanes, es preciso que los conozca todos. Los encontrará al final del volumen. No son mucho más oscuros que la metafísica de Hegel o los «Mémorables» de Swedenborg, y perderían su encanto si fuesen explicados, caso de que ello fuera posible, por lo que le ruego me conceda al menos el mérito de la expresión...

Indica muy mala fe discutirnos el derecho a emplear la palabra SURREALISMO, en el sentido particular que nosotros le damos, ya que nadie puede dudar que esta palabra no tuvo fortuna, antes de que nosotros nos sirviéramos de ella. Voy a definirla, de una vez para siempre:

SURREALISMO: sustantivo, masculino. Automatismo psíquico puro por cuyo medio se intenta expresar, verbalmente, por escrito o de cualquier otro modo, el funcionamiento real del pensamiento. Es un dictado del pensamiento, sin la intervención reguladora de la razón, ajeno a toda preocupación estética o moral.

ENCICLOPEDIA, Filosofía: el surrealismo se basa en la creencia en la realidad superior de ciertas formas de asociación desdeñadas hasta la aparición del mismo, y en el libre ejercicio del pensamiento. Tiende a destruir definitivamente todos los restantes mecanismos psíquicos, y a sustituirlos en la resolución de los principales problemas de la vida. Han hecho profesión de fe de SURREALISMO ABSOLUTO, los siguientes señores: Aragon, Baron, Boiffard, Breton, Carrive, Crevel, Delteil, Desnos, Eluard, Gérard, Limbour, Malkine, Morise, Naville, Noll, Péret, Picon, Soupault, Vitrac.

Por el momento parece que los antes nombrados forman la lista completa de los surrealistas, y pocas dudas caben al respecto, salvo en el caso de Isidore Ducasse, de quien carezco de datos. Cierto es que si únicamente nos fijamos en los resultados, buen número de poetas podrían pasar por surrealistas, comenzando por el Dante, y, también, en sus mejores momentos, por el propio Shakespeare. *En el curso de las diferentes tentativas de definición, por mí efectuadas, de aquello que se denomina, con abuso de confianza, el genio, nada he encontrado que pudiera atribuirse a un proceso que no sea el anteriormente definido.*

Las *Noches* de Young son surrealistas de cabo a rabo; desgraciadamente no se trata más que de un sacerdote que habla, de un mal sacerdote, sin duda, pero sacerdote al fin.

Swift es surrealista en la maldad.
Sade es surrealista en el sadismo.
Chateaubriand es surrealista en el exotismo.
Constant es surrealista en política.
Hugo es surrealista cuando no es tonto.
Desbordes-Valmore es surrealista en el amor.
Bertrand es surrealista en el pasado.
Rabbe es surrealista en la muerte.
Poe es surrealista en la aventura.
Baudelaire es surrealista en la moral.
Rimbaud es surrealista en la vida práctica y en todo.
Mallarmé es surrealista en la confidencia.
Jarry es surrealista en la absenta.
Nouveau es surrealista en el beso.
Saint-Pol-Roux es surrealista en los símbolos.

Fargue es surrealista en la atmósfera.

Vaché es surrealista en mí.

Reverdy es surrealista en sí.

Saint-John Perse es surrealista a distancia.

Roussel es surrealista en la anécdota.

Etcétera.

(*Manifiesto del Surrealismo,* 1924. Traducción castellana de Andrés Bosch. Guadarrama. Madrid, 1969. Se han suprimido las notas a pie de página.)

A LA MESA

Por Antonin Artaud

Abandonad las cavernas del ser. Venid. El espíritu sopla procedente del espíritu. Es tiempo de abandonar vuestras cosas. Ceded al pensamiento integral. Lo Maravilloso está en la raíz del espíritu.

Nosotros estamos dentro del espíritu, en el interior de la cabeza. Ideas, lógica, orden, Verdad (con V mayúscula), Razón, todo esto lo entregamos a la nada de la muerte. Cuidado con vuestras lógicas, señores, cuidado con vuestras lógicas: no sabéis hasta donde puede llevarnos nuestro odio de la lógica.

La vida, en su fisonomía llamada real, sólo se deja fijar mediante un alejamiento de la vida, mediante un suspenso impuesto al espíritu; pero la realidad no está aquí. No hay, pues, que venir a fastidiarnos en espíritu a nosotros, que miramos hacia cierta eternidad surreal, a nosotros que ya no nos consideramos del presente y somos frente a nosotros mismos como nuestras sombras reales.

El que nos juzga no ha nacido al espíritu, a aquel espíritu a que nos referimos y que, para nosotros, está fuera de lo que vosotros llamáis espíritu. No hay que llamar en demasía nuestra atención a las cadenas que nos unen a la imbecilidad petrificante del espíritu. Nosotros hemos puesto la mano sobre una nueva bestia. Los cielos responden a nuestra actitud de insensata absurdidad. El hábito que tenéis de dar la espalda a las preguntas no impedirá que los cielos se abran, el día establecido, y que un nuevo lenguaje se instale en medio de vuestras necias contrataciones, queremos decir: de las contrataciones necias de vuestro pensamiento.

Hay signos, en el Pensamiento. Nuestra actitud de absurdo y de muerte es la de la mejor receptividad. A través de las hendeduras de una realidad en adelante impracticable, habla un mundo voluntariamente sibilino.

(La Révolution surréaliste. Abril, 1925.)

PRESUPUESTO VITAL

Por Juan Larrea

No conocí a Darío, pero me doy por sabido que entre su pecho y el horizonte apenas cabía el canto de un pájaro.

En lealtad sólo hay un modo de ser, el modo de la pasión. Allí es donde se cuece el pan, el hueso y la azulejería de la vida. Guerrero oficio de existencia — ¡oh la inodora paz! — a todos, espontánea y felizmente, se nos va día a día entre el humo de la hoguera y cada nueva noche nos sorprende teñidas de corazón las manos.

Esta energía cósmica e infatigable no perdona batalla alguna. Donde quiera que exista posibilidad de espasmo allí aparece su palanca dispuesta a remover entrañas y moléculas. En el hombre por ella coexisten, con el animal, la matemática, la religión, el arte.

Para el individuo, sin embargo, escribir, pintar, son actos estrictamente voluntarios. El ente mejor dotado puede, en efecto, someterse a dique. Pero no es menos evidente que un irascible impulso, no tanto íntimo como nacido más atrás de su espalda, le encarará tarde o temprano con la obra en blanco. Hacia ella le empuja la capacidad de una lucha más, la lucha entre el temperamento dotado y el implacable artístico. Entonces es cuando todo aquel que no se sienta velludo y poblado de sí mismo, carne de animal y valor de intemperie, debe dar media vuelta hacia el silencio. Hoy el arte es un problema de generosidad.

Todo menos el simulacro cobarde. Ya nos sobran poemas y esculturas y músicas para admirar la ligereza cerval a que puede llegar un rico temperamento que huye arrojando al azar todo lo que pudiera comprometerle.

Queramos, pues, o no.

El que quiera y ame-odie (oh, esta lengua nuestra tan parca en ofrecernos obras dignas de distinguir así) y generosamente se inmole a la atracción y repulsión que entre sí experimentan inteligencia y sensibilidad, con cerebro limpio pienso que hoy día tiene que asirse al espíritu científico para llegar a un imprescindible conocimiento. Aquí empieza la gran aventura. Sin claridad no existe el artista. Artista es el que, sin desmayos ni transigencias, selecciona y deshecha, exigiendo más y más de las potencias proveedoras para conseguir su máximo rendimiento. Así como en estos tiempos de ideas facilitadas y a cualquier alcance, sabio sólo puede ser el que conscientemente se deslastre de lo que debe no saber, artista sólo existirá en cuanto consciencia de lo que debe no expresarse. Hoy quizá más que nunca es preciso puntualizarnos a la luz, llamando a cada cosa por su nombre y situándolas en su natural lugar. En tierras de arte las relaciones entre inteligencia y sensibilidad mal planteadas inveteradamente han sido causa del más elevado número de males. El hombre ha comprendido oscuramente que entre sí ambas eran enemigas y ha tomado partido en pro o en contra como si estuvieran fuera de su pecho. Máximo error.

Viendo en la marcha cómo ambos alternan y pensando esta imagen al ralentí y considerablemente agrandada un espectador ligero puede, durante el tiempo que un pie avanza, creer que aquél sólo es el encargado de engendrar el movimiento. La contemplación del ritmo civilizado (?) a través de los tiempos nos viene a convencer de que siempre el hombre se ha dividido en bandos para defender esta falta de perspectiva inteligente. Hoy es una escuela que tropezando con obstáculos de expresión sostiene a ultranza la sola eficacia de la inteligencia; mañana una generación posterior proclama, reaccionando, la cojera contraria, la sola eficacia de la sensibilidad. Posturas desencajadas que lo mismo se producen en los grandes macizos seculares que en los diminutos ismos efímeros. Máximo error. Inteligencia y sensi- 333 bilidad son enemigas, pero no en el tiempo ni en el espacio, sino en cada interior humano, donde únicamente existen. Ese y no otro es su campo de refriega. ¿No es llegada ya la hora de situarse más allá del clasicismo y del romanticismo y de inventar la locomoción racional? Inteligencia y sensibilidad, mutuas se ayudan y entreagigantan, a expensas una de otra se disminuyen. Las generaciones se han resistido a admitir este axioma tan elementalmente humano, y sin embargo, ¿no es cierto que el que más conoce es el que más ignora, es decir, el que entrevé y rinde positiva y útil extensión más grande de ignorancia, así como la viceversa? ¿Y no son éstas las dos coincidentes mitades del tórax artístico?

No se escamotee, pues, el hombre su propio drama. No lo confunda ni lo difunda. No se consuele buscando aliados. Está solo. Por el contrario golpee sus millares de aristas contra sí mismo y contra todos, colisiónese arcilla y soplo, declárese para siempre invicto. Esta esencia dramática es su esencia, por la que existe; la misma que engendra movimiento, calor y vida; la misma que enemista dos palabras en el cráneo del poeta y obliga a todo el idioma a entrar en ebullición; la misma que la obra terminada levanta en el sujeto recipiente a brazo partido contra todo lo que en él preexiste.

Porque, ¿qué otra cosa puede ser una obra artística que un artefacto animado, una máquina de fabricar emoción que, introducida en un complejo humano desencadene la múltiple vibración de lo encendido? Sólo en el polvo de esta batalla encarnarán los pobladores del entresueño, amable y ávido país.

Conocimiento, conocimiento, a nada que se escarbe millares son los problemas que nos solicitan, tantos que una nueva desesperación viene a poseernos, la de carecer de suficientes manos. Hoy por hoy en nuestra lengua española es el puntal que reclama atención más inmediata. ¿Cuántos casos se nos ofrecen en que haya sido abordado de frente? ¿Desde hace cuántos siglos vivimos de algo auténtico que no sea debido a importación? Así está nuestro idioma de rechinante e incurtido, así extraordinaria es la página donde las palabras no huelen a diccionario y sí a boca fresca, así nuestra sensibilidad circulante está de paquidermizada y nuestra historia literaria se reduce a una simple suposición de flores a porfía en el vacío. Nuestros jóvenes, ¿qué obra comenzada han heredado? ¿A qué manos han venido a sustituir las suyas?

Sin embargo, este problema rebasa nuestros límites geográficos, es un problema internacional de civilización y no sólo restringido a la heredad literaria. Ahí está la política, la sociología... Y afirmo que sólo una decidida maniobra orientada hacia el claro conocimiento científico puede salvar a nuestra época del mismo abismo que sumió las promesas que consigo traían los alboreares del renacimiento; maniobra de dar la espalda de una vez y para siempre al abusivo espíritu filosófico o metafísico si queréis, tan estéril como la experiencia de siglos nos enseña. La filosofía sistemática, esa fantasía de la creencia, arte en fin, pero sin más trascendencia vital que la música por ejemplo; bálsamo curalotodo que intenta saciar de un golpe la cobarde inmensidad de nuestra ignorancia, es por esto la gran mermadora del hombre; cierra sus puertas en vez de abrirlas de par en par, le entrega atado de pensamiento y alas a un cotidianismo insípido; no progresa, sino que varía con el mismo ritmo que la moda; lógicamente puesto que en el fondo no es sino la indumentaria espiritual encargada durante siglos de ocultar nuestra desnudez. La absorbente supremacía del espíritu filosófico, su ingerencia en todos los planos de la actividad es el contrafuerte más denso que para su progreso tiene que vencer la humanidad.

Hay que sustituir el sistema apriorístico por la fecunda hipótesis de trabajo y la conformidad muelle con el dinamismo optimista. Y téngase presente que no proclamo la estandartización artística; ya está suficientemente envilecido el arte por nuestros predecesores. Por el contrario reclamo el honroso lugar jerárquico que le corresponde. Al verdadero artista las pequeñas fortunas de sensibilidad no le interesan. Además, cree en su tiempo.

Revolucionemos pues, y con pasión, esa hereditaria monarquía filosófica. Vaya a su puesto y reserve sus drogas absolutas para el especulador absolutomano. No se trasplante su norma ni a la realidad ni a la política ni al arte. No queremos correr el riesgo de creer en la perfección, noción mortífera y estancadora, y de tender hacia ella en vez de creer en la evolución progresiva. No existe la perfección como no existe la verdad ni la belleza y ésta menos que para nadie para el artista. No existen obras bellas y eternas sino humildemente obras que en un tiempo emocionan, unas a un puñado de hombres, otras a otro. Un hombre sólo puede proferir: esto me gusta. Y sintiéndose dichosamente exento y sin miedo ante la vida y la muerte, ni añade ni resta a su goce la opinión colectiva. Hablo del hombre valeroso de sí mismo y de su ignorancia y cuya serenidad inteligente posee la suficiente fuerza para neutralizar el fluido ensortijado que se desprende del rebaño. Él sabe que su complejo personal carece de otro modelo que el que le da el espejo de su potencia. Para él, ante una obra de espíritu no cuenta más que su emoción, es decir, su imperfección, su movimiento.

No nos mermemos, no nos empequeñezcamos, no vivamos en comunidad, ni nos pongamos en desacuerdo con nosotros mismos. Sólo un furioso individualismo en lo que tiene cada hombre de peculiar podrá hacer una colectividad interesante. Pero esto no nos importa. Somos un fenómeno pasajero; orbitémonos simplemente en un personal camino de ambición que atraviese el todo. Para nosotros sólo nuestro tiempo existe.

Véase que no presento una estética entre las numerosas que cualquier espíritu puede formular dando una pequeña vuelta filosófica alrededor de las cosas. Nuestra literatura no es ni literatura, es pasión y vitavirilidad por los cuatro costados.

En consecuencia, Vallejo y yo presentamos aquí diversas obras imperfectas por muy diversos estilos, pero coincidentes en más de un punto esencial: en su actualidad, su pasión íntima y su orientación al conocimiento. Aún no son quizá bastante imperfectas, pero confiamos poder dentro de poco mostraros otras que lo sean mucho más.

(*Favorables París Poema*. París, 1926.)

FULL GROC

(Manifiesto antiartístico catalán)

Del presente Manifiesto hemos eliminado toda cortesía en nuestra actitud. Inútil toda discusión con los representantes de la actual cultura catalana, artísticamente negativa, aunque eficaz en otros órdenes. La transigencia o la corrección conducen a delicuescencias y lamentables confusionismos de todos los valores, a las más irrespirables atmósferas espirituales, a las perniciosas de las influencias. Ejemplo: *La Nova Revista*. La violenta hostilidad, por el contrario, sitúa netamente los valores y las posiciones, y crea un estado de espíritu higiénico.

HEMOS ELIMINADO toda argumentación	Existe una enorme biblio-
HEMOS ELIMINADO toda literatura	grafía y todo el esfuerzo
HEMOS ELIMINADO toda lírica	de los artistas de hoy para
HEMOS ELIMINADO toda filosofía	suplir todo esto.
a favor de nuestras ideas.	

NOS LIMITAMOS   a la más objetiva enumeración de hechos.

NOS LIMITAMOS   a señalar el grotesco y tristísimo espectáculo de la intelectualidad catalana de hoy, estancada en un ambiente reducido y putrefacto.

337

PREVENIMOS   de la infección a los aún no contagiados. Cuestión de estricta asepsia espiritual.

SABEMOS   que nada nuevo vamos a decir. Pero nos consta que es la base de todo lo nuevo que hoy hay y de todo lo nuevo que tenga posibilidades de crearse.

VIVIMOS   una época nueva, de una intensidad poética imprevista.

EL MAQUINISMO   ha revolucionado el mundo.

EL MAQUINISMO   —antítesis del circunstancialmente indispensable futurismo— ha verificado el cambio más profundo que ha conocido la humanidad.

UNA MULTITUD   anónima —antiartística— colabora con su esfuerzo cotidiano en la afirmación de la nueva época, viviendo a la vez de acuerdo con su tiempo.

UN ESTADO DE ESPÍRITU POST-MAQUINISTA SE ESTÁ FORMANDO

LOS ARTISTAS   de hoy han creado un arte nuevo de acuerdo con este estado de espíritu. De acuerdo con su época.

AQUÍ, NO OBSTANTE, SE CONTINÚA VEGETANDO IDÍLICAMENTE

LA CULTURA   actual de Cataluña es inservible para la alegría de nuestra época. Nada más peligroso, más falso y más adulterador.

PREGUNTAMOS A LOS INTELECTUALES CATALANES:

—¿De qué os ha servido la Fundación Bernat Metge, si después habéis de confundir la Grecia antigua con las bailarinas pseudoclásicas?

AFIRMAMOS   que los sportman están más próximos del espíritu de Grecia que nuestros intelectuales.

AÑADIREMOS	que un sportman virgen de nociones artísticas y de toda erudición está más cerca y es más apto para sentir el arte y la poesía de hoy, que los intelectuales miopes y embarazados por una preparación negativa.
PARA NOSOTROS	Grecia se continúa en la resultante numérica de un motor de aviación, en el tejido antiartístico de anónima manufactura destinada al golf, en el desnudo del music-hall americano.
ANOTAMOS	que el teatro ha dejado de existir para unos cuantos y casi para todos.
ANOTAMOS	que los conciertos, conferencias y espectáculos corrientes hoy entre nosotros, acostumbran a ser sinónimos de locales irrespirables y aburridísimos.
POR EL CONTRARIO	nuevos hechos de intensa alegría y jovialidad reclaman la atención de los jóvenes de hoy.
HAY	el cinema.
HAY	el estadio, el boxeo, el rugby, el tennis y demás deportes.
HAY	la música popular de hoy: el jazz y la danza actual.
HAY	el salón del automóvil y de la aeronáutica.
HAY	los juegos en las playas.
HAY	los concursos de belleza al aire libre.
HAY	el desfile de maniquíes.
HAY	el desnudo bajo la luz eléctrica en el music-hall.
HAY	la música moderna.
HAY	el autódromo.
HAY	las exposiciones de arte de los artista modernos.
HAY	aún una gran ingeniería y unos magníficos trasatlánticos.
HAY	una arquitectura de hoy.
HAY	útiles objetos, muebles de época actual.

339

HAY	la literatura moderna.
HAY	los poetas modernos.
HAY	el teatro moderno.
HAY	el gramófono, que es una pequeña máquina.
HAY	el aparato de fotografiar, que es otra pequeña máquina.
HAY	diarios de rapidísima y vastísima información.
HAY	enciclopedias de una erudición extraordinaria.
HAY	la ciencia en una gran actividad.
HAY	la crítica documentada y orientadora.
HAY	etc., etc., etc.
HAY	finalmente, una oreja inmóvil sobre un pequeño humo derecho.
DENUNCIAMOS	la influencia sentimental de los lugares comunes raciales de Guimerá.
DENUNCIAMOS	la sensiblería enfermiza servida por el Orfeo Catalá, con su repertorio manido de canciones populares, adaptadas y adulteradas por la gente negada para la música, y hasta de composiciones originales. (Pensamos con optimismo en el coro de los «Revellers» americanos.)
DENUNCIAMOS	la falta absoluta de juventud de nuestros jóvenes.
DENUNCIAMOS	la falta absoluta de decisión y de audacia.
DENUNCIAMOS	el miedo a los nuevos hechos, a las palabras, al riesgo del ridículo.
DENUNCIAMOS	el soporismo del ambiente de las peñas y las personalidades barajadas en el arte.
DENUNCIAMOS	la absoluta indocumentación de los críticos respecto al arte de hoy y de ayer.
DENUNCIAMOS	los jóvenes que pretenden repetir la antigua pintura.
DENUNCIAMOS	los jóvenes que pretenden imitar la antigua literatura.
DENUNCIAMOS	la arquitectura de estilo.
DENUNCIAMOS	el arte decorativo que no sigue la estandartización.

340

DENUNCIAMOS	los pintores de árboles torcidos.
DENUNCIAMOS	la poesía catalana actual, hecha de los más manoseados tópicos maragallanos.
DENUNCIAMOS	los venenos artísticos para uso infantil, tipo: «Jordi». (Para la alegría y comprensión de los niños, nada más adecuado que Rousseau, Picasso, Chagall...)
DENUNCIAMOS	la psicología de las niñas que cantan: *Rosó, Rosó...*
DENUNCIAMOS	la psicología de los niños que cantan: *Rosó, Rosó...*

FINALMENTE NOS PONEMOS BAJO LA ADVOCACIÓN DE LOS GRANDES ARTISTAS DE HOY: de las más diversas tendencias y categorías:

PICASSO, GRIS, OZENFANT, CHIRICO, JOAN MIRÓ, LIPCHITZ, BRANCUSI, ARP, LE CORBUSIER, REVERDY, TRISTAN TZARA, PAUL ELUARD, LOUIS ARAGON, ROBERT DESNOS, JEAN COCTEAU, STRAWINSKY, MARITAIN, RAYNAL, ZERVOS, ANDRE BRETON, *etc., etc.*

SALVADOR DALÍ   LLUIS MONTANYA
SEBASTIA GASCH

(El Gallo. Granada, 1928.)

REALIDAD Y SOBRERREALIDAD

Por Salvador Dalí

Recientemente, escribiendo sobre Joan Miró, decía cómo sus últimas pinturas llegaban a unos resultados que podrían servirnos para la apreciación aproximativa de la realidad misma. Esto podría decirse de todos los pintores vivos de hoy: Picasso, Arp, Max Ernst, Ives Tanguy, etc., pero era necesario distinguir a Miró como ejemplo de mayor pureza y, además, porque en él este nuevo sentido de la dispersión, a que alude Tenade hasta en las realizaciones más ajenas al sobrerrealismo (la era poética de Léger) adquiere una física plasmación del más agudo patetismo, patetismo hijo del de las absolutas concreciones del Miró de antaño, con *La sierra,* y más tarde, dentro de la nueva objetividad, con *La Masía.*

Esta apreciación de la realidad a que nos conduce el automatismo, con la definitiva extirpación de residuos naturalistas, corrobora el pensamiento de André Breton, cuando éste dice que la sobrerrealidad estaría contenida en la realidad, y viceversa. Efectivamente; en un momento, particularmente distraído y, por lo tanto, lejos de toda intervención imaginativa, que supone siempre acción contraria al estado genuinamente pasivo a que me refiero, el espectáculo de un carro con su vela, enganchado a un animal inmóvil y del mismo color que éste, puede ofrecérsenos *súbitamente* como el más turbador, concreto y detallado de los conjuntos mágicos en el momento de considerar al animal, las ruedas, las guarniciones y las maderas del carro como una sola pieza inerte, y en cambio la vela, con sus guitas, como el trozo viva y palpitante, ya que, en realidad, es lo único que está moviéndose delante de nuestros ojos.

Se trata, pues, de un instante rapidísimo en que ha sido captada la realidad de dicho conjunto en un momento en que éste, gracias a una súbita inversión, se nos ha ofrecido y ha sido considerado lejos de la imagen estereotipada antirreal que nuestra inteligencia ha ido forjándose artificialmente, dotándolo de atribuciones cognoscitivas, falsas, nulas por razón poética, y que sólo por la ausencia de nuestro control inteligente son posibles de eludir.

Nada más favorable a las osmosis que se establecen entre la realidad y la sobrerrealidad que la fotografía, y el nuevo vocabulario que ésta impone nos ofrece sincrónicamente una lección de máximo rigor y de máxima libertad. El dato fotográfico está siendo, tanto fotogénicamente como por las infinitas asociaciones figurativas a que puede someter nuestro espíritu, una constante revisión del mundo exterior, cada vez más objeto de duda, y al mismo tiempo con más inusitadas posibilidades de carencia de cohesión.

No cesaremos de oponer el dato objetivo a la híbrida poesía aproximativa, infectada de un subjetivismo estético, insípido, mezclado a un impresionismo intelectual, en el que toda chispa de realidad es ahogada por una autoironía elegante.

Necesariamente, las soluciones poéticas por combinación dentro de la inteligencia resultan inservibles para los deseos actuales y para todo, respecto de la inteligencia misma —la imagen—, acertijo, la falsa y absurda influencia deportiva, cinemática, mecanística o sea arqueología (época), con que se distingue aún la poesía y la literatura, llamadas vaguísimamente de vanguardia, las cuales, lejos de librarse por estos nuevos y maravillosos medios de expresión, sufren de ellos la más absurda y grotesca de las influencias, resultan totalmente ilegibles.

343

En cambio, amamos la emoción viva de las transcripciones estrictamente objetivas de un mach de boxeo o de un paisaje polar expuestos económica y antiartísticamente. De nada ganaría la poesía y para nada podrían interesarnos las combinaciones subjetivas que con ello pudieran fabricar un Cocteau, un Giraudoux, Gómez de la Serna, etc., etc.

En este vértice de mil ramales de nuestro espíritu, en que nos es inadmisible toda actividad que no tienda al conocimiento de la realidad (viendo estas dos palabras en una constante surimpresión), y que por fin la palabra bello y feo ha dejado de tener entre nosotros todo sentido, apreciamos límpidamente nuestras preferencias nacidas de la capacidad amorosa de los más crueles e inadvertidos enlaces patéticos por su frondosa esterilidad e igualmente patéticas por su mórbida fecundidad inútil, árida igualmenmente patéticas por su mórbida fecundidad inútil, ávida igualmenmente patéticas por su mórbida Fecundidad inútil, árida igualmente, dolorosa o alegre, respectivamente.

Ya que realmente todo arte, en el momento de perfeccionarse externamente, como dice Miró, decae espiritualmente, y en este caso, todos los períodos esplendorosos del arte se nos ofrecen como hórridas decadencias, constataremos cómo precisamente en estos períodos podríamos llamar científicos, la realidad que sólo puede ser captada por vía del espíritu desaparece, dejando en su lugar los procesos intelectuales engendradores de los sistemas estéticos, antagónicos a toda apreciación de la realidad, y, por tanto, incapaces de poder emocionarnos poéticamente con intensidad, ya que no concebimos el lirismo fuera de los datos que nuestro conocimiento pueda percibir de la realidad, y estos datos son precisamente los que nos pueden proporcionar el automatismo y el sondaje en la irracionalidad y en el subconsciente.

Lejos de toda estética y en nuestra tentativa evasión, a la que Max Ernst desde tanto tiempo viene esforzándose, podemos establecer relaciones cognoscitivas normales, lejos de nuestra experiencia habitual. Realmente, para nosotros no existe ninguna relación entre una colmena y una pareja de danzadores, o bien, como quiere André Breton, no existe entre estas dos cosas ninguna diferencia esencial. Efectivamente, entre el jinete y las riendas

344 sólo cabe en realidad poéticamente una relación análoga a la que

existe o pudiera existir entre Saturno y la diminuta larva encerrada dentro de su crisálida.

La simple y tan llana admisión de «un jinete montado en su caballo» (el jinete corría veloz montado en su caballo) y las suposiciones que esto implica (ideas inherentes de velocidad, de posición horizontal del caballo y vertical del jinete, etc., etc.), nos parece a nuestro espíritu como algo enormemente irreal y confusionario en el momento en que juzgamos dicho conjunto desde nuestros instintos. En este momento, esta simple admisión conformista nos produce una idea de audacia injustificada. Ya que para nosotros sería cuestión de dilucidar mil previas y urgentísimas cuestiones que nos obsesionen, ante todo sería cuestión de preguntarse si realmente el jinete monta el caballo o si lo único suelto y montable del conjunto es el cielo que se recorta entre las patas, si las riendas no son, efectivamente, la prolongación en una distinta calidad de los mismísimos dedos de la mano, si en realidad los pelitos del brazo del jinete tienen más capacidad vertiginosa que el mismísimo caballo, y si éste, lejos de ser apto para el movimiento, está precisamente sujeto al terreno por espesas raíces parecidas a cabelleras que le nacen inmediatamente de las pezuñas y que llegan dolorosamente hasta unas capas profundas del terreno cuya sustancia húmeda está relacionada, por una palpitación sincrónica, con las mareas de unos lagos de baba de ciertos planetas peludos que hay.

Persiguiendo en nuestras ansias de generalidad y en el estado en que las cosas, evadiéndose de la absurda ordenación a que nuestra inteligencia las ha violentado, transmutando su valor real por otro estrictamente convencional, advertimos como liberadas éstas de las mil extrañas atribuciones a que estaban sometidas, recobran su consubstancial y peculiar manera de ser cambiando lo más profundo de su significación y modificando el curso de la proyección de sus sombras.

Lo que nos habíamos ocultado desear y lo que ignorábamos habernos ocultado toma el máximo gusto de la luz. Lo más lejos de soñar romper es roto con la más absoluta enseñanza de mutilación, y lo más blando endurece como los minerales.

Lo más alejado de posibilidades amorosas se enlaza en un entrecruzamiento de perfecto amor. Lo imposible de ser confun-   345 dido es distraídamente intercambiado, y todo esto con la naturalidad con que las cosas en realidad se unen, se repelen, se relacionan, se aquietan o son ausentes.

En esta generalidad en que nos parece vislumbrar el espíritu de la realidad misma, una serie de conocimientos exactos, cognoscitivos en absoluto por nuestro instinto y totalmente al margen de los estados de cultura, vienen a formar nuestro vocabulario.

Lejos de cualquier estado de cultura a que es imprescindible referirse para la comprensión de todo cuanto sea un producto de nociones preestablecidas por la inteligencia, nuestros signos están formados de las más primarias necesidades, deseos constantes y excitaciones casi biológicas del instinto.

Desde el actual estado de espíritu a que me refiero, un poema de Paul Valéry, por ejemplo (tan diáfano desde un estado especial de la inteligencia), deja de tener todo significado, es inexistente también para un niño, para un salvaje. Fuera de un estado de cultura especial con relación al que ha sido engendrado, cada palabra de este poema aparece como un jeroglífico indescifrable, ya que ni una de ellas deja de ser usada en combinación a una serie de nociones inteligentes de cultura, de moral, de circunstancias, de vodevill, o sea que no tienen ningún significado absoluto, general, real.

Pero dejando al margen las restricciones comprensivas o receptivas (tan en desacuerdo con la receptividad de la elementalidad choffeur-keserliniano), ¿es que el lirismo que puede producir Valéry a un reducidísimo excepcional sector de gentes, desde un culto estado inteligente, es más intenso que el lirismo del lenguaje absoluto de Arp, Miró, etc. (hoy la poesía está en manos de los pintores), perfectamente comprensible al niño ya que se dirige y está formado de lo más elemental y puro del instinto?

Las actuales tentativas de evasión han conducido a una revisión cruel y jovial de los tópicos engendrados por esteticismos de todas formas y maneras.

En esta apreciación imprevista de la realidad a que nos conduce la sobrerrealidad, nos horrorizamos de lo que nos desmayó de placer; lo que el poeta había cubierto con los velos fantásticos de su cursilería, con todo el hediondo perfume de su gusto 346 selecto y exquisito, nos horripila: la máscara negra, igual que la bellísima mujer; entre mil horrores, anotaremos sus dientes, y poéticos no precisamente, por bellas semejanzas con más bellas cosas más exquisitas o más horripilantes, según el sueño con que se quiera cubrir o descarnar, el de unos piñones, asemejándose éstos no a la larva de un gusano, sino a... o el de unos dientes precisamente consistentes, aptos para devorar los vegetales y los pájaros y estas crueles y horribles bestias o... según, precisamente, etc., etc.

Este brazo delgadísimo, del que pende una mano enorme y mórbida, no es más horripilante que la rosa, ni ésta pende de un tallo menos frágil. Monstruosidad apolínea, perfecta vida de la morfología degenerada, pura como la imposibilidad vital de la fisiología normal, según, etc.

Al reducir brutalmente nuestros campos de preferencia, ganamos en intensidad lo que perdemos en vastos e insípidos panoramas, productos híbridos de una perfección superficial totalmente despreciable. Las épocas más admiradas nos parecen de valor nulo.

Nos quedamos con los productos de creación humana que por su intensidad espiritual nos sirven para la captación viva de la poesía; todo el arte directo, producido bajo una intensa presión de lo desconocido y de los instintos, y todo el antiarte, producido por necesidades igualmente imperiosas e igualmente alejadas de todo sistema estético.

Amamos las producciones mágicas del Papúa, hechas bajo el horror del miedo. Un Parak de Nueva Guinea nos emociona con más eficacia que largas salas de museo; nos estremece el contraste con la luz de las viejas civilizaciones americanas, y mientras se hunden tantos productos indirectos y ambiguos nace ante nosotros todo el arte precolombino —aun la fotografía, Wermeer, los holandeses, el Bosco, el mundo antiartístico—, desde la revista americana al film de procesos de fecundación microscópica. Picasso y los pintores y artistas aún vivos de la nueva inteligencia. [sic]

(*La Gaceta Literaria*. Madrid, 1928.)

AUTOPSIA DEL SUPERREALISMO

Por César Vallejo

La inteligencia capitalista ofrece, entre otros síntomas de su agonía, el vicio del cenáculo.

Es curioso observar cómo a las crisis más agudas y recientes del imperialismo económico —la guerra, la racionalización industrial, la miseria de las masas, los cracs— corresponden sincrónicamente a una furiosa multiplicación de escuelas literarias, tan improvisadas como efímeras. Hacia 1914 nacía el expresionismo (Dovorack, Fretzer). Hacia 1915 nacía el cubismo (Apollinaire, Reverdy). En 1917 nacía el dadaismo (Tzara, Picabia). En 1924, el superrealismo (Breton, Rivermont Dessaigues). Sin contar las escuelas ya existentes: simbolismo, futurismo, neosimbolismo, unanimismo, etc. Por último, a partir del superrealismo, irrumpe casi simultáneamente una nueva escuela literaria. Nunca el pensamiento social se fraccionó en tantas y tan fugaces fórmulas. Nunca experimentó un gusto tan frenético ni una tal necesidad por estereotiparse en recetas y clisés, como si tuviese miedo de la libertad y como si no pudiese producirse en su unidad orgánica. Anarquía y desagregación semejantes no se vio sino entre filósofos y poetas de la decadencia, en el ocaso de la civilización grecolatina. Las de hoy, a su turno, anuncian una nueva decadencia del espíritu: el ocaso de la civilización capitalista. La última escuela de mayor cartel, el superrealismo, acaba de morir oficialmente. En verdad, el superrealismo como escuela literaria no representaba ningún aporte constructivo. Era una receta más de hacer poemas sobre medida, como lo son y serán las escuelas literarias de todos los tiempos.

Más todavía. No era ni siquiera una receta original. Todo lo pomposo y abracadabrante del método del superrealismo fueron condenados y vienen de unos cuantos pensamientos esbozados al respecto por Apollinaire. Basado sobre estas ideas del autor de *Caligramas,* los manifiestos superrealistas se limitaban a edificar inteligentes juegos de salón relativos a la escritura automática, a la moral, a la religión, a la política.

Juegos de salón —he dicho, e inteligente también: cerebrales—, debiera decir. Cuando el superrealismo llegó, por la dialéctica ineluctable de las cosas, a afrontar los problemas vivientes de la realidad —que no dependen precisamente de las elucubraciones abstractas y metafísicas de ninguna escuela literaria—, el superrealismo se vio en apuros. Para ser consecuentes con lo que los propios superrealistas llamaban «espíritu crítico y revolucionario», de este movimiento había que saltar al medio de la calle y hacerse cargo, entre otros, del problema político y económico de nuestra época. El superrealismo se hizo entonces anarquista, forma ésta la más abstracta, mística y cerebral de la política y la mejor que se avenía al carácter ontológico y hasta ocultista del cenáculo. Dentro del anarquismo, los superrealistas podían seguir reconociéndose, pues con él podían convivir y hasta consustanciarse el orgánico nihilismo de la escuela.

Pero más tarde, andando las cosas, los superrealistas llegaron a percibirse de que, fuera del catecismo superrealista, había otro método revolucionario, tan «interesante» como el que ellos proponían: me refiero al marxismo. Leyeron, meditaron y, por un milagro muy burgués de eclecticismo o de «combinación» inextricable, Breton propuso a sus amigos la coordinación y síntesis de ambos métodos. Los superrealistas se hicieron inmediatamente comunistas. Es sólo en ese momento —y no antes ni después— que el superrealismo adquiere cierta trascendencia social. De sim- 349 ple fábrica de poetas en serie se transforma en un movimiento político y militante y en una pragmática intelectual realmente viva y revolucionaria. El superrealismo mereció entonces ser tomado en consideración y calificado como una de las corrientes literarias más vivientes y constructivas de la época.

Sin embargo, este concepto no está exento de beneficio de inventario. Había que seguir los métodos y disciplinas superrealistas ulteriores para saber hasta qué punto su contenido y su acción eran en verdad y sinceramente revolucionarios. Aun cuando se sabía que aquello de coordinar el método superrealista con el marxismo no pasaba de un disparate juvenil o de una mistificación provisoria, quedaba la esperanza de que poco a poco se irían radicalizando los flamantes e imprevistos bolcheviques.

Por desgracia, Breton y sus amigos, contrariando y desmintiendo su estridente declaración de fe marxista, siguieron siendo, sin poderlo evitar y subconscientemente, unos intelectuales anarquistas incurables. Del pesimismo y la desesperación superrealista de los primeros momentos —pesimismo y desesperación que a su hora pudieran motorizar eficazmente la concurrencia del cenáculo— se hizo un sistema académico y estático, un método académico. La crisis moral e intelectual que el superrealismo propuso promover y que (otra falta de originalidad de la escuela) arrancara y tuviera su primera y máxima expresión en el dadaismo, se anquilosó en sicopatía de bufete y en clisé literario, pese a las inyecciones dialécticas de Marx y la adhesión formal y oficiosa de los inquietos jóvenes al comunismo.

El pesimismo y la desesperación deben ser siempre etapas y no metas. Para que ellos agiten y fecunden el espíritu deben desenvolverse hasta transformarse en manifestaciones constructivas. De otra manera no pasan de gérmenes patológicos, condenados a devorarse a sí mismos. Los superrealistas, burlando la ley del devenir vital, se academizaron, repito, en su famosa crisis moral e intelectual y fueron impotentes para excederla y superarla con formas realmente revolucionarias, es decir, destructivo-constructivas.

Desde el punto de vista literario, sus producciones siguieron caracterizándose por un evidente refinamiento burgués. La adhesión al comunismo no tuvo reflejo alguno sobre el sentido y las formas esenciales de sus obras. El superrealismo se declaraba incapaz por todos estos motivos para comprender y para practicar el verdadero y único espíritu revolucionario de estos tiempos: el marxismo. El superrealismo perdió rápidamente la sola presencia social, que habría podido ser la razón de su existencia, y empezó a agonizar irremediablemente. A la hora en que estamos el superrealismo es un cadáver (como cenáculo meramente literario, repito, fue siempre, como todas las escuelas, una impostura de la vida, un vulgar espantapájaros). La declaración de defunción acaba de producirse en dos documentos de parte interesada: el segundo manifiesto de Breton y el que, con el título de *un cadáver,* firman con Breton numerosos superrealistas, encabezados por Ribemont-Dessaignes. Ambos manifiestos establecen, junto con la muerte y descomposición ideológica del superrealismo, su disolución como grupo o agregado físico. Se trata de un cisma o derrumbe total de la capilla, el más grave y el último de la serie, ya larga, de sus derrumbes.

Breton, en su segundo manifiesto, revisa la doctrina superrealista, mostrándose satisfecho de su realización y resultado.

Breton continúa siendo, hasta sus postreros instantes, un intelectual profesional, un ideólogo escolástico, un rebelde de bufete, un dómine recalcitrante, un polemista estilo Maurras; en fin, un anarquista de barrio. Declara de nuevo que el superrealismo ha triunfado porque ha obtenido lo que se proponía: «Suscitar, desde el punto de vista moral e intelectual, una crisis de conciencia».

Breton se equivoca. Si en verdad ha leído y se ha suscrito al marxismo, no me explico cómo olvida que dentro de esta doctrina el rol de los escritores no está en suscitar crisis morales e intelectuales más o menos graves, es decir, en hacer la revolución por *arriba,* sino, al contrario, en hacerla por abajo. Breton olvida que no hay más que una sola revolución: la proletaria. La única crisis es la crisis económica, y ella se halla planteada —como hecho y no simplemente como noción o como «dilectantismo»— desde hace siglos. En cuanto al resto del segundo manifiesto, Breton lo dedica a destacar con vociferaciones e injurias personales de policía literaria a sus antiguos cofrades, injurias y vociferaciones que denuncian el carácter burgués, y burgués de íntima entraña, de sus «crisis de conciencia». El otro manifiesto, titulado *Un cadáver,* ofrece lapidarios paisajes necrológicos sobre Breton. «Un instante —dice Ribemont-Dessaigues— nos gustó el superrealismo: amores de juventud, amores, si se quiere, de domésticos. Los jovencitos están autorizados a amar hasta la mujer del gendarme (esta mujer está encarnada en la estética de Breton). Falso compañero, falso comunista, falso revolucionario, pero verdadero y auténtico farsante, Breton debe cuidarse de la guillotina. ¡Qué estoy diciendo! No se guillotina a los cadáveres».

Breton garabateaba —dice Roger Vitrac—, garabateaba un estilo de reaccionario y de santurrón, sobre ideas subversivas, obteniendo un curioso resultado, que no dejó de asombrar a los pequeños burgueses, a los pequeños comerciantes e industriales, a los acólitos de seminario y a los cardíacos de las escuelas primarias».

«Breton —dice Jacques Prevert— fue un tartamudo y lo confundió todo: la desesperación y el dolor al hígado, la Biblia y los cantos de Maldoror, Dios y dios, la tinta y la mesa, las barricadas y el diván de Madame de Sabatier, el marqués de Sade y Jean Lorrain, la Revolución rusa y la revolución superrealista... (Mayordomo lírico, distribuyó diplomas a los enamorados que versificaban, y en los días de indulgencia, a los principiantes en desesperación.)

«El cadáver de Breton —dice Michael Leisisme— da asco, entre otras causas porque es el cadáver de un hombre que vivió siempre de cadáveres».

«Naturalmente —dice Jacques Rigaut—, Breton hablaba muy bien del amor, pero en la vida era un personaje de Courteline».

Etcétera, etc., etc.

Sólo que estas mismas apreciaciones sobre Breton pueden ser aplicadas a todos los superrealistas sin excepción y a la propia escuela difunta.

Se dirá que es el lado clownesco y circunstancial de los hombres y no el fondo histórico del movimiento. Muy bien dicho. Con tal de que este fondo histórico exista en verdad, lo que en este caso no es así. El fondo histórico del superrealismo es casi nulo desde cualquier aspecto que se le examine.

Así pasan las escuelas literarias, tal es el destino de toda inquietud que, en vez de devenir austero laboratorio creador, no llega a ser más que una bella fórmula. Inútil les resultarán entonces los reclamos tonantes, los pregones para el vulgo, la publicidad en colores; en fin, las prestidigitaciones y los trucos del oficio.

Junto con el árbol abortado se asfixia la hojarasca.

Veremos si no sucede lo propio con el populismo, la novísima escuela literaria que sobre la tumba recién abierta del superrealismo acaba de fundar André Therive y sus amigos.

París, febrero 1930.

(*Nosotros*. Lima, 1930.)

EL «ANGELUS», DE MILLET

(Ensayo de paranoia crítica)

> ¡Bello, como el encuentro fortuito,
> sobre una mesa de operaciones, de una
> máquina de coser y un paraguas!

Es por demás evidente que el «hecho ilustrativo» no podría restringir absolutamente el curso de mis ideas delirantes, sino que las lleva, por el contrario, a dilatarse. No podría, pues, por descontado, tratarse en mí de ilustraciones paranoicas, y pido se me perdone, aquí, el burdo pleonasmo. En efecto, como ya he tenido el placer y la paciencia de repetirlo a mis lectores, el fenómeno paranoico es no sólo aquel en que se resumen por excelencia todos los factores «sistemáticos asociativos», sino también aquel que encarna una ilustración «psico-interpretativa» más «idéntica». La paranoia no se limita siempre a ser «ilustración», sino que constituye también la verdadera y única «ilustración literal» conocida, es decir: «la ilustración interpretativa delirante», ya que «la identidad» se manifiesta siempre *a posteriori* como factor consecutivo de la «asociación interpretativa».

Ninguna imagen me parece capaz de ilustrar más «literalmente», de modo más delirante, a Lautréamont y los *Chants de Maldoror, en particular,* que la que fue ejecutada hace unos setenta años por el pintor de los trágicos atavismos canibalescos, de los ancestrales y tremebundos encuentros de carnes dulces,

354

blandas y de buena calidad; me refiero a Jean-François Millet, a este pintor incomensurablemente incomprendido. Es precisamente el mil veces famoso *Angelus* de Millet el que, en mi opinión, equivaldría en pintura al bien conocido y sublime «encuentro fortuito, sobre una mesa de operaciones, de una máquina de coser y un paraguas». En efecto, nada me parece poder ilustrar tan literalmente, en forma tan atroz e hiperevidente, aquel encuentro, como lo hace la imagen obsesionante del *Angelus*. Que yo sepa, el *Angelus* es el único cuadro del mundo que comporta la presencia inmóvil, el encuentro saturado de espera, de dos seres en un ambiente solitario, crepuscular y mortal. Dicho encuentro solitario, crespuscular y mortal ejerce, en el cuadro, el papel de la mesa de operaciones del texto poético, porque no sólo la vida se apaga al horizonte, sino que además la horca se hunde en aquella carne real y sustancial que para el hombre ha sido siempre, en todo tiempo, la tierra arada; penetra en ella, digo, con aquella intensidad golosa de fecundidad propia de las deleitables incisiones del bisturí, que, como todo el mundo sabe, no hace más que buscar secretamente, bajo distintos pretextos analíticos, en la disección de cada cadáver la sintética, fecunda y nutricia papa de la muerte; de donde aquel constante dualismo, percibido a través de todas las épocas, de tierra arada —nutrimento, mesa de comer, tierra arada nutrida con el estiércol, dulce como la miel, de los auténticos y amoniacales deseos necrofílicos— dualismo que nos conduce, en fin, a considerar a la tierra arada, sobre todo si está oscurecida por el crepúsculo, como la mesa de operaciones mejor servida, aquella, entre todas, que nos ofrece el cadáver más garantido y apetitoso, condimentado con aquella trufa delicada e imponderable que sólo se encuentra en los sueños nutridos, constituidos por la carne y los hombros de las nodrizas hitlerianas y atávicas, y con aquella sal incorruptible y excitante, hecha de la frenética y voraz comezón de las hormigas, que ha de comportar toda auténtica «putrefacción insepulta» que se respete y pueda considerarse digna de tal nombre. Si, como afirmamos, la tierra arada es la más literal y más ventajosa de todas las mesas de operaciones conocidas, el paraguas y la máquina de coser 355 estarían traspuestos, en el *Angelus,* en las figuras masculina y femenina respectivamente, y todo el malestar, todo el enigma del encuentro provendría, siempre según mi modestísima opinión —independientemente del malestar y del enigma que ahora ya sabemos nosotros están determinados por el *lugar* (tierra arada, mesa de operaciones)—, de las auténticas particularidades contenidas en los dos personajes, en los dos objetos, de donde derivan el desarrollo argumental y la tragedia latente del encuentro y de la espera. El paraguas —típico objeto surrealista de funcionamiento simbólico— no sería otra cosa, a consecuencia de su flagrante y bien conocido fenómeno de erección, que la figura masculina del *Angelus* que, como se me hará el favor de recordar, busca en el cuadro a esconder —sin conseguir más que ponerlo de manifiesto— su estado de erección, mediante la posición vergonzosa y comprometedora del sombrero. Frente a él, la máquina de coser, símbolo femenino de todos bien conocido, extremadamente caracterizado, llega hasta rehacerse a la virtud mortal y canibalesca de su aguja, cuya labor se identifica con aquella superfina perforación de la mantis sagrada que *vacía* a su macho, o que vacía su paraguas, transformándolo en aquella víctima martirizada, flácida y abatida en que se convierte todo paraguas cerrado después de la magnificencia de su funcionamiento amoroso, paroxístico y tenso de poco antes. Cierto que detrás de las dos figuras tensas del *Angelus,* o sea detrás de la máquina de coser y del paraguas, las espigadoras no pueden hacer más que seguir recogiendo con indiferencia, convencionalmente, los huevos al plato (sin el plato), los tinteros, las cucharas y toda la platería que las últimas horas del crepúsculo restituyen a dicha hora, centelleante y exhibicionista, y apenas ha sido puesta sobre la cabeza del varón, como muestra media de los signos comestibles, una chuleta cruda, que ya el perfil de Napoleón, el *famélico,* se forma y se dibuja de un un solo trazo entre las nubes, al horizonte; que ya se le ve acercarse impaciente al frente de su cabalgata para venir a quitar la chuleta mencionada que en realidad está sola y verdadermente destinada (para decirlo escuetamente) a la aguja —fina de toda finura, terrificante de todo terror, bella de toda belleza— de la máquina de coser espectral, clandestina y rebosante de salud. El *Angelus* de Millet, *¡bello, como el encuentro fortuito, sobre una mesa de operaciones, de una máquina de coser y un paraguas!*

(Conferencia de S. D. París, junio 1935. La frase «bella como el encuentro fortuito...» es de Lautréamont: *Cantos de Maldoror.*)

EL AMOR, LA POESIA

Por Paul Eluard

1

Para figurar mis deseos mi amor
De tus palabras en el cielo
Puso tus labios como un astro
En la noche vivaz tus besos
Y alrededor de mi la estela de tus brazos
Como una llama en signo de conquista
Mis sueños en el mundo
Son claros y perpetuos.

Y cuando allí no estás
Sueño que duermo sueño que sueño.

2

Sobre mí se inclina
Corazón ignorante
Por ver si la amo
Confía y olvida
Sus párpados son nubes encima

De su cabeza dormida en mis manos
Estamos en dónde
Mezcla inseparable
Vivaces vivaces
Yo vivo ella viva
Mi cabeza rodando en sus sueños.

3

Como quien vela disgustos la frente al cristal
Cielo cuya noche transpuse
Llanuras pequeñísimas en mis manos abiertas
Inerte indiferente en su doble horizonte
Como quien vela disgustos la frente al cristal
Más allá de la espera te busco
Más allá de mí mismo
Y no sé ya tanto amor te tengo
Cuál de los dos está ausente.

4

Lágrimas todas sin razón
En tu espejo la noche entera
La vida del suelo en el techo
Dudas de la tierra y tu cabeza
Afuera todo es mortal
Aunque todo se halla fuera
Vivirás la vida de aquí
Y del miserable espacio
A tus gestos ¿quién responde?
Tus palabras ¿quién las guarda
En un muro incomprensible?

¿Y quién piensa en tu semblante?

5

Ojos quemados del bosque
Máscara incógnita mariposa de aventura
En prisiones absurdas
Diamantes del corazón
Collar del crimen.

Las amenazas muestran los dientes

Muerden la risa
Arrancan las plumas del viento
Las hojas muertas de la fuga.

El hambre cubierta de inmundicias
Abraza el fantasma del trigo
El miedo en girones atraviesa los muros
Pálidas llanuras representan el frío.

Sólo el dolor se incendia.

6

Ni crimen de plomo
Ni justicia de pluma
Ni de amor viviendo
Ni muerta de deseo.

Es tranquila indiferente
Orgullosa de ser fácil
Los gestos van a los ojos
De aquellos que la conmueven.

Hallarse no puede sola
Y se corona de olvido
Su beldad cubre las horas
Justas para no ser nadie.

Silbando en todo lugar
Canción monótona inútil
La forma de su semblante.

(Traducción de Luis Cernuda. Litoral.
Málaga, 1929.)

JACQUES VACHÉ

Por Luis Cernuda

El suprarrealismo, único movimiento literario de la época actual, por ser el único que sin detenerse en lo externo penetró hasta el espíritu con una inteligencia y sensibilidad propias y diferentes, fue, en parte, desencadenado por Jacques Vaché, sin olvidar, antecedente indispensable, a Lautreamont, y olvidando, recordando vagamente a Rimbaud.

Ahí están, pues, reunidos estos tres nombres con su mágica juventud en total rebelión contra el mundo, contra la carne, contra el espíritu. Nunca la palabra *caído* podrá aplicarse tan justamente. No se adivine, sin embargo, nada angélico en ellos, porque ninguno estaba animado de esa turbia literatura que hoy expresa tal palabra, a consecuencia quizá del abuso hecho —entre otros, por el ligero Cocteau—. Al contrario, una fuerza diabólica, corrosiva, tan admirable en su trágica violencia, les animaba. Caídos, sí, mas no de cielo extranjero alguno, sino de su misma divina juventud. «No es necesario que pienses en el cielo; ya es bastante pensar en la tierra», decía Lautreamont.

Ese niño que destroza el juguete preferido se revuelve contra las personas que más quiere, sintiendo en ello placer y dolor, un placer morboso; ese niño, repito, es el que años más tarde será un espíritu de esta especie inaudita a la cual pertenece Vaché. Imposible sentirse unido a nada; si una inclinación, un amor le atan, surge en él rápidamente ese instinto fundamental con un sarcasmo a veces, siempre con la imposibilidad de sostener su vida en algo. Y así, maldiciendo, llorando, burlándose, desfilan hacia la muerte estos espíritus, para quienes orgullo no fue una palabra vana.

Temperamentos de tal calidad quizá no puedan darse sino en Francia. Sí, esa Francia republicana, tan amante de la jerarquía, de la gradación oficial, de la clasificación burocrática, es también la Francia de la rebelión, del «no» lanzado desesperadamente en pleno furor de orgullo destructor.

Esa situación espiritual, ese desorden en el orden es lo que constituye en esencia la obra suprarrealista. Conviene quizá recordar esto ahora aquí, cuando algunos menores de treinta años —aún otra frase de moda— cometen su pequeño suprarrealismo, en realidad su eterno supraverbalismo —ese sentido vulgar de la lengua, Vaché dice implícitamente y repetidamente que le falta— corrompe cualquier posible espiritualidad con su vulgar locuacidad sin contenido alguno posible. ¡Ah, Hamlet, príncipe mío!

Hay siempre en estas trágicas existencias, tan dignas de amor, una circunstancia grande o pequeña que liberta aquel espíritu al acecho. Aquí la circunstancia visible es quizá la guerra. Y, sin embargo, al leer las *Lettres de guerre,* único testimonio escrito que dejó Vaché, la guerra no parece producirle gran efecto. No quiere volver los ojos de sí mismo. A pesar de ello, ¡cuán nostálgica aquella mirada que lanza hacia la vida anterior a 1914! Sí, él se dio entonces cuenta de la mutación. ¿Qué dicen estas cartas? Sus amarguras y sus sueños juntamente, el crédito, un tanto voluntario, que concede al *umor* —como él escribía—, todo entrecortado de afirmaciones, para nadie, como, por ejemplo, *El Arte Es Una Tontería.* Era Vaché, si se quiere, escritor, o pintor, o soldado, o descargador en un muelle, o, mejor, un hombre. Hubiese querido, sin duda, ser muchas cosas más, y desde luego soñó innumerables ocupaciones. Ocupación, no profesión, porque él, como Rimbaud, tenía horror a la mano, *mano en el arado o mano en la pluma.* Cierto, es imposible a un espíritu, atención, así, conformarse con una sola atmósfera, aunque ésta sea la at- 363 mósfera artística, enrarecida, mezquina, desilusionante, mostrando como esto o aquello que un día, fecha melancólica, creíamos admirar, está, como casi todo, hecho de pequeños recursos. ¿Rimbaud? ¿Apollinaire? ¡Bah! Luego, qué falta de vida... Imposible, sí; imposible detenerse aquí; es necesario caminar más allá, siempre más allá, a solas, hasta el fin con su destino.

Por encima de toda esta vida vuela irremediablemente el hastío, el hastío con su pico, garras y alas. Estupidez, luz blanca o negra, amor, ya te avisaré cuando me hagas falta, aunque hay pistolas que terminan en una flor cantando como las sirenas, las sirenas, ya sabéis. Tiene, sin embargo, su vida, afortunadamente, aspectos, épocas en sombra; su vida, que impulsada por tan dramático destino dice algo en favor de la felicidad para tontos, beneficiarios sin duda de este mundo, no sé si también de otro cualquier posible por ser cosa totalmente desprovista para mí de interés.

Quedaba aún a Vaché, como él dice, «esa querida atmósfera de tango hacia las tres, madrugada, con industrias maravillosas, delante de algún monstruoso *cock-tail*»; quedaban sus sueños avivados por el cine, el cine aún no descubierto entonces. «Saldré de la guerra chocheando dulcemente, o acaso a la manera de esos espléndidos idiotas de aldea (lo deseo)... o acaso..., acaso..., ¡qué *film* representaré! Con automóviles locos, ya sabe, puentes que ceden y manos mayúsculas trepando por la pantalla hacia algún documento. ¡Inútil e inapreciable!» No puedo, no quiero citar más; imposible leer esta carta sin lágrimas; su lectura puede cambiar un espíritu.

Todo ello era un sueño y en sueño quedó, en un sueño de muerte. Un día encontró la Policía en el cuarto de un hotel de Nantes dos cuerpos: uno muerto, otro moribundo. Al lado, sobre la mesa, aún quedaba un poco de opio. Acaso fue inadvertencia, acaso fue designio; nada se sabe. Así murió Vaché, elegido de los dioses, con toda la hermosura fatal e irremediable de lo inconcluso, de lo inacabado.

(De *Revista de Occidente,* tomo XXVI. Octubre 1929.)

SOBRE UNA POESÍA SIN PEREZA

Es muy conveniente, en ciertas horas del día o de la noche, observar profundamente los objetos en descanso: las ruedas que han recorrido largas, polvorientas distancias, soportando grandes cargas vegetales o minerales; los sacos de las carbonerías, los barriles, las cestas, los mangos y asas de los instrumentos del carpintero. De ellos se desprende el contacto del hombre y de la tierra como una lección para el torturado poeta lírico. Las superficies usadas, el gesto que las manos han infligido a las cosas, la atmósfera a menudo trágica y siempre patética de estos objetos, infunde una especie de atracción no despreciable hacia la realidad del mundo.

La confusa impureza de los seres humanos se percibe en ellos, la agrupación, uso y desuso de los materiales; las huellas del pie y los dedos, la constancia de una atmósfera humana inundando las cosas desde lo interno y lo externo.

Así sea la poesía que buscamos, gastada como por un ácido por los deberes de la mano, penetrada por el sudor y el humo, oliente a orina y a azucena salpicada por las diversas profesiones que se ejercen dentro y fuera de la ley.

Una poesía impura como un traje, como un cuerpo, con 365

manchas de nutrición, y actitudes vergonzosas, con arrugas, observaciones, sueños, vigilia, profecías, declaraciones de amor y de odio, bestias, sacudidas, idilios, creencias políticas, negaciones, dudas, afirmaciones, impuestos.

La sagrada ley del madrigal y los decretos del tacto, olfato, gusto, vista, oído, el deseo de justifica, el deseo sexual, el ruido del océano, sin excluir deliberadamente nada, sin aceptar deliberadamente nada, la entrada en la profundidad de las cosas en un acto de arrebatado amor, y el producto poesía manchado de palomas digitales, con huellas de dientes y hielo, roído tal vez levemente por el sudor y el uso. Hasta alcanzar esa dulce superficie del instrumento tocado sin descanso, esa suavidad durísima de la madera manejada, del orgulloso hierro. La flor, el trigo, el agua tienen también esa consistencia especial, ese recurso de un magnífico tacto.

Y no olvidemos nunca la melancolía, el gastado sentimentalismo, perfectos frutos impuros de maravillosa calidad olvidada, dejados atrás por el frenético libresco: la luz de la luna, el cisne en el anochecer, «corazón mío», son sin duda lo poético elemental e imprescindible. Quien huye del mal gusto cae con el hielo.

(De *Caballo Verde para la Poesía. Madrid, octubre* 1935.)

MANIFIESTO DEL POSTISMO

(Fragmentos)

Un manifiesto establece unas premisas, concreta un credo, denuncia simpatías y antipatías, pero nunca dará, sino en forma abierta y de principio, las normas en detalle de una tendencia. Ingenuo y ligero será quien crea poder hacer Postismo puro después de leídas estas condiciones. El patrón habrá de buscarlo en las obras, en la obra del Postismo.

... ..., ...

Los postistas lanzamos nuestro manifiesto no con insultos, pero sí con violencia; sentimos nuestro credo y consignamos nuestras afirmaciones más inmediatas. Empezamos así: todos los poetas postistas nos parecemos necesariamente; los pintores tendremos mayor amplitud de expresión, no escondemos tampoco; es decir, lo declaramos abiertamente (no, pues, como admisión u homenaje, sino como legítima defensa y demostración de no parentesco), que en poesía pisamos directamente sobre las pálidas cenizas de Lorca y Alberti, pero sin hollarlas y sin empolvarnos; que somos hijos adulterinos y rebeldes de Max Ernst, de Perico de los Palotes y de Tal y de Cual, y de mucho semen que anda por ahí perdido, aunque ya desecado y pulverizado en mónadas 367

ingrávidas, pero levantiscas; que pisamos no sobre, sino el ultraísmo (esta vez hollándolo), lo mismo en poesía que en culina-
ria o balística; que nos sonreímos amablemente del jamás existido futurismo; que defendemos a brazo partido la memoria muy
honorable de nuestro tío postizo el cubismo, y que tenemos sistema de calefacción en común con el surrealismo; que creemos en
eso de que todo delito lleva en sí la esencia de su propio castigo,
mientras preferimos ciento volando que pájaro en mano; que
estamos convencidos de que no hay nada tan concreto como lo
abstracto; que aseguramos que la imaginación lo es todo, siendo
el primer atributo de la divinidad, pues sin ella no se hubiera
creado, no bastando ni la sabiduría, ni la voluntad, ni el poder;
que entre los hombres la imaginación no tiene más instrumento
que la técnica y sin ella no puede fecundarse a sí misma (... este
concepto —de filosofía o de no filosofía— es trascendental, y lo
bastante profundo como para que casi nadie lo entienda si no se
le explica pedantemente, cosa que nosotros haremos o no haremos) ni procrear; que no hay cosas bellas —a no ser las naturales— si no hay dificultad en la creación, y dificultad vencida
con elegancia y estilo; que el estilo puede estar en la forma,
pero también en la esencia, siendo tan cierto que el estilo es el
hombre como que el hombre es el estilo; que la poesía puede
ser la materia misma (naturaleza), pensamiento, y también material poético: lo que no podrá ser nunca es sólo forma; que lo
romántico, lo débil, lo enfermizo, lo rosa, lo íntimo, lo secreto,
lo doloroso, lo espantoso, lo tremendo, lo fuerte, lo sangriento,
lo martirizante, lo obsesionante, lo emotivo, lo heroico, lo las-
civo, lo amado, lo ambicioso, lo profético, lo vago, así como el
amor mismo, las flores, los crepúsculos, el cielo y las niñas, no
son de *necesidad* material poético; que hay palabras como burro,
churro y culo que pueden ser poéticas, entre otras cosas porque
son bellas fonéticamente, así como caca, vaca, nente y nata; que
hay oídos terriblemente sensibles que con todo derecho rechazan
algunas de ellas (a pesar de figurar con todas sus letras en el Diccionario de la Academia Española); que la poesía lo mismo nace
de la idea que del sonido, de la imagen plástica o de la palabra,
y que la palabra, manejada sabiamente, adquiere valores insos-
pechables aún no estudiados; que el ritmo es inexcusable en las

formas musicales, plásticas y poéticas; que uno de los ejercicios puros en poesía es el metro, con su hermana la rima, pudiendo surgir de su más severa y atinada disciplina (se pone en movimiento todo el mecanismo subconsciente) una fecunda fuente de poesía; que puesto que la poesía está en todo y todo puede tener un mundo, y éste y ella presentan fenómenos y tienen leyes universales, lo que se dice de la palabra vale para cualquier otra materia plástica, y lo que aquí se consigna con respecto al concepto vale para cualquier forma de arte y hasta de creación o invento, pues todo es lo mismo aquello que sea obra (no fabricación o trabajo utilitario); que, como conclusión de lo dicho, el vocablo resulta ser fuerza motora y no tiene únicamente el valor que nos indican en su frialdad el Diccionario y la Gramática, sino aquel que le confiere la situación en la cláusula, por no hablar de aquel otro que nos brinda la palabra con sus raíces ocultas y su poder ascensional (verbigracia: si yo digo: *los ojos brillan,* me atengo sencillamente al Diccionario y a la Síntaxis; si digo: *los ojos brillan como ascuas,* hallo una similitud libre; si digo: *los ojos lanzan centellas,* recurro al lenguaje figurado; si digo: *los ojos de cristales encendidos,* cometo un lorquismo; si digo: *ojos triángulos cortados,* resulto pobremente ultraísta; si digo: *ojos trenes directos ojo ojo ojo,* a lo mejor soy dadaísta, y hasta ahora probablemente no he dicho nada; pero si digo: *los ojos lloran,* o *los ojos de llanto,* o sencillamente *los ojos cargados de centauros,* o mejor aún, *la mujer llora trompeta* (o mejor, *cosecha) vaca al diablo* —lo cual vale: *llora deshecha cara al diablo,* ya he dicho algo); que si pasando a la imagen plástica (pintura o escultura) nos atenemos a la reproducción pedestre de un trozo de lo que tenemos ante los ojos, no haremos sino un pobre facsímil de lo pobremente visto y que, en cambio, poderosamente existe, mientras si seleccionamos los elementos a nuestro alcance, aunque remoto, o los transformamos dándoles una razón de ser plástica, o cambiamos en ellos características que parecen ser comunes a otros objetos (tamaño, orden, colocación, color, etc., etc.), confiriéndoles un poder expresivo colocado fuera del innecesario virtuosismo académico, alcanzaremos las remotas posibilidades de la verdadera *composición:* la lógica de lo absurdo; que la invención postista puede por medio de la **369** imaginación recorrer un ámbito tan dilatado que va de lo perfectamente normal a la locura; que de lo que más carece el vulgo, además de educación y amor al prójimo, es de imaginación (pues de tenerla los más vivirían desahogadamente y los menos serían poetas de veras); y que, por fin, nosotros traemos un estandarte, un mundo y una técnica para quien quiera seguirnos, o mandarnos, o escucharnos, o insultarnos, o prendernos y colgarnos al palo maestro.

... ...

El Postismo no se forma calcando las huellas del surrealismo y modificando algunas enunciaciones de su credo. El Postismo no es una resurrección del surrealismo. El Postismo es la resultante inevitable de los «ismos» precedentes. Nosotros no hemos elaborado este Postismo tan sólo para crear un nuevo «ismo», dándole luego leyes por nosotros establecidas caprichosamente y a voluntad nuestra. Tampoco pretendemos con nuestras libertades y nuestros hallazgos «épater» a nadie. Nosotros hemos recogido lo que hay de latente en las posibilidades de hoy, lo hemos estudiado y lo hemos definido, dando además un nombre a la tendencia para que, al nombrarla, sus elementos y factores se coagulen en un cuerpo característico. El Postismo, pues, deslinda totalmente de los márgenes que se impone el surrealismo, y con él no tiene en común más que la fuente de inspiración subconsciente totalmente libre.

A la pregunta que se nos ha hecho de cómo nació el Postismo hemos contestado con forma simbólica y expresión plástica: «Por la imagen que tuvimos de un hombre que se ríe sentado y fuma con la mano y con la boca». André Bretón, el pontífice del surrealismo, dice que adivinó la posibilidad surrealista al oír a su subconsciente casi murmurarle al oído la siguiente frase: *Il y a un homme traversé par ma fenêtre.*

El Postismo es, no sencillamente, sino especialmente, un postsurrealismo, y en buena parte un postexpresionismo. Pero es también un postdadismo. En mínima parte, un postcubismo. Mientras tan sólo históricamente es un postultraísmo, un postfuturismo, un postrealismo, etc. Es, pues, por descendencia, o por paralelismo, o por oposición, o sencillamente por sucesión histórica o cronológica, un verdadero postismo.

... ...

La música es, de las manifestaciones libres, la más postista, porque es la más abstracta; es también la más, la única, perfectamente patética. Pero la poesía es la más completa, porque participa de las condiciones de lo móvil (progresión), de lo inamovible (materia) y de lo perspectivo (imagen), condiciones elementales que entrañan las posibilidades musical, corpórea y plástico-visual; siendo esta última, la pictórica, la más noble de las no sé por qué llamadas artes, pues es la que realiza el acoplamiento de lo materialmente creado, objeto afín a sí mismo, y de lo ilusorio, ficción perfecta. En la música tenemos, como en las letras, teatro, danza o cine, la sucesión en el tiempo o el espacio, y la materia (sonido); la imagen no existe, nace únicamente por sugestión. En la pintura falta la sucesión (si no se exceptúa los fenómenos que pudieran surgir del políptico —la ilustración es otra cosa— o simplemente del nexo de la obra con su título); en cambio, son elementos suyos la materia y la perspectiva (cuarta dimensión); también la escultura posee estas características, con la diferencia de que goza de las cuatro dimensiones, mientras que a la pintura le falta la tercera; el color, que es el sentido musical de la pintura, corresponde en la escultura a otro elemento de que sólo disfrutan la escultura misma y la arquitectura: el tamaño. De estas observaciones y de la definición de Postismo vemos el orden decreciente de las posibilidades postistas en estas varias manifestaciones, siendo la penúltima la escultura y la última la arquitectura (en la que no cabe postismo propiamente dicho, a no ser en modalidades de estilo que, como, era, coincidieren con el movimiento). El expuesto orden corresponde casi totalmente con el establecido por la antroposofía, que es, cronológicamente en el desarrollo de las artes, el siguiente: arquitectura, escultura, pintura, música, poesía, euritmia. Nosotros, como se ha visto, damos la preferencia a la música sobre la poesía.

Cazando las palabras en el aire, máximo ejercicio del Postismo, será ésta la mejor ocasión para hablar del «Juego».

Alguien ha dicho sin trascendencia, y denigrando de nuestro Postismo, que más que una cordial expansión de nuestros sentimientos era un «juego para demasiados inteligentes». Y, en efecto, a veces quien cree poner el dedo en la llaga, más bien evidencia una verdad sobre algo que tiene un valor positivo. Existe un «juego». Juego divino que nada «recreación», recreo, divertimento, que, al tratarse de poesía pura, o de alto pensamiento, o de alguna calidad príncipe, encierra en sí la principal razón de ser de la belleza. Hay obras cumbres que son tan sólo «juego», y en el Postismo el «juego» es ya la base de su técnica. El simple ritmo en poesía o en música, es «juego». La composición en pintura y arquitectura, es «juego». El retorno a una idea, una frase musical, una o unas palabra-símbolo, o palabra-personaje, o palabra-clave, en las formas que tiene sucesión, es «juego»; y la rima, es «juego»; y la asonancia, es «juego»; y cierta forma de asociación, es «juego»; y el contraste, es «juego»; y el mismo ambiente anímico o tonalcolor, es «juego»…

Pero, ¿qué es precisamente el «juego» en el Postismo? Todo cuanto se ha dicho, pero llevado a la categoría de técnica-base, o de factor-principio de lo emocional directo (pues la técnica-base es el factor emocional —en este segundo aspecto— indirecto, o coadyuvante). Además, determinados aspectos de relación y determinada preferencia (cuya expresión se descubre en la repetición, el insistir y la vuelta o retorno) por formas ideológicas, lingüísticas, de materiales o de objetos, así como una positiva diferenciación en todos los elementos expresivos y expresables, hasta llegar a rozar el monstruosismo, el desequilibrio y la desintegración, es del dominio del «juego». En el ambiente constantemente en transformación y constantemente en movimiento de ese perpetuo, repetido y alterno mecanismo de análisis y síntesis, en ese ver y soñar, recordar y perder, soltar y ganar, en el feliz y desinteresado casamiento del alma corporal y del alma espiritual, de la razón y el instinto, de lo subconsciente, de lo sensorial y lo inteligente; en ese ambiente constantemente en transformación y constantemente en movimiento se descubre la verdadera razón o la consecuencia inevitable del «juego» postista.

Por consiguiente: el «juego» está en la espina dorsal de toda obra postista (y de toda obra humana que caiga —auténticamente— en esa banal palabra-definición *arte*), pero suele estar más patente y despierto aún en la técnica de toda obra postista (que en la mayoría de las obras humanas, por lo que a los medios expresivos se refiere —técnica—, eso que llamamos «juego» queda adormecido, difuso o sofocado por la necesidad de sentido vulgar —el sentido común— para su más fácil expansión, o por la ignorancia y ofuscación en que nos postra la cultura, o por la pereza que, poco a poco, se apodera de las facultades mentales cuando se ha mutilado o perdido el hábito de la imaginación). Y esta certidumbre se hace clarísima si pensamos que tan sólo la niñez se halla en estado de gracia (¡Bendita niñez! , que nosotros defenderemos hasta el aburrimiento de quienes quieran escucharnos. La adolescencia posee el caudal de la fuerza ciega, pero ya semiconsciente y abastardada; mas, por desgracia, ya ha malgastado gran parte de su herencia imaginativa. Y el hombre maduro de nuestros tiempos, después de perder toda su imaginación, pierde también su espontaneidad: es en ese momento horrible cuando, lleno de falsa experiencia, es presa del egoísmo.)

(*Postismo*. Número único. Enero, 1945. El texto fue redactado por Chicharro Hijo.)

FUNERAL

Por Vicente Aleixandre

Alguien me dice: ha muerto André Bretón

España, antaño en piedra bajo el sol.
Quemada, extenuada, en lenguas se abrasó.
Pues ella entera y sola se entreabrió:
oh, voces minerales en que ardió.

Diversos, sin espera, sólo amor,
en desvarío alzados, solos no,
a solas, sola España, escoria y flor.

Oh desvarío: tierra, tú en tu voz.
Poetas. Sí, *Poeta en Nueva York*.
También, corriendo fiel, *Un río, un amor*,
Allá *Sobre los ángeles* sonó
el trueno. No; la luz. *La destrucción*.
Oh luz de ciega noche y verde sol.
Erguidos, misteriosos, su clamor
se abrió, duró. Callaba y se extendió.

Por eso bajo el fuego está la voz.
Por eso en sólo piedra se oye el son.
Coro andaluz real que no cesó.
Que suena en vida o muerte, en su pavor.
Que alarga un mudo brazo y dice adiós.
Adiós, André Bretón.

(*Poemas varios 1927-1967*, en «Obras completas».
Aguilar. Madrid, 1968.)

NOTAS SOBRE LOS POETAS
Y SU OBRA

JOSE MORENO VILLA

Nació en Málaga, en 1887. Murió en México, en 1955. Estudió en Alemania, Ciencias Químicas, y en Madrid, la especialidad de Historia. Trabajó en el Centro de Estudios Históricos. Ingresó en el Cuerpo de Archiveros y Bibliotecarios. En 1927 hizo un viaje a los Estados Unidos, de donde trajo su libro *Pruebas de Nueva York*. Por aquellos años visitó Francia, Inglaterra, Alemania y Suiza. Colaborador de numerosas revistas poéticas. Dibujante y pintor. Conferenciante. Como consecuencia de la guerra civil española se exiló en México. Su obra poética fue seleccionada por el propio poeta en *La música que llevaba. Antología poética 1913-1947* (Losada. Buenos Aires, 1949). Posteriormente apareció *Voz en vuelo a su cuna* (poesías póstumas). México, 1961.

JUAN LARREA

Nació en Bilbao, en 1895. Licenciado en Filosofía y Letras. En 1926 se estableció en París, donde frecuentó los círculos da- 379 daístas y surrealistas. Ese mismo año fundó, con César Vallejo, la revista *Favorables París Poema,* de la que se publicaron sólo dos números. Amigo fraternal de Gerardo Diego, fue éste quien dio a conocer muchos de sus poemas, aunque anteriormente habían aparecido algunos trabajos en la revista *Grecia* (1918-1920). Actualmente reside en Córdoba (Argentina). Su obra poética —gran parte de la cual fue escrita directamente en francés— aparece reunida en *Versión Celeste* (Barral Editor. Barcelona, 1970). Es autor de numerosos ensayos, entre ellos *El surrealismo entre Viejo y Nuevo Mundo* (México, 1944) y *Del surrealismo a Machupichu* (México, 1967).

GERARDO DIEGO

Nació en Santander, en 1896. Catedrático de Lengua y Literatura. Gran aficionado a la música y pianista de talento. Amigo de Vicente Huidobro y Juan Larrea, de quien fue condiscípulo en la Universidad de Deusto. Después de las primeras y reducidas colaboraciones de este último en revistas ultraistas, fue él quien le dio a conocer, traduciendo sus poemas del francés, a través de su revista *Carmen* (Santander, 1928). Participó en los movimientos ultraista y creacionista y fue el promotor más entusiasta del homenaje a Góngora (1927). Colaboró en la revista de Larrea y de César Vallejo *Favorables París Poema* (1926). Premio Nacional de Literatura 1925. Su obra aparece dividida en dos corrientes: una de tipo *tradicional y puro* y otra que discurre por los cauces del *vanguardismo* (ultraísmo, creacionismo, automatismo). Es autor de la famosa *Poesía Española. Antología 1915-1931* (Editorial Signo. Madrid, 1932), que reveló al público los nombres de la generación de 1927, a la cual pertenece literariamente. Su obra es extensísima. Nos limitaremos a citar aquí las antologías de su poesía preparadas por él mismo: *Primera antología de sus versos* (Colección Austral. Espasa-Calpe. Madrid. Sexta edición, 1967), *Segunda antología de sus versos*

1941-1967 (Colección Austral. Espasa-Calpe. Madrid, 1967), *Antología 1918-1940* (Dirección General de Enseñanza Media y Profesional. Madrid, 1969) y *Versos escogidos* (Antología Hispánica. Editorial Gredos. Madrid, 1970).

EMILIO PRADOS

Nació en Málaga, en 1899. Murió en México, en 1962. Enfermo, residió en Suiza en un sanatorio. Vivió en Madrid, en la Residencia de Estudiantes. Realiza estudios en Freiburgo (Alemania): Ciencias Naturales, Farmacia. En Málaga funda, con Manuel Altolaguirre, la revista *Litoral* (1926-1929), publicación capital de lo que sería el grupo poético de 1925. En los años próximos a la proclamación de la República y los que siguen hasta 1936, escribe poesía social y política e intenta organizar un grupo surrealista revolucionario. Colabora en la revista *Octubre,* de Alberti. Escribe *La voz cautiva* (1933-1934) y *Andando, andando por el mundo* (1934-1935), de tendencia surrealista y política. En 1938 publica *Llanto en la sangre,* libro en el que reúne sus romances de la guerra civil con los del *Calendario incompleto del pan y del pescado,* escritos tres años antes. Toma parte muy activa en la propaganda republicana de guerra y se exila en 1939, instalándose en México, donde crea la parte más importante y voluminosa de su poesía. Parte de ella, así como la de casi todos sus libros anteriores, se encuentra en la *Antología* (1923-1953) que el propio poeta seleccionó (Losada. Buenos Aires, 1954).

FEDERICO GARCIA LORCA

Nació en Fuentevaqueros (Granada), en 1898. Murió fusilado en Viznar (Granada), en 1936. Hizo estudios de Derecho y

Letras, de los que sólo terminó los primeros. Λ' jado en la Residencia de Estudiantes (1919-1928), fue amigo íntimo de Dalí, Buñuel, Prados, Alberti, Moreno Villa y otros escritores y artistas. Allí es posible que escuchara la conferencia que dio Louis Aragon (1925). Estudió guitarra y piano. En 1927 presentó en Barcelona una exposición de dibujos y al año siguiente, coincidiendo con la publicación del *Romancero gitano,* fundó la revista *El Gallo,* en Granada, en la que colaboró Dalí, a quien le había dedicado una «Oda» (*Revista de Occidente,* 1926). Colabora en todas las revistas juveniles de entonces. Escribe teatro: *Mariana Pineda, El maleficio de la mariposa, Amor de don Perlimplín.* Toma parte en las actividades de *La Vanguardia catalana,* colaborando en *L'Amic de les Arts.* En 1929 marcha a Nueva York, donde escribirá su libro surrealista *Poeta en Nueva York.* Armoniza canciones populares para *La Argentinita.* Más teatro: *La zapatera prodigiosa, Así que pasen cinco años, El público, Bodas de sangre.* Conferencias, recitales. Funda el teatro universitario «La Barraca». Publica la *Oda a Walt Whitman* (México, 1933). Aparece *Llanto por Ignacio Sánchez Mejías* (1935). Publica *Nocturno del hueco* (*Caballo verde para la Poesía,* 1935, revista que dirigía Pablo Neruda), y varios poemas más de *Divan del Tamarit* (*Almanaque literario* y *Floresta,* 1936). Toda su producción se encuentra reunida en *Obras Completas* (Aguilar, XIV edición. Madrid, 1968).

VICENTE ALEIXANDRE

Nació en Sevilla, en 1898. Estudios de Derecho y de peritaje mercantil. Publicó sus primeros versos en *Revista de Occidente* (1926). Colaboró en otras muchas publicaciones de aquella época: *Litoral, Carmen, Verso y Prosa, Mediodía,* todas ellas en curso de publicación entre 1926 y 1929. Viajó por Francia, Inglaterra y Suiza. Lector de Freud y de Lautreamont, Rimbaud y Apollinaire, conoce textos de Tristán Tzara y de los poetas surrealistas franceses aparecidos en revistas españolas. Su libro *Pasión de la tierra* es uno de los primeros libros de poesía española que siguen «la secuencia irracionalista». A la muerte de André Breton (1966) dedicó un poema al «papa» del surrealismo (véase *Documentos*). Recientemente (1971, Barral Editores. Barcelona) ha publicado una antología de sus poemas surrealistas, que abarca prácticamente casi todos sus libros poéticos, con el título de *Poesía surrealista*. Las poesías completas de Vicente Aleixandre están reunidas en *Obras Completas* (Aguilar. Madrid, 1968).

RAFAEL ALBERTI

Nació en Puerto de Santa María (Cádiz), en 1902. Estudios de Bachillerato. Dibujante y pintor. En Madrid, y en la Residencia de Estudiantes, conoce a Lorca, Buñuel, Prados, Dalí, etc. Poco después entra en relación fraternal con Aleixandre, Dámaso Alonso, Guillén, Salinas, Bergamín y todos los componentes de su generación literaria, verdadero grupo de amigos para siempre. Celebra dos exposiciones de pintura antes de decidirse por la poesía. Premio Nacional de Literatura 1925, «al alimón» con Gerardo Diego, por *Marinero en tierra*. Colabora en las revistas *Litoral, Alfar, Mediodía, Carmen, Revista de Occidente,* etc. Promotor del homenaje a Góngora (1927). Una profunda crisis espiritual hace cambiar, por el momento, la dirección de su poesía. Escribe *Sobre los ángeles,* aportación decisiva al surrealismo español. Confiesa su admiración por el Bosco, W. Blake, Baudelaire Lautreamont. Conferencia en el Lyceum Club Femenino (1929) de dinamitación estética de los escritores mayores. Escribe *Yo soy un tonto y lo que he visto me ha hecho dos tontos* y, poco después, *Con los zapatos puestos tengo que morir.* Alberti se adhiere al comunismo después de haber tomado parte en las luchas estudiantiles contra la Dictadura de Primo de Rivera. Escribe poemas de agitación y de consigna. Funda la revista *Octubre* y visita la Unión Soviética. Viaja por América y publica el libro *13 bandas y 48 estrellas.* Durante la guerra civil, toma parte muy activa en la propaganda republicana. En 1939, se exila en América. Durante muchos años vive en Buenos Aires. Ahora reside en Roma. Su obra poética está recogida en *Poesías completas* (Losada. Buenos Aires, 1961). Recientemente ha aparecido el primer tomo de sus «Obras Completas»»: *Poesías 1924-1967* (Aguilar. Madrid, 1972).

LUIS CERNUDA

Nació en Sevilla, en 1902. Murió en México, en 1963. Estudió en Sevilla y se licenció en Derecho. Fue lector de español en la Universidad de Toulouse y realizó un viaje a París (1928). Contactos con la producción poética del grupo surrealista francés, al que califica de «una corriente espontánea de la juventud de una época» cuya protesta, cuya «rebeldía contra la sociedad y contra las bases sobre las cuales se hallaba sustentada, hallaban mi asentimiento». Traduce a Paul Eluard *(Litoral,* 1929). Lectura de Lautreamont, Boudelaire, Rimbaud y Jacques Vaché —todos ellos «profetas» del surrealismo—. A este último le dedica un ensayo *(Revista de Occidente,* 1929). Comienza a escribir *Un río, un amor* al que seguirá *Los placeres prohibidos.* Años después, declarará, refiriéndose a aquella época, su «antipatía» y «repugnancia» por cualquier conformismo y «el fondo burgués que adivinaba» en los escritores que conocía en Madrid. 1931, declaración total de nihilismo: «No sé nada, no quiero nada, no espero nada. Y si aún pudiera esperar algo, sería morir donde no hubiese penetrado la grotesca civilización que envanece a los hombres». Se incorpora a las Misiones Pedagógicas creadas por la República, dando conferencias y recitales poéticos por los pueblos españoles. Se adhiere, pasajeramente, al comunismo y colabora en la revista *Octubre,* de Alberti. Traduce a Holderling. Aparece *La Realidad y el Deseo,* título definitivo de toda la obra poética de Cernuda (1936) y es objeto de un homenaje que ofrece García Lorca, en el que participan casi todos los poetas del grupo del 27. Como consecuencia de la guerra civil, sale de España y, después de residir en Inglaterra, pasa a México, donde morirá después de una estancia en los Estados Unidos. La obra poética de Cernuda, como se ha dicho, se encuentra reunida en *La Realidad y el Deseo* (Fondo de Cultura Económica. México, 1962).

JOSE MARIA HINOJOSA

Nació en Málaga, en 1904. Murió asesinado en la misma ciudad, en 1936. Gran viajero, durante su juventud, recorrió varios países europeos. En París entró en contacto con el grupo surrealista de Breton. A partir de entonces su poesía manifiesta esta influencia. Fue fundador, con Emilio Prados y Manuel Altolaguirre de la revista *Litoral* (1927), en la que colaboró asiduamente. También fue colaborador de otras publicaciones como *Mediodía* (Sevilla, 1928). Tuvo el proyecto, con Aleixandre y Cernuda, de redactar un manifiesto surrealista. Amigo de todos los poetas de la generación de 1927. Publicó los siguientes libros: *Poema del campo* (Madrid, 1925), *Poesía de perfil* (París, 1926), *La rosa de los vientos* (Málaga, 1927), *Orillas de la luz* (Málaga, 1928) y *La flor de California* (Málaga, 1928). Poemas suyos figuran en *Antología de la poesía malagueña contemporánea,* de Angel Cafferana (Málaga, 1960) y en *Antología de la poesía andaluza,* de José Luis Cano (Madrid, 1969).

LEOPOLDO PANERO

Nació en Astorga, en 1909, y falleció en Castrillo de las Piedras en 1962. Hizo estudios de Lengua y Literatura francesa en Tours y Pontiers, y de Lengua y Literatura inglesa en Cambridge. Comenzó a publicar en 1928. Toda su primera época está marcada por el surrealismo. El último poema de este período apareció en *Caballo Verde para la Poesía* (1935). Fue uno de los firmantes del homenaje a Pablo Neruda ofrecido ese mismo año. Dirigió la revista *Correo Literario,* fue secretario del Museo de Arte Contemporáneo y de las Bienales Hispanoamericanas de Arte de Madrid, La Habana y Barcelona. Sus *Obras Completas* han sido publicadas por la Editora Nacional (1973).

MIGUEL HERNANDEZ

Nació en Orihuela, en 1910 y murió en la prisión de Alicante, en 1942. De origen campesino, fue cabrero en su infancia. Su amigo Ramón Sijé le orientó en el conocimiento de la poesía contemporánea. Colaboró en varias publicaciones locales y en 1934 se instaló en Madrid, donde recibió el apoyo y la ayuda de José María de Cossío. Amigo de Alberti, Lorca, Aleixandre, Cernuda, Panero y Rosales, conoció a Pablo Neruda al siguiente año, quien ejerció en él profunda influencia. Neruda y Aleixandre fueron los dos grandes maestros contemporáneos del joven poeta. Su primer libro, *Perito en lunas,* apareció en 1933, en Murcia. Unos sonetos suyos, publicados por una revista, le valen el espaldarazo de Juan Ramón Jiménez. Dichos sonetos pertenecerían a su segundo libro, *El rayo que no cesa* (Madrid, 1936). Colabora en *Revista de Occidente, Cruz y Raya* —donde publica un auto sacramental— y en *Caballo verde para la Poesía* (1935-1936). M. H. experimentó la influencia surrealista a través de *La destrucción o el amor,* de Aleixandre, y *Residencia en tierra,* de Neruda. Su producción poética (incluido su teatro) fue reunida en *Obras Completas* (Losada. Buenos Aires, 1960).

EDUARDO CHICHARRO

Nació en Madrid, en 1905. Murió en la misma ciudad, en 1964. Vivió en Roma durante algunos años, donde su padre, el pintor Eduardo Chicharro, había sido nombrado director de la Academia Española de Bellas Artes (1912). En 1928, pensionado, como pintor, viaja por Europa. En 1933 estrenó, en sesión privada su tragedia *Akebedoys* (Cine Capitol, Madrid). 1935: primeros contactos con el surrealismo. Amistad con Silvano Sernesi y Gregorio Prieto. 1938: destruye toda su obra literaria. 1943: se instala en España definitivamente. Amistad con Carlos Edmundo de Ory, con quien fundará, en compañía de Sernesi, el postismo, movimiento de fuerte vinculación surrealista. Su obra literaria comprende los siguientes títulos: *Akebedonys* (escrita en 1930; publicado en *Fantasía* n.º 22. Madrid, 1945), *Algunos poemas* (Antología de Angel Crespo. Carboneras de guadazon. Colección *El toro de barro,* 1966), *Poemas* (en *Antología del surrealismo español,* de José Albi y Joan Fuster, en revista *Verbo,* núms. 23, 24 y 25. Alicante, 1954). *Poemas* (en *Antología de poesía amorosa contemporánea,* de Carmen Conde. Editorial Bruguera. Barcelona, 1969) y *La pelota azul* (cuento en *Antología de cuentistas españoles contemporáneos,* de F. García Pavón. Editorial Gredos. Madrid, 1959). En las revistas *Postismo* y *La Cerbatana* (Madrid, 1945) se encuentran varios poemas y textos de E. Ch. Véase el número especial dedicado a Eduardo Chicharro de *Trece de Nieve,* revista de poesía (número 2. Madrid, invierno, 1971-1972).

GABRIEL CELAYA

Su verdadero nombre es Rafael Múgica. Nació en Hernani, en 1911. Es ingeniero industrial. Durante algunos años vivió en la Residencia de Estudiantes de Madrid. Su primer libro, *Marea del silencio,* data de 1935, le siguió *La soledad cerrada,* aparecido después de la guerra civil. Con *La soledad cerrada* obtuvo un premio del Liceo Club Femenino, con motivo del centenario de Becquer. Fue amigo de Lorca. Algunas de sus primeras obras, como las ya citadas, acusan la influencia surrealista. Posteriormente ha sido considerado como una de las personalidades más destacadas de la corriente poética socio-política. Su bibliografía es extensísima y abarca más de treinta títulos. Ha publicado también novelas y teatro. Es traductor de Eluard, Rimbaud y otros poetas. Como ensayista es autor de *Exploración de la poesía* (1963), *El arte como lenguaje* (1951) y *Poesía y verdad* (1960). Fue fundador de la colección *Norte* de poesía. Su obra poética está recogida en *Poesías Completas* (Aguilar. Madrid, 1969).

MIGUEL LABORDETA

Nació en Zaragoza, en 1921. Murió en la misma ciudad, en 1969. Es una de las más interesantes personalidades poéticas del período de la postguerra española. Su inconformismo le obligó a retraerse de toda actividad social literaria. Desde su retiro zaragozano enviaba raras colaboraciones a algunas revistas, dedicándose exclusivamente a ganar su vida y escribir sus libros. Muy pronto mereció el respeto y la admiración de los medios intelectuales más independientes de Madrid y Barcelona. Fue fundador de la Oficina Poética Internacional y de su boletín informativo. Sus obras han sido recogidas recientemente en un solo volumen: *Obras Completas* (Colección Fuentedetodos. Ediciones Javalambre. Zaragoza, 1972). Mantuvo relaciones con los postistas Chicharro, Ory, Carriedo y Novais, animados por su mismo afán de renovación lírica.

CARLOS EDMUNDO DE ORY

Nació en Cádiz, en 1923. Con Eduardo Chicharro, hijo, y Silvano Seenesi, fundó en Madrid el postismo, movimiento literario y artístico de profunda vinculación con el surrealismo (1945). En 1951 publica el manifiesto sobre pintura y poesía denominado «Introrrealismo», que firma con el pintor Darío Suro. Es fundador, en la ciudad francesa de Amiens, de *L'Atelier de Poésie Ouverte* (1967). Su obra poética se encuentra reunida en *Poesía 1945-1969,* que recopiló, prologó y estructuró el poeta Félix Grande. Este libro contiene diversos textos complementarios, entre ellos los tres manifiestos del postismo (Edhesa. Madrid, 1970).

MANUEL ALVAREZ ORTEGA

Nació en Córdoba, en 1923. Estudios de muy diferentes especialidades. En 1949 fundó la revista *Aglae* y la colección literaria del mismo nombre. Siempre ha estado interesado por la poesía surrealista francesa. Su obra de traductor comprende los siguientes libros: *Poesía belga contemporánea* (con otros traductores. Selección de Edmond Vandercammen y Karel Jocnkhere. Aguilar Ediciones. Madrid, 1966), *Poesía francesa contemporánea* (texto bilingüe. Colección Sillar. Taurus. Madrid, 1967), *Crónica,* de Saint-John Perse (Revista *Poesía Española.* Madrid, 1960) y *Salmos,* de Patrice de la Tour du Pin (Selecciones de Poesía Universal. Plaza y Janés. Barcelona, 1972). Es autor de diez libros de poemas, aparecidos entre 1948 y 1972. Una amplia selección de esta obra se encuentra en *Antología 1941-1971* (Selecciones de Poesía Española. Plaza y Janés. Barcelona, 1972. Prólogo de Marcos Ricardo Barnatán).

J. V. FOIX

Nació en Sarriá (Barcelona), en 1894. Cursó estudios universitarios que no terminó. Fue fundador, con Josep M. Junoy, de la revista *Trossos* (1917), uno de los primeros órganos de la «vanguardia» en Cataluña junto a *Un Enemic del poble* —apareci-

da en la misma fecha— y dirigida por Joan Salvat-Papasseit. En
1926 fundó otra revista, *L'Amic de les Arts,* que se editó hasta
1929. En ella colaboraron Dalí, Sebastiá Gasch, Lluis Montanyá y
Josep Carbonell. La poesía de Foix ha sido comparada con la
pintura «metafísica» de Giorgio de Chirico, en lo que ésta tiene
de surrealista «avant la lettre» y de «irreal». Foix se expresa
literariamente en lengua catalana. Su obra comprende los siguientes títulos: *Gertrudis* (1927), *KRTU* (1927), *Sol i de dol*
(1936), *Les irreals omegues* (1948), *On he deixat les claus*
(1953), *Onze Nadals i un Cap d'Any* (1960), *Desa aquests llibres
al calaix de baix* (1953), *L'Estrella d'En Perris* (1963). Todos
los libros citados menos el último, y algunos poemas más, se
reúnen en *Obres poétiques* (Ediciones Nauta. Barcelona, 1964).

JUAN EDUARDO CIRLOT

    Nació en Barcelona, en 1916. Murió en 1973. Estudios de
Bachillerato y música. Autodidacta en arte. Le inició en el surrealismo Alfonso Buñuel. Con Tapies, Ponç, Cuixart, Tharrats,
Brossa y Puig, formó parte del grupo «Dau al Set» (1949-53).
Conoció a André Breton en París y mantuvo correspondencia
con él. «Muy heterodoxo en surrealismo», pasó de afectar a la
imagen a alterar las estructuras sintácticas. En 1955 inicia su
período de «poesía permutatoria»: *El palacio de plata.* Este pro-
cedimiento orienta gran parte de su obra última. Además de
libros poéticos, tiene publicados numerosos estudios sobre simbología y arte contemporáneo. Entre los primeros figuran: *Arbol
agónico* (1945), *En la llama* (1945), *Canto de la vida muerta*
(1945), *Cuarto canto a la vida muerta* (1961), *Anahit* (1968),
Homenaje a Bécquer (1954), *La sola virgen la* (1969) y *Bronwyn,
permutaciones* (1971). Sobre simbología y arte: *Diccionario de
símbolos* (1969), *Diccionario de ismos* (1949), *Introducción al
surrealismo* (1953) y *El mundo del objeto a la luz del surrea-
390 lismo* (1953).

PEDRO GARCIA CABRERA

Nació en Vallehermoso (Gomera), en 1906. Tras estudiar el Bachillerato, se instala, con su familia, en Santa Cruz de Tenerife. Fue cofundador de las revistas *Cartones* y *Gaceta de Arte* (1932). Esta última fue no sólo un importante órgano de la «vanguardia», sino un órgano «oficioso» del surrealismo, fuertemente ligado a la orientación bretoniana. Es traductor de Croce, Herbert Read, Paul Eluard y André Breton. Intervino en los actos surrealistas de 1935 en Tenerife, a los que asistieron también Breton y Benjamín Péret y una de cuyas manifestaciones fue la Exposición Surrealista en la que se mostraron obras de Dalí, Picasso, Max Ernst, Magritte, Man Ray, Duchamps, etc. Su obra: *Líquenes* (1928), *Transparencias fugadas* (1934), *Día de alondras* (1951), *La esperanza me mantiene* (1959), *Entre cuatro paredes* (1968), *Vuelta a la isla* (1968) y *Hora punta del hombre* (1971).

PABLO PICASSO

Nació en Málaga, en 1881. Murió en 1973. Ingresa en la Escuela de Bellas Artes de la Lonja (Barcelona), donde su padre es profesor. En 1904, y después de tres viajes, se instala en París, en el Bateau-Lavoir. Conoce a Max Jacob, Juan Gris, Apollinaire, Matisse, Gertrude Stein y otros muchos artistas y escritores. Epoca azul. Amor con Fernande Olivier. Epoca rosa. 1907: *Las señoritas de Aviñón*. Comienza el cubismo. Amistad con Bráque. 1909: cubismo analítico. Primeros papeles pegados («collages»). 1912: cubismo sintético. Colaboración, como decorador, con los Ballets Rusos. Amor con Olga Khoklova. 1921: período «clásico». Relación con el grupo surrealista. Período surrealista: 1925-1929. Reproducciones suyas en *Litterature,* revista de Breton, Eluard, Tzara, etc. Colabora en las exposiciones del surrealismo. 391

Intensa actividad como escultor. Amor con María Thérèse Walter. Publica varios poemas en *Les Cahiers d'Art* (1935). Aguafuertes e ilustraciones para libros. 1936: primera exposición Picasso en Barcelona y Madrid. Amor con Dora Maar. 1937: *Guernica*. En 1944 se adhiere al partido comunista. Escribe *El deseo atrapado por la cola*. Cerámica en Vallauris (1946). Amor con Françoise Gilot. Henri Clouzor realiza *Le mystère Picasso*. Modela *El hombre del cordero*. Sigue grabando e ilustrando libros. Pinta el fresco *Guerra y Paz*. Amor con Jacqueline Roque. 1971: homenaje mundial a Picasso al cumplir los 90 años.

SALVADOR DALI

Nació en Figueras (Gerona), en 1904. Ingresa en la Escuela de Bellas Artes de Madrid (1921). Se instala en la Residencia de estudiantes, donde conoce a los que serán sus grandes amigos, García Lorca y Luis Buñuel. Por dos veces fue expulsado de la Escuela de Bellas Artes. García Lorca le dedicó una oda en la *Revista de Occidente*. En colaboración con Buñuel realizó dos películas: *El perro andaluz* y *La edad de oro* (1928 y 1931), que, en opinión de André Breton, son las más genuinas muestras surrealistas del cinema. Se interesa por la pintura de Carrá y Chirico. Tercera y definitiva expulsión de la Escuela de Bellas Artes (1926) por denunciar como incompetente al tribunal examinador. Viajó a París, donde entra en contacto con los surrealistas. Conoce a Gala. Hace los decorados para *Mariana Pineda* y *El maleficio de la mariposa*, de Lorca. Publica *La mujer visible* y *El amor y la memoria* (1930-1931). Ilustra *Los cantos de Maldoror* (1934). Es la época de sus grandes lienzos: *La persistencia de la memoria, El enigma de Guillermo Tell, Cráneo atmosférico sodomizando a un piano de cola, Los placeres iluminados, El gran masturbador*, etc. Colabora con escritos en *El Gallo*, revista de García Lorca, y en *L'Amic de las Arts*. En 1934 es excluido del grupo surrealista. Publica *La conquista de lo irracional*

(1935), *La metamorfosis de Narciso* (1937) y escribe *Vida secreta de Salvador Dalí* y *Hilden faces* (1942-1944). Otras obras literarias: *Manifiesto místico, Poesías, Historia prodigiosa de la divina encajera y el rinoceronte, Los cornudos del viejo arte moderno,* etc. Crea el museo de Figueras (1970), en el que reunirá toda la obra no vendida y los lienzos de otros pintores pertenecientes a su colección.

BIBLIOGRAFIA

A continuación se ofrece una bibliografía sumaria de los materiales utilizados para la redacción del anterior reportaje sobre los movimientos de vanguardia y el surrealismo en España.

POESIA SURREALISTA EN ESPAÑA

ALBERTI, RAFAEL, *Prosas encontradas, 1924-1942.* Recogidas y presentadas por Robert Marrast. Editorial Ayuso. Madrid, 1970.

ALEIXANDRE, VICENTE, *Obras completas.* Prólogo de Carlos Bousoño. Aguilar. Madrid, 1968.

ALBI, JOSÉ, y JOAN FUSTER, «Antología del surrealismo español». Revista *Verbo*, números 23-24-25. Alicante, 1954.

ALONSO, DÁMASO, *Poetas españoles contemporáneos.* Gredos. Madrid, 1958.

ARMIÑO, MAURO, *Antología de la poesía surrealista.* Alberto Corazón Editor. Madrid, 1971.

AUB, MAX, *Poesía española contemporánea.* Ediciones Era. México, 1969.

BEDOUIN, JEAN LOUIS, *Vingt ans de surréalisme, 1939-1959.* Danoël. París, 1961.

BEHAR, HENRY, *Sobre el teatro dada y surrealista.* Traducción de Joe Escué. Barral editores. Barcelona, 1970.

BODINI, VITTORIO, *Los poetas surrealistas españoles.* Traducción de Carlos Manzano. «Cuadernos ínfimos». Tusquets editor. Barcelona, 1971. (Se trata del prólogo a la antología *I poeti surrealisti spagnoli.* Einaudi editore. Torino, 1963).

BRETON, ANDRÉ, *El surrealismo: puntos de vista y manifestaciones.* Traducción de Jordi Marfá. Barrral editores. Barcelona, 1970.

—, *Documentos políticos del surrealismo*. Traducción de José Martín Arancibia. Editorial Fundamentos. Madrid, 1973.

—, *Los pasos perdidos*. Traducción de Miguel Veyrat. Alianza Editorial. Madrid, 1972.

—, *Antología del humor negro*. Traducción de Joquín Jordá. Anagrama. Barcelona, 1972.

—, *Manifiestos del surrealismo*. Traducción de Andrés Bosch. Guadarrama. Madrid, 1969.

CANO BALLESTA, JUAN, *La poesía española entre pureza y revolución*, 1930-1936. Gredos. Madrid, 1972.

CARROUGES, MIGUEL, *André Breton et les données fundamentales du surréalisme*. Editions sociales. París, 1948.

CERNUDA, LUIS, *Poesía y literatura. I.* Seix Barral. Barcelona, 1960.

—, *Estudios sobre poesía española contemporánea*. Guadarrama. Madrid, 1957.

—, *Crítica, ensayos y evocaciones*. Seix Barral. Barcelona, 1970.

CRESPO, ANGEL, *Poesía, invención y metafísica*. Cuadernos de Artes y Ciencias. Puerto Rico, 1971.

DURÁN GILI, MANUEL, *El superrealismo en la poesía española contemporánea*. Universidad de México. México, 1950.

ESTEBAN SCARPA, ROQUE, *El dramatismo en la poesía de Federico García Lorca*. El espejo de papel. Santiago de Chile, 1961.

FORTINI, FRANCO, *El movimiento surrealista*. Traducción de Carlos Gerhard. Uteha. México, 1962.

FUSTER, JOAN, y JOSÉ ALBI, «Antología del surrealismo español». Revista *Verbo*, números 23-24-25. Alicante, 1954.

GONZÁLEZ MUELA, JOAQUÍN, y JUAN MANUEL ROZAS, *La generación poética de 1927*. Aula Magna. Alcalá. Madrid, 1966.

GUILLÉN, JORGE, *Lenguaje y poesía*. Alianza Editorial. Madrid, 1969.

HUIDOBRO, VICENTE, *Poesía y prosa. Antología*. Precedida de «Teoría del Creacionismo», por Antonio de Undurraga. Aguilar. Madrid, 1957.

ILIE, PAUL, *Documents of the Spanisch Vanguard*. University of North Carolina Press, 1969.

—, *Los surrealistas españoles*. Traducción de Juan Carlos Curutchet. Taurus. Madrid, 1973.

LARREA, JUAN, *Del surrealismo a Machupicchu*. Editorial Joaquín Mortiz. México, 1967.

—, *Versión celeste*. Prólogo de Luis Felipe Vivanco. Traducciones de L. F. V., Gerardo Diego, Carlos Barral y del autor. Barral editores. Barcelona, 1970.

MARINETTI, F. T., *El futurismo*. Sempere. Valencia, s. f.

MOREAU ARRABAL, LUCE, «Breve retrospectiva del surrealismo español». Revista *Margen*, número 2. París, 1966.

MONTERDE, ALBERTO, *La poesía pura en la lírica española*. Imprenta Universitaria. México, 1953.

NADEAU, MAURICE, *Historia del surrealismo*. Traducción de Juan Ramón Capella. Ariel. Barcelona, 1972. (Falta la segunda parte de la edición original, de Du Seuil, París, 1964, con los documentos del surrealismo).

ORY, CARLOS EDMUNDO DE, *Poesía 1945-1969*. Edición preparada por Félix Grande. Edhasa. Madrid, 1970.

PAZ, OCTAVIO, *Las peras del olmo*. Seix Barral. Barcelona, 1971.

—, *Los signos en rotación y otros ensayos*. Alianza Editorial. Madrid, 1971.

PEYRE, H., *El romanticismo*. Traducción de Marcial Suárez. Doncel. Madrid, 1972.

RAYMOND, MARCEL, *De Baudelaire al surrealismo*. Fondo de Cultura Económica. México, 1960.

ROZAS, JUAN MANUEL, y JOAQUÍN GONZÁLEZ MUELA, *La generación poética de 1927*. Aula Magna. Alcalá. Madrid, 1966.

SALINAS, PEDRO, *Literatura española. Siglo XX*. Alianza Editorial. Madrid, 1970.

SALINAS DE MARICHAL, SOLITA, *El mundo poético de Rafael Alberti*. Gredos. Madrid, 1968.

TORRE, GUILLERMO DE, *Literaturas europeas de vanguardia*. Guadarrama. Madrid, 1965.

TROTSKI, LEON, *Sobre arte y cultura*. Alianza Editorial. Madrid, 1971.

TUÑÓN DE LARA, MANUEL, *Medio siglo de cultura española, 1885-1936*. Técnos. Madrid, 1970.

TZARA, TRISTAN, *Siete manifiestos Dada*. Traducción de Huberto Haltter. «Cuadernos ínfimos». Tusquets editores. Barcelona, 1972.

VIDELA, GLORIA, *El ultraísmo. Estudios sobre movimientos poéticos de vanguardia*. Gredos. Madrid, 1963.

VAILLAND, ROGER, *Le surréalisme contra la révolution*. Editions sociales. París, 1948.

VIVANCO, LUIS FELIPE, *Introducción a la poesía española contemporánea*. Guadarra. Madrid, 1957.

VANGUARDIA Y SURREALISMO EN CATALUÑA

ENRIQUE BADOSA, *Antología de J. V. Foix*. Introducción y traducción (texto bilingüe) por... (Selecciones de Poesía Española. Plaza y Janés. Barcelona, 1969).

GUILLERMO DÍAZ-PLAJA, «L'avantguardisme a Catalunya i oltres notes de critica». (*La Revista*, Barcelona, 1932).

JOAN FUSTER, *Literatura catalana contemporània*. (Documents de Cultura. Curial. Barcelona, 1972).

SEBASTIÁ GASCH, «El arte de vanguardia en Barcelona». (*Cuadernos Hispanoamericanos*, núms. 253-254. Enero-febrero, 1971. Madrid).

JOSÉ AGUSTÍN GOYTISOLO, *Poetas catalanes contemporáneos*. Introducción, notas y traducción (texto bilingüe) por... (Biblioteca Breve de Bolsillo. Seix Barral. Barcelona, 1968).

JOAN SALVAT-PAPASSEIT, *Antología*. Selección y traducción de José Batlló (El Bardo. Barcelona, 1972).

SURREALISMO EN CANARIAS: EL GRUPO DE «GACETA DE ARTE»

NICOLE AVANT, *Étude de la Gaceta de Arte*. (Diplôme d'Études Supérieures. Faculté des Lettres de Paris. Mai, 1964).

DOMINGO PÉREZ MINIK, *Antología de la poesía canaria*. I. Tenerife. Selección, prólogo y notas de... (Goya, Ediciones. Santa Cruz de Tenerife, 1952).

INDICE

TITULOS PUBLICADOS:

EN PRENSA:

WITHDRAWN